大学的多摩ガイド
——こだわりの歩き方

塚田修一・松田美佐 編

昭和堂

土方歳三資料館の看板（2024年、見城武秀撮影）

神代植物公園（調布市提供）

多摩動物公園のサル山（2024年、楠田恵美撮影）

秋の高尾山（八王子市、クリエイティブ・コモンズ・ライセンス表示4.0）

多摩モノレール（2024年、見城武秀撮影）

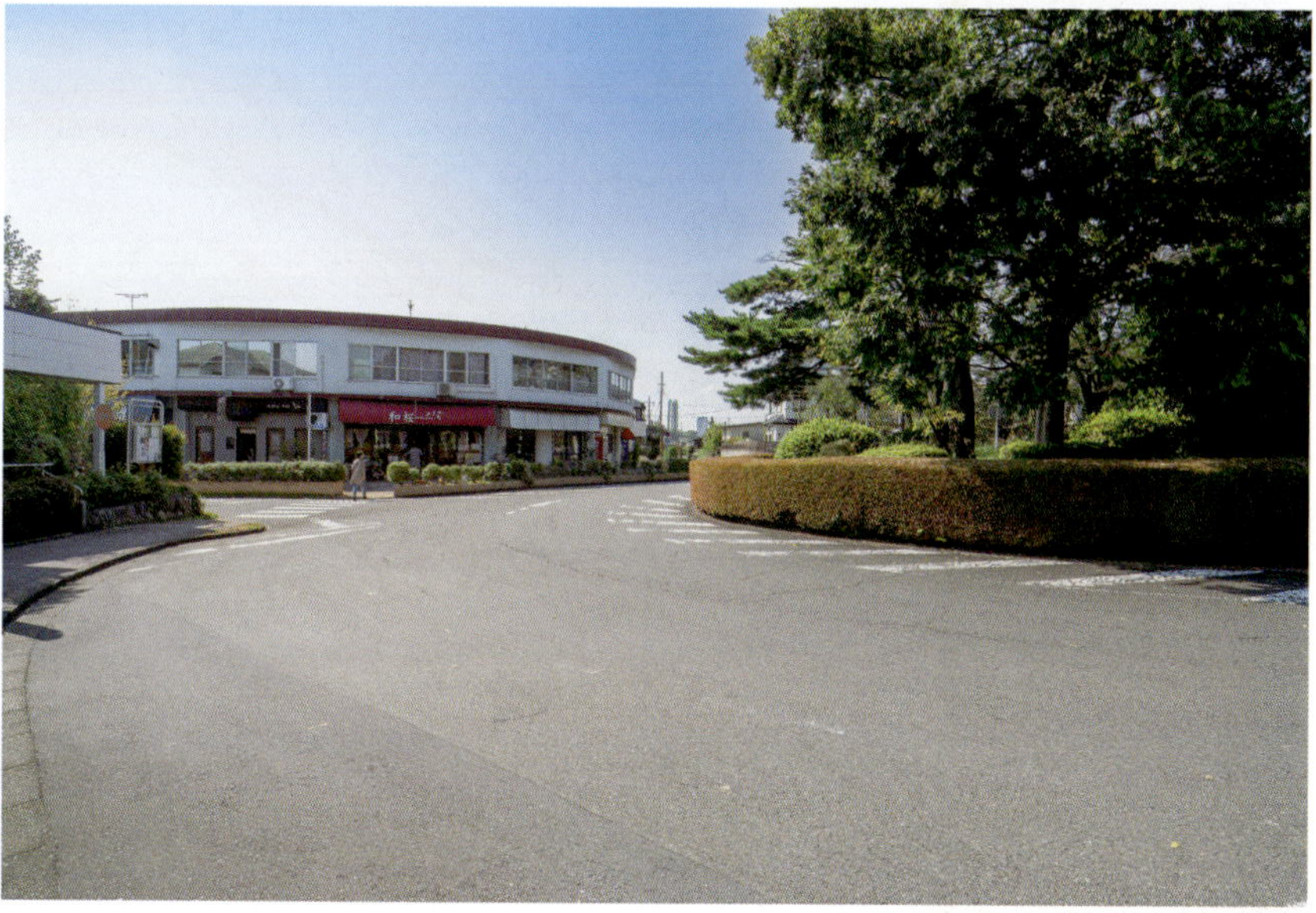

『耳をすませば』聖地（2024年、見城武秀撮影）

立川駅周辺（Photock 提供）

武蔵野中央公園（2024 年、見城武秀撮影）

はじめに

みなさんは「多摩」と聞いて何を思い浮かべますか。思い浮かべる場所はどこで、どんな風景や街並み、日常生活を思い浮かべるのでしょう。

多摩ニュータウンをはじめとした東京のベッドタウンや通勤電車をイメージする人もいれば、多摩川の河川敷でのスポーツやバーベキューといった身近な自然との関わりを思い浮かべる人もいるでしょう。歴史好きなら新選組のふるさととして、アニメ好きなら『となりのトトロ』が描く、どこか懐かしい村の風景かもしれません。

本書が対象とする「多摩地域」は、一般的には「東京二三区外」「東京都下」と呼ばれる地域で、東京都のうち二三区と島嶼部を除いた二六市三町一村を指します。鉄道でいえば、ＪＲ中央線や、京王線、小田急線あたりがメインで走っている地域、というとイメージしやすいでしょうか。政治や経済、文化の中心である「大都会東京」ではなく、東京の郊外、東京だけど「じゃない方」の東京です。

編者の松田は住まいも職場も多摩で二〇数年。便利な生活を送ることができるのに、自然が多く、のんびりできる多摩地域が大好きです。ただ、「多摩」と聞いて、何か一つを挙げるのは難しいと感じます。それは、自分の日常であり、多様な面を知っているからであると同時に、「多摩」が今も変化を続けているからではないかと思うのです。

ということで、本書では二六市三町一村のすべての地域を網羅的に取り上げるのではなく、多くが多摩地域に暮らしていたり、勤めていたりする執筆者それぞれにとって気になる「多摩」を、それぞれの視点から取り上げてもらいました。読者のみなさんには、それぞれの執筆者が気になる「多摩」から、多摩の多様な魅力を感じていただけることと思います。

以下、本書では多摩の多様な魅力を一五の章と一七のコラムでお届けします。

第1部は「履歴《ログ》を辿る」です。かつての多摩を知ることで、今、私たちが生活し、訪れることのできる多摩に、あり得たかもしれない別の姿を想像して重ねてみてください。

第2部の「日常を探る」は、現在の多摩の日常生活に焦点をあてています。郊外ならどこにでもあてはまりそうな話と多摩ならではの話が不可分である多摩の現在が見えてきます。

第3部の「モビリティから考える」では、郊外として開発された多摩において、欠かすことのできない移動のためのインフラを取り上げます。鉄道、モノレール、高速道路、ペデストリアンデッキなど、いずれもが私たちの移動を特定のパターンに方向づけていることがわかるでしょう。

第4部「表象を繙く」では、マンガやアニメ、ドラマや映画に欠かせない多摩の風景から、多摩地域はもちろん、都市化が進む今日の社会の普遍的な姿が見えてきます。

第5部「ミリタリー・エリアを歩く」は、意外に思われる方が多いかもしれません。ですが、首都東京に隣接する多摩は、戦前・戦中期、軍関連施設や軍需工場が数多い地域でした。戦後、ミリタリー関連の場所や生活はどう変容したのでしょう。そして、現在どうなっているのか、一緒に確認しましょう。

本書の成り立ちについても説明しておきます。本書の企画は、編者の一人（塚田）による編著『大学的相模ガイド』（二〇二二年）がきっかけで始まりました。これは、相模原や厚木、海老名といった、いわば「じゃない方の神奈川」（横浜でも、川崎でも、湘南でも、鎌倉でもない）を面白がる本でした。それを手にしたもう一人の編者（松田）が、「じゃない方の東京」、すなわち多摩地域でも同じコンセプトの本ができるのでは、と思いつき、企画が走り出しました。

考えてみれば、多摩地域（八王子）と相模地域（相模原）は隣接しています。歴史的にみても、多摩地域の一部は神奈川県管轄であった時期もあります。東京と神奈川それぞれの「じゃない方」にある大学——中央大学は八王子に、相模女子大学は相模原にあります——に勤務する編者二人が、「じゃない方」つながりで本書を企画したというわけです。大学的地域ガイドシリーズでは、すでに『大学的東京ガイド』（立教大学観光学部編、二〇一九年）が刊行されていますが、「じゃない方」の東京である多摩地域については深掘りする余地が十分に残されていました。

幸い、編者二人の周囲には、多摩地域に縁（腐れ縁も含みます）がある方や一家言ある方、愛憎相半ばする方など、本書の企画を面白がってくれそうな方が何人もいました。果たして、それら多摩地域を面白がる最高のガイドたちに恵まれ、本書は完成となります。

それでは、「じゃない方」の東京を面白がる紙上トラベルにご案内しましょう。

『大学的相模ガイド』に引き続き、昭和堂編集部の松井健太さんには何から何までお世話になりました。ありがとうございます。

また本書の刊行には、『大学的相模ガイド』に引き続き、相模女子大学学術図書刊行助成費を受けています。当助成なしには、本書が日の目をみることはありませんでした。記して感謝いたします。

二〇二四年一二月

塚田修一・松田美佐

第1部　履歴《ログ》を辿る

第2部　日常を探る

第5部　ミリタリー・エリアを歩く

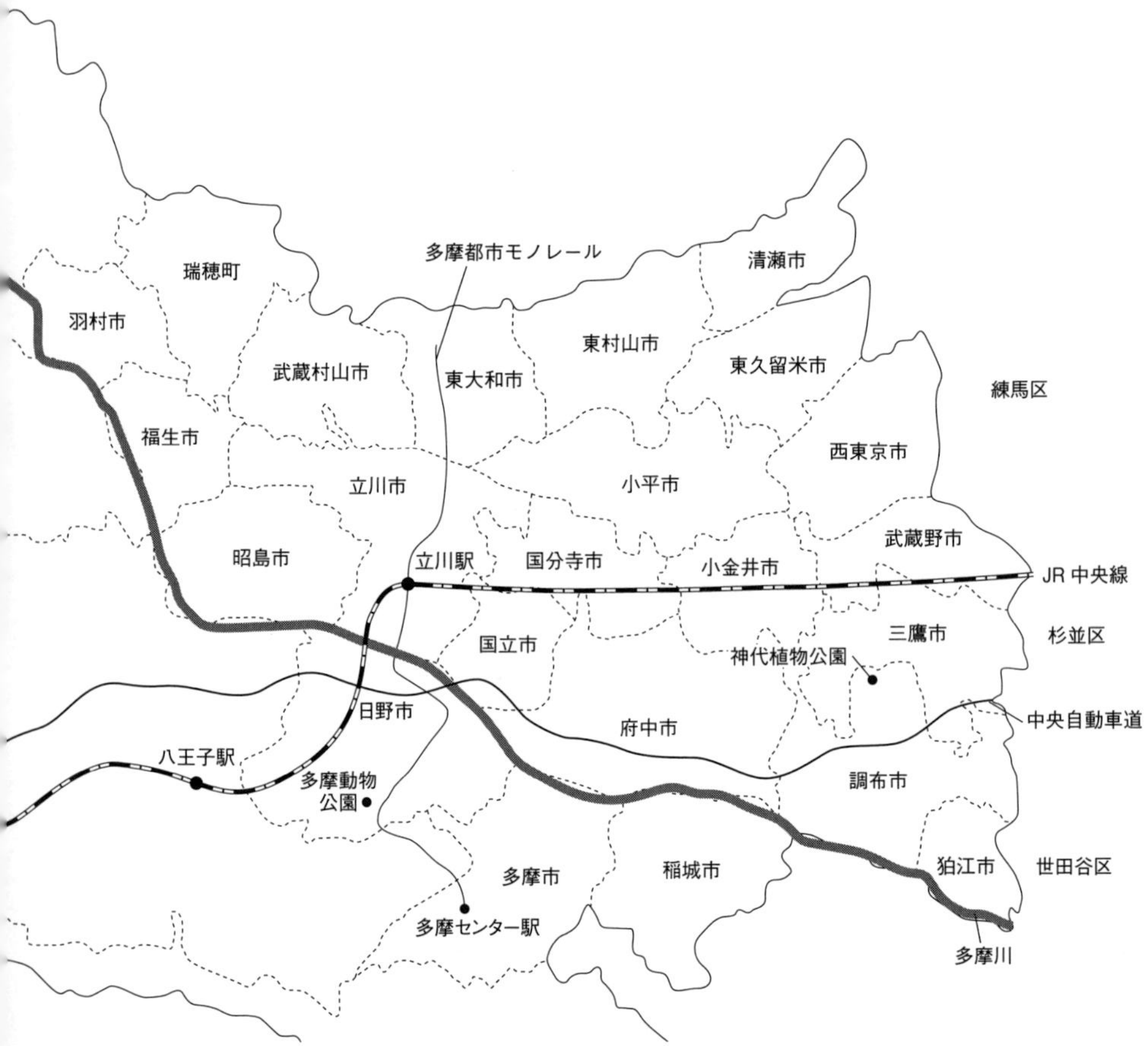
多摩都市モノレール
清瀬市
瑞穂町
羽村市
東村山市
東久留米市
武蔵村山市
東大和市
練馬区
福生市
西東京市
立川市
小平市
昭島市
立川駅
国分寺市
小金井市
武蔵野市
JR 中央線
国立市
三鷹市
杉並区
神代植物公園
日野市
府中市
中央自動車道
八王子駅
多摩動物
公園
調布市
多摩市
稲城市
狛江市
世田谷区
多摩センター駅
多摩川

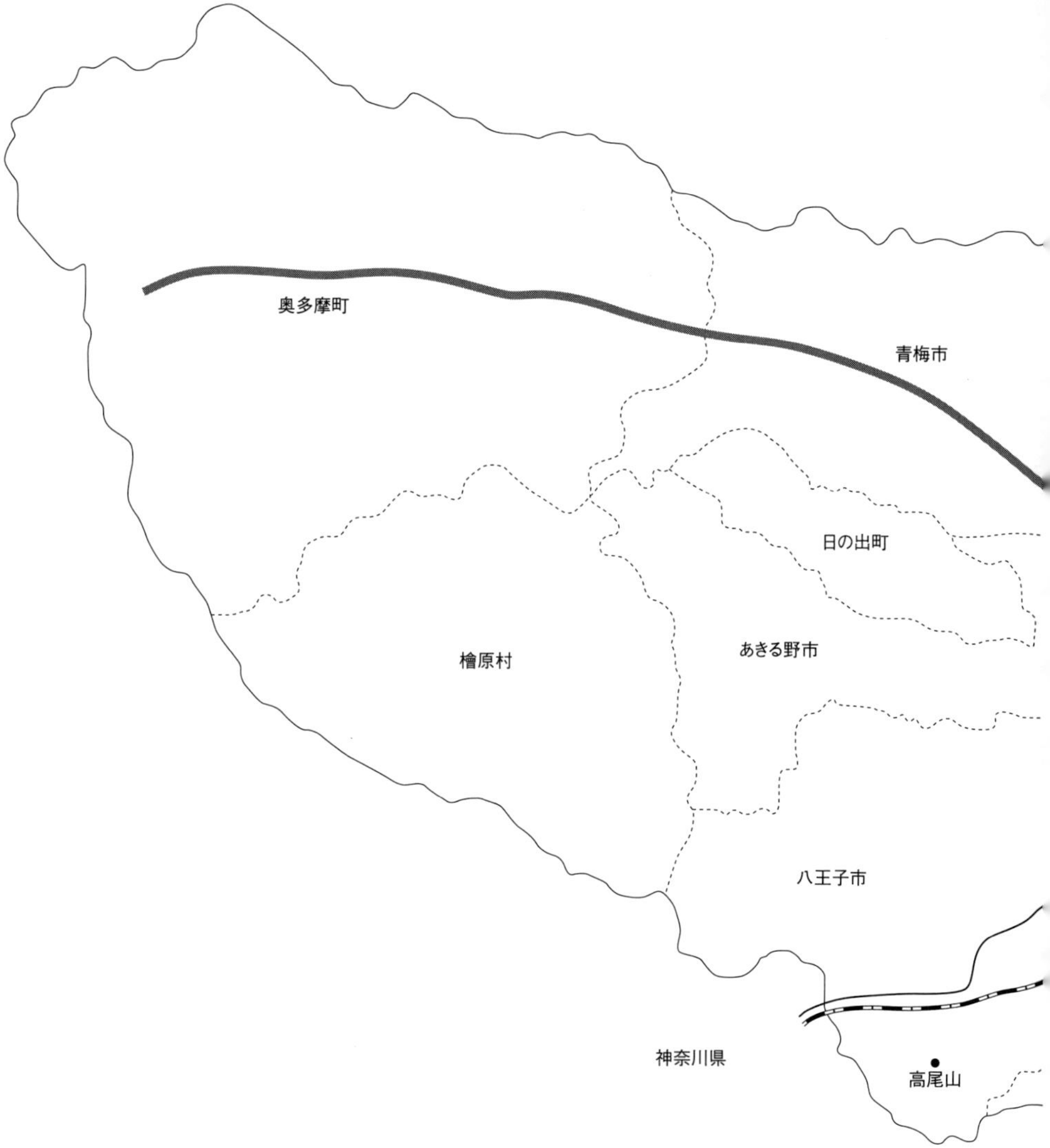
奥多摩町
青梅市
日の出町
檜原村
あきる野市
八王子市
神奈川県
高尾山

第1部

履歴《ログ》を辿る

多摩の〈歴史〉からいまを考える
――新選組・「聖蹟」――

宮間純一

はじめに――地域の〈歴史〉を考える意味

アメリカの歴史家リン・ハントは、「歴史的真実」は事実と解釈の二層構造から成っており、「事実というものは、意味を与える解釈に組み込まれなければ、動き出すものではない。そして解釈のもつ影響力は、事実に意味を与える力を基盤としている」という。[1] いつ、どこで、何があったのかという事実（史実ともいう）は、そのままでは〈歴史〉とはいえない。事実に何らかの解釈を加え、文脈を与えることによって初めて〈歴史〉は成立する。

このような〈歴史〉をつくる営みは、アカデミアの専売特許ではない。日本の各地では、学校教員などを担い手とする「郷土史」研究が明治後期からさかんに行われてきた。その成果はじつに膨大に存在しており、市区町村にある図書館を訪れると地域の人びとがつくった多様な〈歴史〉を知ることができる。これらの郷土史は、地域アイデンティティの

（1）リン・ハント『なぜ歴史を学ぶのか』長谷川貴彦訳、岩波書店、二〇一九年、二七頁

基本要素となってきた。

だが、戦後の歴史学界は、郷土史に対して否定的な姿勢をとった。郷土史家は、「お国自慢」に流れがちであり、著作には誤りが目立ち、事実を誇張したり、ときには曲げたりすることすらある、という批判が浴びせられた。また、郷土史は「郷土愛」をはぐくみ、「郷土愛」は「愛国心」にむすびつくと考えられたことも、敗戦後に郷土史が忌避される原因となった。このような認識のもと、歴史学界では郷土史は、「地方史」に置き換えられ、さらには「地域史」と呼ばれるようになってきた[2]。

ところが、近年では、郷土史を再評価しようとする意見も出てきている[3]。二一世紀に入ってから頻発している大規模自然災害や、人口減少などによる地域社会の危機的状況を受けてそうした意見は存在感を増している。地域のアイデンティティを確認するために、地域に伝わった記録に基づく、住民の手による〈歴史〉が見直されるようになってきた。

また、パブリック・ヒストリーでも地域の人びとによる、地域の人びとのための〈歴史〉が重要視されている。パブリック・ヒストリーは、歴史家が〈歴史〉を独占することなく「外」の社会に開いていこうとする、展示やフィールドワークなどの実践に重きをおいた試みである[4]。「歴史学は現在の私たちにとって、いったい何の役にたつのか」と歴史家が一般社会から問いかけられるなかで、注目されている議論である。

このように、地域の〈歴史〉のもつ意義が、いま改めて歴史学上の課題となっている。本章では、こうした歴史学の動向を頭におきながら、多摩地域の人びとにとって身近にある二つの〈歴史〉の意義を考えてみたい。

（2）木村礎「郷土史・地方史・地域史研究の歴史と課題」朝尾直弘ほか編『岩波講座日本通史』（別巻二）、岩波書店、一九九四年、三―三二頁

（3）平川新「歴史資料を千年後まで残すために」奥村弘編『歴史文化を大災害から守る――地域歴史資料学の構築』東京大学出版会、二〇一四年、三三一―五四頁

（4）菅豊・北条勝貴編『パブリック・ヒストリー入門――開かれた歴史学への挑戦』勉誠出版、二〇一九年

1 新選組の「復権」

新選組の人気

新選組は、日本史のなかでも人気があるが、多摩では特によく知られた〈歴史〉である。私が通勤時に利用する京王線高幡不動駅（日野市）の周辺では、新選組関連のグッズやポスターなどが自然と目に入る。周辺地域の市民や学生の関心も高い。授業や市民向け講座で新選組の話題に触れると、かならずと言って良いほど何らかの質問を受ける。人によって濃淡はあるが、日野市やその周辺の人びとは、新選組が地域の〈歴史〉の一部だと認識している。

というのも、新選組のルーツは多摩にある。新選組の母体となった浪士組は、一八六三（文久三）年の将軍徳川家茂の上京に伴って結成された。浪士組の目的は、将軍の護衛にあった。二三四名がこれに参加し、七つの部隊に編制されたが、その三番隊にのちに新選組局長となる近藤勇たちのグループがいた。近藤のほか土方歳三・沖田総司・永倉新八など小説や時代劇でおなじみの面々である。

浪士組に参加した者の多くは、浪士（主君のもとを離れた武士）であったが、近藤や土方は多摩の百姓であった。近藤は、多摩郡上石原村（現在の調布市）の宮川家に生まれ、のち近藤周助の養子となった。土方は、多摩郡石田村（現在の日野市）の豪農土方義諄《よしあつ》（隼人）の子である。

彼らは、近藤周助が主宰する天然理心流を介して結びついた集団である。浪士組は、京都に上ったのちに分裂することになるが、近藤たちは京都にとどまり、京都守護職の会津藩主松平容保《かたもり》のもとで新選組を立ち上げた。以後の京都での活動から戊辰戦争での敗北までの足取りについてはよく知られている通りである。[5]

新選組の一般的な歴史像の形成を考えるとき、子母澤寛の新選組三部作（『新選組始末記』『新選組遺聞』『新選組物語』）の影響力は見逃せない。だが、新選組を戦後日本で全国的なヒーローにしたのは、やはり司馬遼太郎の『新選組血風録』や『燃えよ剣』であろう。『新選組血風録』は沖田総司と土方歳三、『燃えよ剣』は土方が主要人物である。

どちらも、一九六二（昭和三七）年から六四年にかけて連載された誰もが知る作品である。多摩の百姓である土方たち青年が、こころざしをもって幕末政局の舞台に飛び出し、幕臣（徳川宗家直属の家臣）まで駆け上がって武士としての最期を迎える姿は、当時の日本で広く受け入れられた。

一九六〇年代の日本は、高度経済成長期のまっただなかにあり、近代日本とそれを生み出した明治維新を肯定的に捉える傾向があった。[6] 敗戦直後の歴史家たちは、戦争に向かった近代のスタート地点である明治維新を批判的に検証した。だが、戦後復興がある程度達成され、日本が経済的に成長すると、一般社会ではいまの豊かな日本の土台を築いた明治維新をサクセス・ストーリーとみなす風潮が生まれた。

「明治百年」にあたる一九六八年に向かう時期には「明治ブーム」と呼ぶべき現象が起きた。[7] NHK大河ドラマで『竜馬がゆく』が放映され、多数の明治維新に関係する書籍が出版された。そのようななかで、土方や坂本龍馬のような「志士」たちが、人気を博した

（5） 新選組に関する事実関係は、松浦玲『新選組』（岩波書店、二〇〇三年）や、宮地正人『歴史のなかの新選組』（岩波書店、二〇〇四年）、大石学編『新選組情報館』（教育出版、二〇〇四年）を参照。

（6） 永原慶二『二〇世紀日本の歴史学』吉川弘文館、二〇〇三年、二〇〇―二〇一頁

（7） 梨本紫乃「明治百年――大衆社会における多様な歴史観とつくられる歴史像」『アジア地域文化研究』一八、二〇二二年、一―二五頁。政府が主宰した明治百年記念事業に対しては、歴史家をはじめとする知識人から反発も起きた。

のである。

その後も、新選組は繰り返し幕末を象徴する〈歴史〉として描かれてきた。二一世紀に入ってからだと、二〇〇四（平成一六）年に放映された、ＮＨＫ大河ドラマ『新選組！』は反響が大きかった。また『燃えよ剣』が、二〇二一（令和三）年に再び映画化されたことは記憶に新しい。漫画やアニメ、ゲームでも新選組はたびたび題材とされている。幕末史のヒーローとしての新選組像は、もはや揺るがない地位を得たかにみえる。幕末

地域にとっての汚名

このように、日本史上でも有数の人気者である新選組だが、明治初期の社会では「朝敵」のレッテルが貼られていた。「朝敵」とは、天皇・朝廷に弓引いた「逆賊」を指す言葉である。天皇制を基軸とする近代日本では最大の汚名であった。

新選組は、新政府が徳川家から実質的に政権を奪取した戊辰戦争で旧幕府方に立って戦った。戊辰戦争で新政府・旧幕府のどちらについたか、天皇をいただく新政府の樹立にいかに貢献したかは、明治の社会を生きる上での重要な指標となった。土方をはじめ新選組隊士の多くは、榎本武揚とともに箱館五稜郭の戦いまで新政府軍と交戦した。隊士の生き残りやその遺族らは、戊辰戦争の傷を抱えて近代を生きていかねばならなかった。

近藤や土方らが「朝敵」の汚名を着せられたことは、多摩の関係者にとっても重大事であった。新選組を背後から支援していた豪農が多摩には存在した。幕末の「志士」たちは、活動資金の多くを自前で調達しなければならなかった。新選組も例にもれず、金策には苦労していた。

新選組のパトロンとして有名なのは、佐藤彦五郎である。佐藤は、日野宿の名主で土方の姉と結婚していた。また、近藤周助の門人でもあった。佐藤は、金品を新選組に提供するほかに、戊辰戦争では新選組の軍事活動に参加した。佐藤は、甲府城の奪還に向かった近藤たちの部隊が甲州街道を通った際、農兵隊[8]を引き連れて合流している。日野宿では、幕末期に農兵が取り立てられており、村が軍事力を備えていたことが背景にある。

だが、結果的に新政府が内乱に勝利したことで、佐藤も罪を問われることになる。佐藤は、新政府の追及を逃れて西多摩郡大久野《おおぐの》村（現在の日の出町）の豪農羽生《はぶ》家を頼って身を隠したが、日野宿の人びとの嘆願により赦されて帰還し、名主に復職することができた。

「復権」のための運動

図1　殉節両雄之碑（2024年、筆者撮影）

新選組に「朝敵」の烙印が押されたことは、佐藤ら地域の人びとにとっても傷となった。これを解消するために建てられたのが、土方家の菩提寺高幡不動尊金剛寺の境内にある「殉節両雄之碑」（図1）である。[9] 山門をくぐって進むと左手にみえてくるこの碑は、佐藤のほか小島為政《ためまさ》（鹿之助）や糟谷良循《りょうじゅん》（土方の実兄）など近藤と土方の縁者を発起人とし建設された。建設の

（8）百姓から徴発された兵士による部隊。幕府代官江川氏の発案により実現した。主に地域で治安維持にあたった。樋口雄彦『幕末の農兵』現代書館、二〇一七年

（9）「殉節両雄之碑」については、沼謙吉「二つの碑文と多摩の民権運動——殉節両雄之碑と斎藤一諾斎の碑」（『多摩のあゆみ』二一、一九八〇年、五五—六三頁）、小島政孝『新選組余話』（小島資料館、一九九〇年）を参照。

ための資金は、趣旨に賛同した有志から集めている。

政府は、一八七四（明治七）年に戊辰戦争で「王師ニ抵抗」して亡くなった者の祭祀などを親族・朋友が行うことはかまわないと達した（太政官達一〇八号）。これを受けて建碑の計画がもち上がり、一八七六年に碑文が完成した。その後、少し間が空いて一八八二年に佐藤俊宣《としのぶ》（彦五郎の子）が神奈川県令に申請して認められた。実際に碑が建ったのは、一八八六年のことである。

「両雄」とは、近藤と土方のことである。碑文には、近藤と土方の事蹟が記されているが、これは小島為政が一八七三年ごろに執筆した「両雄士伝」[10]をもとに漢学者の大槻磐渓が撰文したものである。小島は、多摩郡小野路村《おのじ》（現在の町田市）の元名主でやはり新選組の支援者であった。天然理心流の門人であり、佐藤彦五郎とも深い関係にあった。

小島は、「両雄士伝」の末尾で近藤と土方が、不当にそしりを受けていることを嘆き、無実の罪を晴らすために執筆したと動機を記している。これは、すなわち「殉節両雄之碑」を建碑した人びとのねらいでもあった。また、小島らにとって、建碑のための運動は、近藤と土方だけではなく、自らの汚名を返上し、傷を癒すためのものでもあった。建碑によって、新選組とその関係者は地域での「復権」を果たすことになる。

戊辰戦争から一五〇年以上を経過した現在は、地域振興のための観光財として新選組が消費される傾向にあり、このような経緯は後景に退いてみえにくくなっている。だが、新選組がわが地域の〈歴史〉としておおっぴらに語られるようになったのは、佐藤や小島らによる「復権」運動がスタートであった。

（10）「両雄士伝」は、「多摩デジタル新選組資料館」（https://adeac.jp/adeac-arch/top/002/index.html）で閲覧できる。

2　忘れられた「聖蹟」

「聖蹟」とは

千葉県千葉市の埋め立て地で育った私は、大学受験のときに初めて京王線に乗った。新宿から特急に乗車し聖蹟桜ヶ丘の駅名を見たとき、変わった駅名だなと思った。「聖蹟」つまり「聖なる史蹟」という名称に、何か漠然とした奇妙さを感じたことを憶えている。聖蹟桜ヶ丘は、現在はジブリ映画『耳をすませば』の舞台として知られている。だが、「聖蹟」がもつ本来の意味を知っている人はそう多くないだろう。

このモヤモヤは大学で受けた授業のなかで解消された。大学院に入ると、この地域を研究対象とする友人も身近にいたのでさらに詳しくなった。その後、仕事のなかで勉強する機会もあり、いまでは授業で話すようにもなった。

「聖蹟」とは、史蹟名勝天然記念物保存法（一九一九年公布、一九五〇年廃止）に基づいて文化財として指定された天皇に関連する史蹟のことをいう。一九三三年に、政府主導で睦仁天皇（明治天皇）関連の史蹟を聖蹟として指定する作業が開始したが、第一次の指定は八六件を数えた。以後、「聖蹟」の範囲は拡大され、歴代天皇の史蹟全般の指定が進められた。聖蹟桜ヶ丘の「聖蹟」はこのことに由来する。[11]

（11）東京府の「聖蹟」については、北原糸子「東京府における明治天皇聖蹟指定と解除の歴史」『国立歴史民俗博物館研究報告』一二一、二〇〇五年、二八五―三三八頁を参照。

睦仁天皇と多摩

聖蹟桜ヶ丘駅周辺は、近世は武蔵国多摩郡蓮光寺《れんこうじ》村[12]であった。ここが「聖蹟」に指定されたのは、睦仁天皇が四度にわたって行幸（天皇がでかけること）したことよる。天皇は、一八八一年二月を最初として、同年六月、一八八二年二月、一八八四年三月の四度連光寺村に行幸した[13]。

行幸の目的は、狩猟の「天覧」と乗馬であった。睦仁天皇は、狩猟と乗馬を好んだが、皇城（皇居）からほどよい距離にあって、この二つを満喫できる行楽の場として多摩は最適な土地だった。天皇は、四度の行幸でウサギ狩りや鮎漁を楽しんでいる。

一八八二年には、南多摩郡一円が「聖上御遊猟場」に指定された。「聖上」というのは天皇のことである。天皇のための狩猟場として連光寺村を中心とする地域が銃猟禁止区域となり、翌年には、「連光寺村御猟場」という名称がつけられた（図2）。これ以降、天皇が訪れたのは一度だけだが、皇后・皇太后・皇太子をはじめとする皇族や政治家・官僚が利用した。

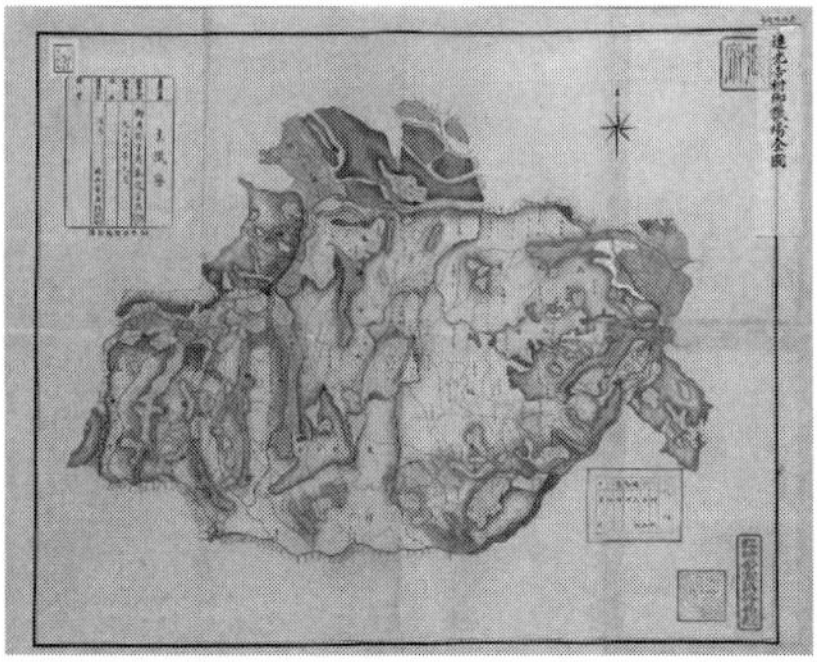

図2　連光寺村御猟場全図

出所）宮内庁宮内公文書館

御猟場の管理・運営は、地元の有力者が務めた。元蓮光寺村名主の富澤政恕《まさひろ》は、宮内省（当初は神奈川県）からその責任者に命じられ、密猟の取締や鳥獣類の調査などに従事した。連光寺村御猟場は、一八八三・八七年の指定区域拡大、一八九二年の一部指定解除を経て、一九一七年に全面解除されている。

（12）一八七三年に「連光寺村」と改められている。

（13）以下の記述については、公益財団法人多摩市文化振興財団編『みゆきのあと――明治天皇と多摩』公益財団法人多摩市文化振興財団、二〇一四年を参照。

図3　明治天皇御製・昭憲皇太后御歌碑

出所）宮内庁宮内公文書館

連光寺の「聖蹟」化

大正後期から連光寺を中心とする地域では、行楽地化による地域振興を目指す動きが現れた。多摩村[14]では自然公園の設置計画が進められたが、そのなかで、睦仁天皇の行幸が〈歴史〉として利用されている。

元宮内大臣田中光顕《みつあき》は、富澤政賢《せいけん》（政恕の子）ら地域の人びとと連携し、一九三〇年に睦仁天皇の行幸と皇族の行啓・御成《おなり》を記念するための多摩聖蹟記念館を開館した。田中は、公職を退いたのち、天皇や幕末の「志士」の事蹟顕彰に尽力した人物である。田中は、土佐藩出身で自身も幕末期に「志士」として活動した経歴をもつ[15]。天皇と「志士」の顕彰を推進する田中と、地域振興を図る地元の思惑が結びついて連光寺の「聖蹟」化が進められていく。

多摩聖蹟記念館では、睦仁天皇の騎馬像や田中が所持していた天皇・皇族からの下賜品、「志士」たちの遺墨などが展示された。また、開館までの間に天皇と皇后の御製《ぎょせい》・御《み》歌《うた》（和歌のこと）碑も建設され（図3）、聖蹟としての体裁が整えられていった。一九三三年には、富澤家の屋敷が「連光寺御小休所[16]」として「聖蹟」の指定を受けている。天皇は、連光寺村に行幸した際に富沢家で食事をとった。さらに、一九三七年には、関戸駅が聖蹟桜ヶ丘駅に改称された。

「聖蹟」は、天皇制の強化につながるイデオロギー装置とみなされ、一九四八年にGH

（14）一八八九年に連光寺村は他村と合併して多摩村となる。

（15）田中光顕の顕彰活動については、公益財団法人多摩市文化振興財団編『維新風雲回顧展――最後の志士・田中光顕が遺した「語り」と「遺墨」』公益財団法人多摩市文化振興財団、二〇一一年を参照

（16）天皇が宿泊した場所や食事をとった場所は「行在所」と呼ぶので、「御小休所」は実際には誤り。「御小休所」は、小休止をとる場所のこと。

Qの指示によって一斉に指定解除された。聖蹟という区分の文化財は今日存在しない。だが、聖蹟桜ヶ丘は駅名として残っている。また、旧多摩聖蹟記念館では現在も展示が行われており、連光寺の史蹟や地名に聖蹟の名残を見いだすこともできる。とはいえ、「聖蹟桜ヶ丘」と聞いて明治期の行幸を思い出す人は市民にも多くないだろう。天皇制のあり方の変化とともに「聖蹟」の〈歴史〉は、地域のなかでも後退していったのである。

おわりに――地域の〈歴史〉からみる多摩の現在地

こうして地域の〈歴史〉をみるとき、〈歴史〉は単なる過去の出来事ではなく、〈歴史〉をつくる私たちのいまを知るための素材だということに気づかされる。

近年は、地域振興のために〈歴史〉が消費されているが、このことは今日の地域社会のありさまを端的に示しているだろう。地域に利益をもたらすための実用的な〈歴史〉が、求められるようになっている。新選組が、ここ二〇年ほどの間でよりいっそう多摩の〈歴史〉として前面に押し出されているのはその象徴的な現象といえる。

これは多摩だけではなく、全国的なトレンドでもある。各地で地域振興のために、過去の人物・出来事が呼び起こされて、地域固有の〈歴史〉として主張されている。そうした〈歴史〉の描かれ方は、過去から一定しているわけではない。地域が新選組を〈歴史〉として語りだしたときと現在では、その目的が大きく異なっている。

一方で、その時代の人びとにとって実用的ではない〈歴史〉は忘却される傾向にある。

聖蹟は一九三〇年代には地域振興のために有効な資源であったが、天皇制や歴史意識のあり方が変貌した現在では同じ効果は期待できない。このように、強調される〈歴史〉がある一方で、存在感が薄まっていく〈歴史〉があることも指摘しておきたい。〈歴史〉は、変わりゆくものなのである。

本章では二例のみ紹介したが、多摩地域にはほかにも〈歴史〉があふれている。身近にある〈歴史〉をつくった地域の人びとの声に耳を傾けてみることが、いまの多摩を知ることにつながるかもしれない。

column

まぼろしの「武蔵県」「多摩県」構想

――宮間純一

「多摩地域」もしくは単に「多摩」という場合、東京都の二三区と島嶼部を除く地域を思い浮かべる人がほとんどだろう。この「多摩」がつくられたのは、明治期のことである。

近世の武蔵国多摩郡は、いまの中野区・杉並区と世田谷区の一部なども含むより広い地域であった。一八七八（明治一一）年七月に公布された郡区町村編制法によって、多摩郡は東西南北に四分割された。これにより、東多摩郡は東京府、西・南・北多摩郡は神奈川県の管轄内に入った。この内、神奈川県に組み込まれた三つの多摩郡（三多摩）が現在の「多摩」に相当する。

その後、一八九三年四月に三多摩も神奈川県から東京府へ移管されることになった。移管の理由は一つではない。政府は、玉川上水の管理の必要性から三多摩を東京府に編入すると説明した。東京市街に飲用水を供給していた玉川上水は、羽村の堰で多摩川から取水し、西・北多摩郡を通過する。そのため、安定した水の供給と衛生上の観点から移管を実施するとの見解を帝国議会に示したのである。[1]

一方で、これは表向きの説明であり、当時武相《ぶそう》地域で勢いさかんであった自由民権運動を分断しようとする政治的な思惑があったとする説もある。たしかに、玉川上水の問題だけだと南多摩郡まで移管する理由が立たない。神奈川県知事内海忠勝は、県議会の運営にあたって神奈川県の自由党勢力に手を焼いていた。また、一八八九年の甲武《こうぶ》鉄道（現在のＪＲ中央線）開通も理由としてあげられる。甲武鉄道によって、特に北多摩郡は東京都市部との経済的な結びつきが強くなったことから、東京府移管の要望が住民からも出ていた。こうした複数の要因が重なって三多摩の東京府移管が実施されたのである。

ただし、移管に反対する地域もあった。移管後数年の間は、神奈川県への復帰運動も起きている。だが、そうした動きは長続きしなかった。

一八九六年、政府は「東京都制案」を帝国議会に提出した。この「東京都制案」は、最初の本格的な都構想である。東京に都制がしかれたのは一九四三（昭和一八）年のこと。それまでは、東京府のもとに東京市のほか郡市町村があるという体制がとられていた。

一八九六年の案では、東京府の管轄のうち東京市の一五区だけを東京都の区域とし、ほかの地域には「武蔵県」をおくとされた。政府は、東京市を除く地域を複数の県に分割することも検討したが、警察・行政上の問題から「武蔵県」設置を選択している。「武蔵県設置法律案」の理由書では、「三多摩郡ノ如《ごと》キハ主トシテ警察上ノ必要ニ依《よ》リ、近年之《これ》ヲ東京府ノ所管ニ移シタルモノナルヲ以テ、一朝之ヲ諸県ニ分割スルハ行政上ニ支障ヲ来《きた》スノミナラズ、慣習ヲ壊敗《かいはい》スル恐《おそれ》アリ」と述べられている。[2]

しかし、「武蔵県」構想は実現しなかった。「東京都制案」とともに「武蔵県設置法律案」も撤回されている。その理由の一つが住民の反対であった。東京都構想は、その後も何度か議論にのぼるが、そこには、三多摩の神奈川県への再移管や独立構想が含まれていた。一九二四（大正一三）年一一月に内務省が発表した「東京都制案」では、三多摩を東京から切り離して「多摩県」を設置する方針が示された。これに対して、賛成する勢力もあったものの、やはり反対派が多数であった。

一九二五年には、南多摩郡横山村長小島林之助ほか一七名、北多摩郡府中町長桑田英之助ほか二四名が請願書を提出している。三多摩郡・八王子市（八王子は一九一七年に市制施行）を神奈川県に移管するか、または一つの小県として独立させることがあれば、「民心」は「萎靡《いび》〔衰えて元気がなくなること〕」して産業は衰退し、「歴史アリ、将来アル三多摩人民ヲシテ悲境ニ沈淪《ちんりん》〔深く沈むこと〕」させてしまうと訴えている。[3]

仮に「武蔵県」や「多摩県」が設置された場合、県としては人口・面積・税収などが最小規模になってしまう。

東京から離れることで将来の発展が悲観されるとの危機感から案が出るたびに反対運動が起きた。もし、「武蔵県」や「多摩県」構想、神奈川県への再移管を三多摩の住民が受け入れて実現していたならば、多摩地域は東京都とは分離され、現在とは異なるあゆみをたどっていたかもしれない。

〔注〕

（1）「公文類聚・第一七編・明治二六年・第一巻・皇室・詔勅～雑載、政綱一・帝国議会・行政区」国立公文書館所蔵、類〇〇六三一一〇〇―〇三一。

（2）「公文類聚・第二〇編・明治二九年・第一巻・皇室・詔勅、政綱一・帝国議会・行政区一」国立公文書館所蔵、類〇〇七四四一〇〇―〇二〇。

（3）「公文雑纂・大正一四年・第一六巻・帝国議会二・請願」国立公文書館所蔵、纂〇一七二〇一〇〇―〇三七。

〔参考文献〕

梅田定宏『なぜ多摩は東京都となったか』けやき出版、一九九三年
町田市立自由民権資料館編『多摩移管百年展――神奈川県から東京府への記録』三多摩東京府移管百周年記念特別展実行委員会、一九九三年

多摩丘陵開発の「痕跡」と「際」
――唐木田開発を例に――

牧野智和

はじめに――唐木田という街

筆者は唐木田駅を最寄りとする大妻女子大学多摩キャンパスに勤めているのだが、「え、そこどこ?」とか「あー、そんな駅あったかも」などといわれることがしばしばある。小田急多摩線と京王相模原線、多摩モノレールがそれぞれ停車する多摩センター駅から一駅だけ突き出た小田急多摩線の終点、そこが唐木田だ。駅のホームからエスカレーター(階段だと四七段)を登って改札口に出て、そこから五分強坂道を登って大学へ、さらに高さが四段に分かれているキャンパス内を登って登ってようやく研究室や教室がある建物にたどりつく。唐木田駅周辺は閑静な住宅街ということもできるが、大学以外にあまり何もないともいえる(駅から歩いて数分のところに研修施設、ショッピングセンター、屋内プールなどがそれぞれあるが、お互いにかなり離れている)。次章「学生街としての多摩」で紹介されるように、一九六〇年代以降多くの大学が郊外に移転したのだが、それにしてもなぜ唐木田に大学のキャンパスがあるのだろうか。

後で述べるように、唐木田は多摩ニュータウンのなかでも後発の開発地であるため歴史が浅いのかと思いきや、縄文時代早期から中期（九〇〇〇〜四〇〇〇年前）や古墳時代の土器が出土しており、かなり古くから人が住みついていたようである。奈良時代に武蔵国の国府が府中に置かれ、官道が多摩丘陵に設けられたが、唐木田はその国府街道の沿道にあった。そこでは谷戸に集落をつくって人が住みつき、農耕生活をしていたことが資料からわかっている。(1) 八世紀末の『続日本紀』には養蚕、焼畑、水田改良に関する技術者が移入してきたという記録もあるようだ。(2) 地名の由来は諸説あり、唐に渡った阿倍仲麻呂の子孫が唐滅亡後にその皇女を連れて日本に渡り、東国に流れついて田畑を切り開いたことから唐木田とするロマンチックな郷土伝承や、崖崩れによって木が埋まり枯木田がなまって唐木田とする（ロマンのかけらもないような）説などがあるという。(3) 七世紀後半においては、新羅＝韓《から》を唐《から》とする場合が多かったことから、渡来人によって開拓された場所とみる説もある。ともあれ、そのような場所がどのようにして現在に至ったのか。調べていくと、意外にもこの唐木田という街は、多摩ニュータウンの「始まり」と「終わり」の双方に関係していることがわかってきた。

1　多摩ニュータウンの開発と唐木田

唐木田駅から大妻女子大学多摩キャンパスまでの最短経路を通らず、少し回り道をして

(1)　都市環境研究所『(仮称)唐木田駅周辺土地利用計画・整備実施計画策定調査報告書』多摩市、一九八七年、一四頁

(2)　都市再生機構東日本支社ニュータウン事業部『多摩ニュータウン事業誌　市域編Ⅰ』都市再生機構東日本支社ニュータウン事業部、二〇〇八年、二五九頁

(3)　横倉鋭之助『唐木田物語　第三巻――民話と伝説　其の二』横倉鋭之助、一九七八年、一八―二〇頁。多摩市都市整備部都市計画課『多摩市の町名(市制施行二〇周年記念)』多摩市、一九九二年、五八―五九頁

いくと「横倉」という名字の家がいくつかあり、そのなかにはかなり大きな家があることに気づく。この横倉家がかつての唐木田の集落をつくっていたようである。[4] この横倉一族のなかで「地域の世話役を代々するような家柄」のもとに生まれた横倉舜三氏は若くして多摩村（当時）の村会議員を務め、のちに唐木田産業・唐木田観光・唐木田会館といった諸企業を設立し、『多摩ニュータウンタイムズ』という地域紙の社主も務めたこの地域の名士だが、彼は唐木田の原風景について次のように描いている。

冬は山陰になるところの田んぼには、春にならなければ溶けない白く残った雪が目につく、十糎程もある霜柱が立って、湿田には氷が張って光っている。凍りついた朝の砂利みちを下駄や靴で通る小中学生の足音がカラ、コロと遠くから聞えてくる。吐く息も白く、一人二人と友達をさそって通学する風景を見るのは一月二月の厳寒の頃で身の引締まる時期である。その幹線道路も一日に通学する子供達の他には数える程の人しか通らない。それも殆どが知っている人だけである。たまに通るのは行商か親戚の人ぐらいである。人々は山に入って一年分の薪切りや炭焼き落ち葉はきで、あまり人目にふれない。春になるとぼつぼつ田んぼや畑の仕事にかかるので他の人の仕事も解るようになり、茶摘み、桑つみ、なども始まる。[5]

落合の小字のなかでも、開発前までは五〜六戸の農家が居住していたにすぎなかったこの唐木田という地区がその姿を変え始めたのは、昭和三〇年代ごろからである。[6] そしてその変容に大きく関わったのが、今紹介した横倉舜三氏である。以下、彼のオーラルヒストリー[7]からその経緯をみていくことにしよう。

（4）　横倉舜三談・細野助博監修、中庭光彦編『横倉舜三オーラルヒストリー（多摩ニュータウン開発史料の発掘とアーカイブ作成に向けた枠組みの構造報告書一）』中央大学政策部文化総合研究所、二〇〇八年、二頁

（5）　横倉舜三『多摩丘陵のあけぼの　前編』多摩ニュータウンタイムズ社、一九八八年、九頁

（6）　横倉舜三、前掲書（5）、一七八頁

（7）　横倉・細野・中庭、前掲書（4）

一九四五（昭和二〇）年の秋、戦争が終わって横倉氏が村に帰ってきたときは食糧難の時期であった。養蚕のために桑畑が多かった多摩地域では陸稲をつくって当座をしのごうとしたが、やがて野菜をつくって現金収入を図らねばならなくなった。しかし養蚕ほどにはうまくいかず、そのなかで多摩村が一九五六（昭和三一）年ごろ、桜ケ丘に団地をつくり、それを京王帝都電鉄（現在の京王電鉄）が買い上げて地主に大きな収入をもたらすという出来事があった。

横倉氏はこの時期多摩村の村会議員だったが、この経緯を開発委員としてみながら、自らが生まれ育った唐木田についても開発を進めねばならないと考えるようになった。この丘陵地帯では「背中に頼る」ことで皆が生きている。つまり、山で雑木林を切り、畑は傾斜地で田んぼは段々という環境のなかで絶えず荷物や子どもを背負って皆が働いている。このような状況を近代農業に切り替えるためには金が必要だ――。

こうした経緯もあって、横倉氏の所有する裏山を一部含む土地にゴルフ場を誘致することにした。議員であり、また先述したような家柄に生まれた横倉氏は、当時の多摩村と由《ゆ》木《ぎ》村にかかっていた予定地の地主に一年がかりで話をつけて、一九五九（昭和三四）年の府中カントリークラブのオープンにこぎつける。だが、これによって得た現金収入が、当初の目論見であった近代農業の発展に使われることはなく、テレビや洗濯機といった生活用品の購入にあてられることが多かったようである。

だがこのように、土地を売ってその地域の生活がよくなるのを周辺地区の住民が目のあたりにすることで、より広く開発の波を待望する機運が生まれたという。そこで「第二府中カントリー」をつくる動きが生まれ、横倉氏は一九六一（昭和三六）年から三年ほどの間、永山・諏訪地区の二〇〇人ほどの地主を回る日々を過ごすことになる。だがその間に土地の値段があがり、ゴルフ場では採算がとれないとなって、とりまとめた土地が宙に浮いてしまうことになった。そこに、とりまとめの動向を把握していた日本住宅公団（当時）と東京都から開発計画のために土地を買いたいという話があり、双方と相談した結果、一九六三（昭和三八）年の初頭に公団に協力することを決めたのだという。このとりまとめた土地が直接、多摩ニュータウンの開発地になり、横倉氏がとりまとめた永山・諏訪地区は一九七一（昭和四六）年の第一次入居がなされた地区となった。もちろん、多摩ニュータウンの開発にはより多様な背景・経緯があるのだが、開発の順序としては後発になる唐木田の開発が（そして唐木田に代々暮らす横倉氏の活動が）、多摩ニュータウンの開発に結果として大きく寄与した側面があることはいえるだろう。

2　条件をのみ、待たされる

多摩ニュータウン開発プロセスのなかで唐木田が登場するのは一九六八年のことである。横倉氏の回顧によると、同年一一月二九日の『読売新聞』三多摩版に、落合地区の棚原・大松台（現在の唐木田二丁目）に清掃工場（ゴミ焼却場）を建設する計画があることが突如発表されたという。地元住民はまったくこのことを知らされておらず、生活環境の悪化と地域イメージの低下を強く危惧してただちに反対運動が始まり、建設反対の請願書には唐木田地区の五五名という当時の住民「ほぼ全員」の署名が集まったという。[8]

（8）　横倉舜三『多摩丘陵のあけぼの　後編』多摩ニュータウンタイムズ社、一九九一年、六四頁請願書には「絶対反対」という文言が示されていたが、東京都の開発担当者との激しいやり取りや、見学に行った世田谷の事例を踏まえて、また居住地によって反対へのトーンがそれぞれ異なることを鑑みて、方針は条件闘争に切り替えられた。やがて地元代表から東京都の開発担当者に渡された議決書には、一三もの条件が提示されていたが、その筆頭項目が「この地区に理由のいかんを問わず鉄道駅を設置すること」であったという。その他、インフラ、レジャー施設の併設、温水の供給、地区ごとの公会堂の設置、文化・スポーツ・レクリエーション施設の建設なども求められたという。その後も必ずしもスムーズにことが進んだわけではないが、やがて一九六九年六月に東京都との間に調印式が行われ、清掃工場は建設に向けて動き出すことになる。しかし、清掃工場が完成し、運転を開始しようとする時期になっても地元の要望にはほぼ手がつけられておらず、東京都・多摩市・地元住民との間で一九七二年一二月に「多摩ニュータウン清掃工場建設に伴う協定」が結ばれ、運転開始と要望の実現が改めて調印されることになる。だが実際に運転が始まると、運転に際して厳しい条件をつけたにもかかわらず、排気の被害が報告されていたという。冬場はそうでもないものの、夏場は南風によって集落に煙が降り、谷間に臭気がただよっていたという。この問題は結局のところ、のちに唐木田の開発に向けた区画整理が始まって住民が移転することで解消されることになったようである[9]。

一九七二年の協定には、多摩センター開業後「二年以内」に鉄道を延伸させ、地元に駅を開業させるという事項が盛り込まれていたという。しかし、京王線が七四年、小田急線が七五年に多摩センター駅をそれぞれ開業したものの、唐木田地区の造成工事（区画整理含む）はようやく八四年に始まり、小田急線の延伸決定が八五年、路線免許が下りたのが

（9）横倉舜三、前掲書（8）、六四—七九頁

八六年、延伸工事の着手が八八年、唐木田駅開業は九〇年、唐木田地区の入居開始は九一年というように、住民は非常に長い間待たねばならなかった。[10] 唐木田は「多摩市域で最も新しいエリア[11]」ということもできるが、取り繕わずにいえばニュータウン開発上「多摩市域最後のエリア[12]」でもあったのである。

3　多摩丘陵に大学をつくる

「文教地区」というアイデアの浮上

唐木田駅の開業は今述べた通り一九九〇年だが、それに先立って八八年には短期大学と高等学校を併設した大妻学院多摩キャンパスが先立って開校されている。大妻学院の周年史では「(多摩市が) 本学院の将来構想に共鳴し、同ニュータウン〔多摩ニュータウンのこと〕の中枢的教育機関として、本学短期大学部および高等学校の進出を歓迎したい旨の意向表明があった。そこで本学院は、この地域社会の要望、期待に積極的に応えることとして、ここに短大、高等学校を設置するに至ったのである[13]」と記されているのみで、その経緯などについて周年史および沿革史においてそれにあたる記述はみられない。そこで本章の残りの部分では、違う観点から資料・情報を集めて、唐木田開発の一つの核となったこのキャンパスの設置・建設プロセスをみていくことにしたい。

日本住宅公団による一九七六年の『南多摩開発局一〇年史[14]』では、唐木田地区の開発が始まるかなり以前から、地区南西部の土地（のちに大妻学院多摩キャンパスになるところ）が

(10) 多摩市史編集委員会『多摩市史　通史編二　近現代』多摩市、一九九九年、八八〇、九三一―九三二頁

(11) 都市再生機構東日本支社ニュータウン事業部、前掲書（2）、二五九頁

(12) 都市再生機構東日本支社ニュータウン事業部『多摩ニュータウン事業誌　通史編』都市再生機構東日本支社ニュータウン事業部、二〇〇六年、一三二頁

(13) 大妻学院八〇年史編纂刊行委員会編『大妻学院八〇年史』大妻学院、一九八九年、八一三頁

(14) 日本住宅公団編『南多摩開発局一〇年史』日本住宅公団南多摩開発局、一九七六年

高等学校と誘致施設の用地としてすでに想定されていた。だがこの当時はこの地区が開発される状況にはなっておらず、誘致も進んでいなかった。

これが一九八〇年の『多摩ニュータウン唐木田地区基本設計一九八〇報告書』だと少し進展がみられる。結果として、開発スケジュールと大学側の希望があわなかったため見送りになったものの、誘致施設用地に美術系単科大学の進出意向があったことを受けて、この用地に大学もしくは短期大学を誘致する可能性が考慮されるようになり、そこに附属高校を併置することで唐木田地区を「文教地区」「学園都市」として形成するというアイデアが浮上してきたのである。[15] 造成工事が始まった八四年の『多摩ニュータウン唐木田地区修正基本設計説明書』[16] でもこの方向性が保持されているが、具体的な動きは言及されていない。

地形が変わるほどの大工事

事態がどこから動き始めたのか、決定的なことはいえないが、ここで大妻女子大学に長年勤められた職員の方（Aさんとする）への聞き取りを参考にプロセスを推察してみよう。Aさんは一九八二年四月に入社したが、半年間の研修が終わろうとしている九月一日から、新しいキャンパス用地を選定するための「ワーキンググループ」に参加することになったという。この時点で、すでに候補地は多摩ニュータウンと千葉県にある別のニュータウンに絞られていたようで、これらの地域に立地している大学を中心にいくつか見学に行ったという。各大学の調査報告書を上役に提出して翌八三年三月末ごろにはワーキンググループは解散したが、この時点ではまだ候補地が決まったという感触はなかったという。

(15) 日本住宅公団南多摩開発局・日本都市総合研究所『多摩ニュータウン唐木田地区基本設計一九八〇報告書』日本住宅公団南多摩開発局、一九八〇年、七九—八一頁

(16) 住宅・都市整備公団南多摩開発局『多摩ニュータウン唐木田地区修正基本設計説明書』住宅・都市整備公団南多摩開発局、一九八四年

だが、当時は「やっぱり多摩キャンパスの方がイメージがいいよね」という考えが主流だったようである（当時新入社員だったAさんには、それ以上のことは知りようがなかったとのことだった）。

　多摩市の関連資料をみるかぎりでは、誘致の具体的な内容が初めて明かされたのは横倉舜三氏が社主を務める『多摩ニュータウンタイムズ』一九八五年一月一日号の一面トップ「南野地区　短大の誘致決まる」という記事ではないかと思われる。ここでは多摩センター駅から南に位置する南野地区での開学を目指す恵泉女学園大学とあわせ、唐木田地区の学校予定地に学校法人大妻学院が名乗りを挙げ、用地取得の要望を多摩市長に提出したと書かれている。大妻学院の沿革史をみると、地域紙での第一報からさらに時が過ぎて八六年七月二日に学校法人が多摩校の用地一〇万二六七六平方メートルを購入したことになっている[17]。

　こうして多摩にキャンパスが設置されることが決まり、Aさんは多摩キャンパス予定地に見学に訪れることになるが、そのときは「ブルドーザーがすごい走って」おり、「山を崩して谷に埋め」ているような状況だったという。この唐木田地区はもともと南北東西に谷戸が貫入し、それらを包み込むように丘陵部が張り出しているという地形であった[18]（図1）。それを、「ダンプカー五十万台分」ともいわれる「多摩ニュータウン最大」ともいわれる量の土を動かし、深さ最大二五メートルもあった谷を埋め、最大四〇メートルほども丘陵を削ったところを含め、元の地形が跡形もなくなるほどの大造成工事が行われた[19]（図2）。

　大妻学院多摩キャンパスが入る土地も、広大な土地を一段六メートルで四段に分けた造成がなされている。この盛り土の厚さに加え、乞田川の支流の小川がもともと流れていた

（17）学校法人大妻学院『昭和六〇年度　大妻学院沿革史資料』学校法人大妻学院、一九八六年、二四頁。ただ、当時の同窓会誌などをみると、土地を正式に購入する以前の段階で多摩キャンパスの設置が報告されており、学内でこのことが決定事項として周知されたのはもう少し前になると思われる。

（18）都市再生機構東日本支社ニュータウン事業部、前掲書（2）、二六〇頁

（19）横倉舜三、前掲書（8）、一〇七頁。『多摩ニュータウンタイムズ』一九八六年九月一日号。

図1　唐木田谷戸の春。1968年

出所）多摩市文化振興財団編、大石武朗著『写真集多摩ニュータウン』多摩市文化振興財団、2005年、22頁。撮影は大石武朗氏

図2　造成が進む唐木田地区。府中カントリークラブを望む。1987年

出所）多摩市文化振興財団編、大石武朗著『写真集多摩ニュータウン』多摩市文化振興財団、2005年、42頁。撮影は大石武朗氏

場所であるためか、四五メートルほど掘り下げてもまだ地盤が悪く、Aさんによると安定した地盤まで杭を深く打つために数億円の経費が追加でかかることになってしまったという。また、キャンパス計画の責任者だった日建設計の村山博美は、このような造成であったため、竣工後に土地が一〇～一五センチメートルほど沈下するのではないかという予測がなされていたと述べている（実際はその半分程度で済んだようだが、建物の縁の縁石が波打っているところからそれがわかるという）。そのため、設備の配管を沈下による切断の危険がある地面には埋めず、建物間の移動に用いる回廊の天井部に通すという方針がとられていた[20]。

構想と実際

さて、唐木田地区の開発は、この多摩キャンパスの誘致とあいまってその構想が固められていった。大妻学院が用地取得に名乗りを挙げた一九八五年度につくられた『（仮称）唐木田駅周辺開発基本計画報告書』[21]では唐木田地区の開発イ

(20) 都市建築研究所『大妻女子大学多摩キャンパス』大妻女子大学、二〇〇〇年、八―一二、二〇、三四頁

(21) 都市計画協会・多摩市編『（仮称）唐木田駅周辺開発基本計画報告書』多摩市、一九八六年

メージがぐっと明確化する。アメリカのシリコンバレーをイメージした、大学、先端技術産業、クリエイティブ産業などが集積した「唐木田カルチャーバレー構想」が掲げられたのである。大学（開学当初は短期大学）の誘致が現実のものとなりそうななかで、唐木田を「文教学園都市」として、多摩市周辺に数多く立地された大学を地域に開くカルチャーセンターとする動きを担わせつつ、職住近接型の新産業施設との回遊性、地域住民の参加型まちづくりなどを盛り込んだ構想が示されたのだった。翌年の『（仮称）唐木田駅周辺土地利用計画・整備実施計画策定調査報告書』では街並みのイメージはより具体化し、「女子大生・高校生等の若者に愛される学園通り」の雰囲気をつくるための木を活用したファサードやストリートファニチャーの設置をはじめ、「フラワーショップ、ウィンドウショッピングでも楽しいおしゃれなスポーツショップやファンシーショップ、帰り道の楽しみとなるアイスクリーム・ハンバーガーショップ、カフェテリア」などの立地が構想されていた。[22]

唐木田駅そのものについても、一九八四年の『多摩ニュータウン唐木田地区修正基本設計説明書』では三階建ての駅ビルをはじめとした複数の商業施設が直結し、土地の起伏を活かした立体的な駅前が構想されてもいた。[23]だが、こうした構想がそのまま実現したわけではなかった。先述した通り唐木田駅は開業し、唐木田地区の入居が開始されて開発以前とは比べ物にならないほどの多くの住民が住むようになり、短期大学も開学した（やがて大学の学部も置かれるようになった）が、紹介したような華やかな駅前や街並みはそのままは実現しなかった。各種商店は一部実現したもののやがて撤退するところも少なくなく、大妻学院多摩キャンパスが面する尾根幹線道路沿いの、唐木田からやや離れたところに各

（22） 都市環境研究所『（仮称）唐木田駅周辺土地利用計画・整備実施計画策定調査報告書』多摩市、一九八七年、六二頁
（23） 日本住宅公団南多摩開発局・日本都市総合研究所、前掲書（15）、七五頁

種チェーン店が集まることになった。街並みとしても、駅周辺はごく一般的な住宅街というべきで、駅からやや離れて、大学へ向かう道から外れたところに電線を地中化し、石畳に包まれた洒脱な一角が形成されたに留まっている。よく計画された住宅・集合住宅および街並みをよりまとまってみることができるのは、駅から大学とは逆の方向に数分歩いた、先述の大松台周辺（住所でいうとそこは鶴牧である）だといえる。先述した「カルチャーバレー構想」の勇ましさとあわせ、どこであっても構想とはそのようなものなのかもしれない。

おわりに――開発の「痕跡」と「際」

『多摩ニュータウンタイムズ』一九八六年九月一日号には、当時の唐木田駅と大妻学院多摩キャンパスの各予定地がともに収まる写真が掲載されているが（図3）、唐木田駅予定地の後背にある丘陵地（その奥に府中カントリーがある）が写真右側にみえるその一方で、写真左側、唐木田駅から大学への行路となる方面は地面がまっさらにならされている。開発前の図1と比べて考えると、唐木田駅のホームから登って改札口へ、そこから坂道を登って大学へ、さ

図3　唐木田駅予定地と大妻学院予定地。1986年

出所）『多摩ニュータウンタイムズ』1986年9月1日号掲載写真を筆者修正

らにキャンパス内を登って建物へという冒頭で示した行路は、元からの地形だったのではなく、まさに開発によって「山を崩して谷に埋め」た後に人工的に整えられた坂道だったと考えられる。この坂道に加え、キャンパスの回廊の金網天井にみえる配管についても、私たちはそれらについて何も考えることなく日々過ごしているが、それらこそがまさにこの多摩丘陵に大学を建てるにあたっての配慮の「痕跡」なのであった。

筆者の研究室は、キャンパスのほぼ南端にあたる。大妻女子大学の敷地の南端がそのまま多摩市の境にあたるため、研究室の窓から南を眺めるとそこは町田市域になる。つまり多摩ニュータウンの開発区域外である[24]。研究室の真下にみえるのは農地なのだが、その奥には鬱蒼とした森が続いてみえる（図4）。木々に隠れてはいるものの、この森のなかにもいくつか農地や建物が点在しているようなので、まったくの未開発地というわけではないが、地図をみるかぎり、あまり人の手がついていない自然がそのあたり一キロメートル四方の間にかなり残っているのではないかと思われる。その意味で、このキャンパスは多摩ニュータウン開発の「際」とでもいってよいような場所だといえる。窓からみえるような自然を私たちは開発して今ここにいるともいえるし、自然の開発がここまでしか及ばなかったともいえる。

大学の都心回帰の趨勢のなかで、郊外に設置された大学は近年苦戦を強いられている。大学の郊外移転のプロセスはまさに郊外開発のプロセスに重なる部分があるわ

図4　研究室から南を望む（2024年、筆者撮影）

(24) 町田市域にも多摩ニュータウンの開発区域は一部含まれているが、研究室の南の地域は多摩ニュータウンの開発区域ではない。

けだが、だからこそ、特にその「際」といえるような場所に、この多摩という地域をどのように、どこまで開発してきたのかを知ることのできる「痕跡」が隠されているといえるのではないだろうか。そして、そのような「痕跡」は多摩地域のそれぞれの大学キャンパスでもおそらく同様に発見することができるものだろう。

〔謝辞〕
写真掲載をご快諾いただいた大石武朗氏、掲載にあたってのご協力をいただいた公益財団法人多摩市文化振興財団に御礼申し上げます。

column

なぜ〝国際〟マス釣り場なのか?

辻 泉

東京都や首都圏にお住まいで、休日のレジャーとして、釣りに出かけたことのある方は少なくないものと思う。海釣りならば神奈川県の三浦半島などが知られているが、渓流釣りが楽しめる場所として、山間部のマス釣り場も人気がある。こうした釣り場で主に釣れるのはニジマスであるが、比較的釣りやすいうえに引きが強く、食べても味がよい。家族や仲間とともにハイキングやキャンプに出かけ、その合間に釣りを楽しみ、その場で味わう塩焼きの味は格別である。

多摩地域の山間部にも多くのマス釣り場があるが、これらは比較的アクセスもよく、休日は多くの人びとでにぎわう。いわゆるコロナ禍期間中は、経営が危ぶまれた釣り場もあったようだが、人出も戻りつつある。

さて、そのような何気ない休日の風景のなかには、よく考えてみると不思議な点がいくつか存在している。

一つには、これらのマス釣り場の名前である。多摩地域の山間部には、「国際」という言葉が含まれたマス釣り場が実に目立つのである。経験のある方ならばおわかりだろうが、実際これらの釣り場に出向いてみても、いったい何が「国際」なのか、パッと見にはわからないし、「国際」の名を冠する釣り場とそうでないところとを比べてみても、大きな違いはないようにみられるのである。

もう一つには、釣れる魚である。ニジマスは元々日本列島に生息していた魚ではなく、北米が原産と考えられている。だとすれば、そのような魚を釣るレジャーがこれほど人気のあるものとして、なぜ、いつ、どのように定着したのだろうか。

ともすると見落としてしまいそうな、けれども何か充分に掘り下げる価値のありそうな、これらの疑問をここでは深掘りしてみよう。

本来ならば、実際にこれらの釣り場に出向きたいところだが、インターネットを駆使してみても、かなりのことがわかるものである。関心のある方は、検索をかけながら、一緒に探求する気分を味わっていただくとよいだろう。

たとえば、「国際　釣り場」などというキーワードを検索してみると、いくつかの具体的な釣り場の案内とともに、同じような疑問を抱いた人がほかにもいて、いくつかの回答らしきものが表示される。

そのなかの一つとして、釣りものであるニジマスが、日本国外からやってきた魚であるがゆえに、「国際」釣り場なのではないかという説が出てくる。たしかに、釣りの経験のある方ならばおわかりだろうが、日本列島に元からいたマスの仲間であるイワナやヤマメといった渓流魚では警戒心が強すぎるために、（上級者用の場合は別として）いわゆる管理釣り場の釣りものとしては不向きである。だがそうであるならば、日本中どこであっても、ニジマスがいれば「国際」釣り場と名乗りそうなものだが、そうではないがゆえに、この説はおそらくあたってはいないのだろう。

そこで、続けて同様に「国際　釣り場」といったキーワードを地図アプリで検索してみると、今度は非常にはっきりとした傾向が表れる。ニジマスがいる釣り場は沖縄を除く日本全国に広がっているが、「国際」と名のつく釣り場はおよそ多摩地域あるいはその近隣にほぼ限られていることがわかるのである（図1）。これだけ偏った立地上の特徴には何がしかの歴史的な背景が考えられそうだが、残念ながら学術的なデータベースを用いても、あまりはっきりとした資料は寡聞にして見つからない。しいていえば、地理学において管理釣り場の立地と放流魚種について検討した論文が存在するが、[1] 残念ながら近畿圏のみが研究対象であることに加え、その文中においても、管理釣り場の立地の歴史的背景に関する研究など、ほぼ存在していないことが示唆されている。だが、同論文も参照している、管理釣り場の情報をまとめたデータベースのページ（「管理釣り場.com」）には、参考になるヒントがあるようだ[2]。

いわく、「日本国内におけるトラウト管理釣り場の歴史」と題されたそのページから要点をかいつまむと、以下のような歴史的背景がみえてくる。すなわち、ニジマス自体はすでに明治時代の前半には日本にもち込まれて養殖が始まっており、また明治の後半になると、同じマスの仲間であるカワマスの稚魚を奥日光の川に放流して、欧米人たちがフライフィッシングを楽しんでいたのだという。だが、今日のように有料でライセンスを購入するような管理釣り場の原型が生まれたのは、戦後のことであり、ＧＨＱ法務課のスタッフであった、アメリカ人の法律家トーマス・ブレイクモアが、秋川の支流である養沢川に、私財を提供して一九五五年につくった「養沢毛鉤専用釣場」がそれにあたるのだという。実際にこの釣り場のＨＰにもそうした歴史的背景が記されているし、そのエピソードを記した新聞記事もある[3]。そしてこうした釣り場は、横田や立川のアメリカ軍基地における将校たちのレクリエーションの場という意味合いをもつこととなり、それゆえに多摩地域に集中して「国際」と名のつく釣り場が存在することとなったのだという。

その後、高度経済成長を経てモータリゼーションが到来することで、一九七〇〜八〇年代以降になると、こうした多摩地域の山間部のニジマス釣り場が、さらに発達していくこととなり、東京都や近県の郊外の住宅地から、アクセスもよく、手軽に楽しめるレジャーとして、広く定着することになるのである。こうした管理釣り場や多摩川などでも、放流魚としてニジマスが定着していくのはその釣りやすさからであるが、こ

図1　「国際　釣り場」で検索した結果。2024年3月15日

注）Googlemap を使用

れは元々の性格が獰猛であるのに加え、エサを与えず空腹にしたニジマスが、特に放流直後には警戒心もなくすぐに食いつくからであろう。ただし近年では、外来種として生態系への影響を危惧する議論も起こりつつある。

こうした歴史的背景を振り返るための痕跡はもはや少ないが、「養沢毛鉤専用釣場」に設置されたトーマス・ブレイクモアの碑は、それを今に語り伝えている。休日のレジャーに、「国際」マス釣り場で、釣りたてのニジマスの塩焼きに舌鼓を打ちながら、ともすると忘れ去られてしまいそうな、多摩地域の歴史に思いを馳せるのも一興ではないだろうか。

〔注〕

（1） 福岡崇史「近畿圏における管理釣り場の立地と放流魚種」『奈良大学大学院研究年報』一五、二〇一〇年、二三一―二三八頁

（2） 管理釣り場.com「日本国内におけるトラウト管理釣り場の歴史」二〇一五年（https://www.kanritsuriba.com/history_kanritsuriba/ 二〇二四年三月一五日閲覧）

（3） 東京新聞 TOKYO web「〈竿と筆 文人と釣り歩く〉――トーマス・ブレークモア」二〇二二年（https://www.tokyo-np.co.jp/article/216386 二〇二四年三月一五日閲覧）

学生街としての多摩
――学園都市八王子の戦後史――

加島　卓

はじめに――東京なのに、八王子

仙台を出て東京へ向かうとき、「都会へ行くんだ」という、期待感や優越感みたいなものがあって、新宿から乗った京王線が多摩川を越えたあたりから、なにか裏切られたような気持ちになってしまったのを覚えている。そして学校へ通うようになって、さっそくできた仲間との会話も「マイッタなー、これじゃオレの故郷のほうが都会だぜ」とか「ま、住めば都、と言うことであきらめようや」とか言った、八王子失望の弁から始まったものだった。(1)

これは一年間の浪人を経て、法政大学社会学部に進学した学生の回想である。「都会へ行くんだ」という上京への熱い思いと、多摩川を越えて気づいた郊外の現実。新宿駅から特急で五〇分（四〇キロメートル）、最寄りのめじろ台駅からバスで約一〇分（約四キロメー

（1）八王子市大学連絡協議会編『BIG WEST 新八王子人・生活便利帳 CITY INDEX HACHIOJI 一九八五』大学コンソーシアム八王子、一九八五年、九頁

トル）、ようやく到着したキャンパスは広大で深い緑に囲まれた山のなかにあった。

この地に法政大学がやってきたのは一九八四年である。一九六四年から一九六七年、そして一九八〇年から一九八一年にこの地を購入した法政大学は標高一八〇メートルから二三〇メートルの丘陵地帯を造成し、経済学部と社会学部を東京都千代田区から移転させた。約八二万平方メートルの広さで、その半分を自然林として残したこの場所は「多摩キャンパス」と呼ばれている。(2)

本章で注目したいのは、八王子と大学の組みあわせである。実は八王子には大学が多く、そのほとんどが市街地から離れている。そのため、「都会」をイメージして上京すると期待外れになることもある。こうした現実を受け入れ、いかに過ごしていくのかは八王子にキャンパスのある大学へ通う学生にとって切実な課題である。それではどうしてこんなことになったのか。そして学生はいかに過ごしてきたのか。本章はこうした学園都市八王子の歴史を述べていきたい。

1　学園都市八王子

二〇二四年現在、八王子には二一校の大学・短期大学・高等専門学校のキャンパスがあり、約九万五〇〇〇人の学生が学んでいる。(3) 表1は八王子とその周辺エリアの大学とその設置年をまとめたものであり、多くの大学が一九六〇年代から七〇年代にかけて設置されたことがわかる。

(2)　当初は全面移転も視野に入れていたが、学内でさまざまな議論があり、結果的に経済学部と社会学部のみが移転した（法政大学戦後五〇年史編纂委員会編『法政大学と戦後五〇年』法政大学、二〇〇四年）。なお、二〇三〇年を目途に経済学部を多摩キャンパスから市ヶ谷キャンパスに移動することを二〇二四年四月に発表している（法政大学HP「キャンパス再構築に係るお知らせ」https://www.hosei.ac.jp/info/article-20240409131633/　二〇二四年一〇月二二日閲覧）。

(3)　八王子市HP「市域の大学・短期大学・高等専門学校」(https://www.city.hachioji.tokyo.jp/kurashi/shimin/002/a791636/001/p031711.html　二〇二四年一〇月二二日閲覧)

表1　八王子とその周辺の大学・短期大学・高等専門学校

設置年	学校名（所在地）
1963	工学院大学（八王子市中野町）
1964	明星大学（日野市程久保）
1965	帝京大学短期大学（八王子市大塚）
	東京工業高等専門学校（八王子市椚田町）
1966	帝京大学（八王子市大塚）
	東京造形大学（八王子市元八王子町、1993年に移転）
	戸坂女子短期大学（八王子市犬目町、2004年に移転）
1967	国学院大学（八王子市石川町、1991年に移転）
	東京純心短期大学（八王子市滝山町）
1970	杏林大学（八王子市宮下町、2016年に移転）
1971	多摩美術大学（八王子市鑓水）
	創価大学（八王子市丹木町）
1976	東京薬科大学（八王子市堀之内）
1977	拓殖大学（八王子市館町、2015年に部分移転）
1978	中央大学（八王子市東中野、2023年に部分移転）
1978	日本文化大学（八王子市片倉町）
1979	共立女子大学（八王子市元八王子町、2007年に移転）
1984	法政大学（町田市相原町、2030年頃に部分移転）
	東京家政学院大学（町田市相原町）
1985	創価女子短期大学（八王子市丹木町、2026年度に募集停止）
1986	東京工科大学（八王子市片倉町）
1991	東京都立大学（八王子市南大沢）
1992	山野美容芸術短期大学（八王子市鑓水）
	テンプル大学（八王子市南大沢、1996年に移転）
2004	ヤマザキ動物看護大学（八王子市南大沢）
2006	デジタルハリウッド大学（八王子市松が谷）

なかでも設置が早かった工学院大学（約二二万平方メートル）は、辺り一帯「武蔵野を彷彿とさせる雑木林」で「野ウサギやキジが出没し、これといった道も」なく、「まるで山間僻地といっていい風景」だったという。[4] また一九六〇年から土地買収を始めた中央大学（約四九万平方メートル）は「標高七〇数メートル」のエリアにあり、「丹沢山塊や富士の霊峰が眺望できるという、恵まれた自然環境」のなかにあった。[5] さらに一九六四年から土地買収を始めた拓殖大学の校地（約一〇五万平方メートル）は「岩石の採石かゴルフ場か墓地のような施設にする以外に使い道が」ない「山林」だった。[6] このように八王子

（4）工学院大学学園一二五年史編纂委員会編『工学院大学学園一二五年史』中央公論社、二〇一二年、一六一頁

（5）中央大学一〇〇年史編纂委員会専門委員会編『中央大学一〇〇年史　通史編　下巻』中央大学、二〇〇三年、五三七頁

（6）拓殖大学一〇〇年史編纂委員会『拓殖大学一〇〇年史　昭和後編・平成編』拓殖大学、二〇一三年、一九二頁

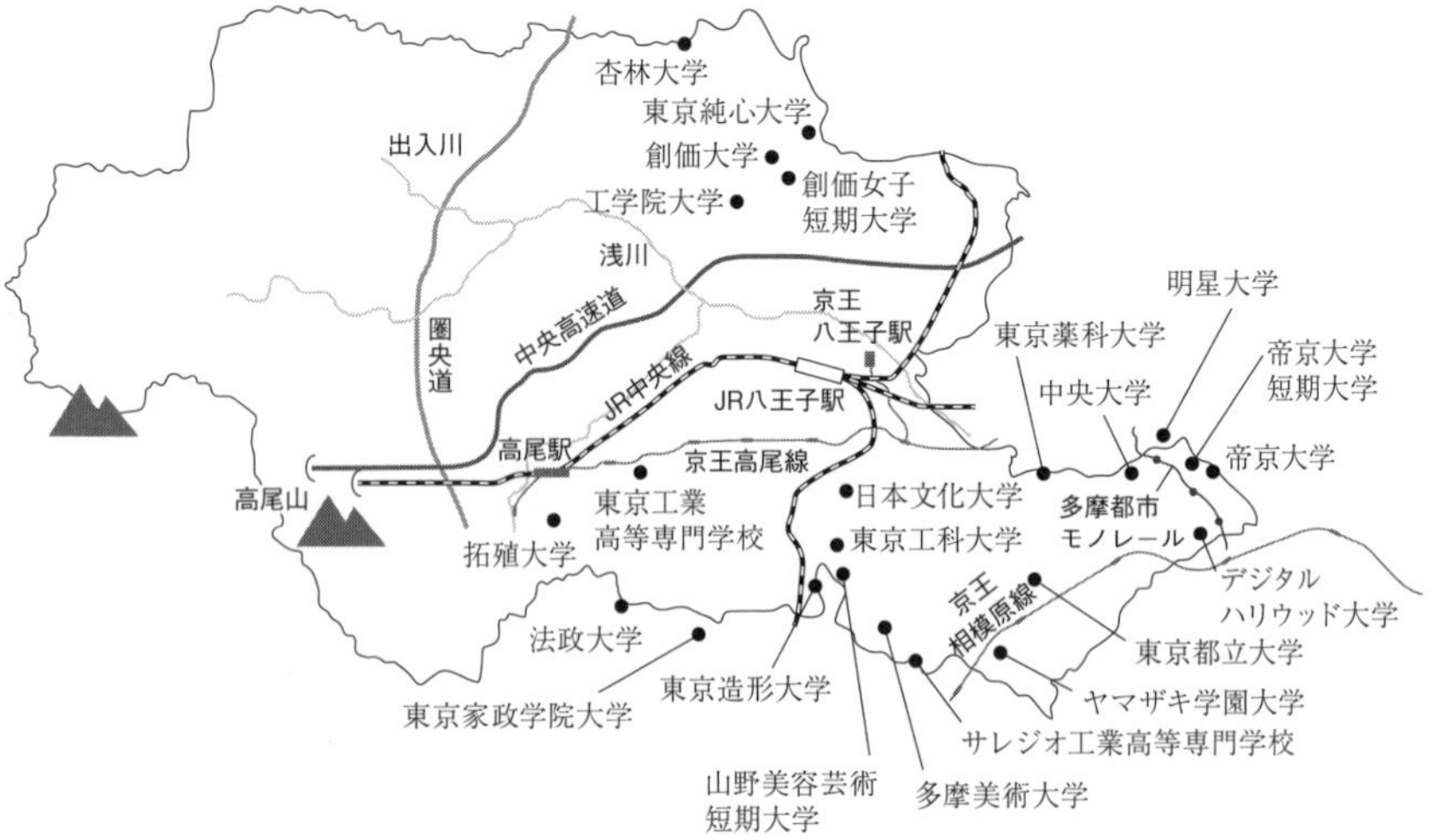

図1　八王子エリアにある大学・短期大学・高等専門学校の地理的分布

出所）市民活動推進部学園都市文化課『はちおうじ学園都市ビジョン』八王子市、2017年、53頁をもとに筆者作成

にある大学の多くは丘陵地帯にあり、[7]市内の各地に分散している（図1）。

こうした立地と深く関係しているのが、首都圏整備法（一九五六年）と連動した「首都圏の既成市街地における工業等の制限に関する法律」（一九五九～二〇〇二年）である。この法律は工場や大学の大都市集中を規制するもので、これによって多くの大学が第一次ベビーブーム世代の学生増加を見据えて首都圏郊外にキャンパスを設けた。なかでも八王子に集中したのは東京都内で他県よりは交通アクセスがよく、「廉価でかつ広大なまとまった土地が比較的容易に確保できた」からである。[8]

ただし、八王子市は当初から積極的に大学を誘致してきたわけではない。「学園都市」構想そのものは植

（7）しかも多くの校地は市街化調整区域内にあるため、緑地を二分の一残さなくてはならない。

（8）八王子市史編集委員会編『新八王子史　通史編六　近現代（下）』八王子市、二〇一七年、五一一頁

竹圓次市長（在任一九六一年二月〜一九七三年二月）の時代に遡ることができるが、その当時は次のような方針だった。

学園都市という中で文教地区というものを特に設定をしようというふうには考えておりません。（中略）。大学を誘致する場合にこれはやはり未開発地域で丘陵地帯を特にご指定申し上げて、丘陵地帯の開発を合わせて学園の中でやっていただくという考えのもとに、南の方、北の方、西の方の丘陵地帯を主といたしまして、学園の誘致をやってきております[9]

この発言によれば、一九六〇年代の八王子市は「文教地区」を設けて開発を進めるのではなく、造成前のエリアに大学を誘致して「丘陵地帯の開発」を担ってもらおうとしていたことがわかる。こうした背景には、学校法人の土地や建物は固定資産税が非課税であり、市の税収に結びつかないという事情があった。そのため、市は移転時に直接の財政支援を行わず、道路や上下水道は各大学で整備することになった。要するに、市の都市計画とは無関連に、各大学はそれぞれの経営事情で八王子に移転してきたのである[10]。

ところが、一九七〇年代後半になって市の態度は一転することになった。市は「どの大学も市街地の中にないという地理的な条件もあって、通学する学生も八王子市内で遊んだり買い物をすることが少なく、すぐ電車で新宿方面などに帰って」しまうこと、すなわち「大学と地元の結びつき」が薄いことに問題意識を抱き[11]、各大学、市議会、商店街、文化団体などに呼びかけて、「八王子市大学連絡協議会」を設立（一九七七年九月）した[12]。そして後藤總一市長（在任一九七三年二月〜一九八三年一二月）は市の基本構想で「大学連絡協議

(9) 八王子市史編集委員会編、前掲書(8)、五一二頁

(10) 八王子市史編集委員会編、前掲書(8)、五一二頁

(11) 「大学移転で変わる町＝下＝八王子、新しい学園都市――織物の町、衣替え」『日本経済新聞』一九七七年七月二二日朝刊

(12) 公開講座や文化的行事の企画、地域や環境に与える調査、学生の生活実態調査などを主な事業とした。また各事業を実行する組織として「学園都市友の会」が一九八〇年九月に設立され、一九八九年六月に「八王子市学園都市推進会議」に改称された。

会の活動を発展充実させ、大学、市民とともに学園都市形成を推進する」と明記したのである。[13]

これ以降、八王子市の「学園都市づくり」は新入生向け生活情報誌（CITY INDEX HACHIOJI, BIG WEST）の発行、[14]公開講座や合同学園祭（キャンパスフェスティバル、学生天国）の実施、[15]学園都市センターの設立（一九九七年四月）、[16]学術・文化・産業ネットワーク多摩による地域連携の推進（二〇〇二年七月）、[17]市民活動推進部・学園都市文化課の設置（二〇〇三年八月）、[18]大学コンソーシアム八王子の設立（二〇〇九年四月）、[19]地域活性化のための各大学との包括連携協定の締結（二〇一六年以降）など、現在に至るまでその活動は多岐にわたっている。[20]

2　中央大学多摩キャンパス

八王子市が学園都市形成に積極的になった背景には中央大学の移転（一九七八年）がある。そこで以下では、中央大学の動きに注目してみたい。

中央大学は一九六〇年から南多摩郡由木村東中野（当時）の土地買収を進め、当初は教養課程を移転するつもりだった。ところが一九六〇年代後半に駿河台校舎で約四万人の学生を収容するのが難しくなり（マスプロ大学問題）、理工学部を除いた法学部・経済学部・商学部・文学部を多摩に移転することにした。なお、この過程でオイルショックに伴う激しいインフレが影響し、駿河台校舎を手放さないと資金不足になることが明らかになった。

（13）　八王子市企画部企画課編『八王子市基本構想　八王子市基本計画　昭和五四―五八年度』八王子市、一九七九年

（14）　大学コンソーシアム八王子「大学コンソーシアム八王子情報誌」（https://gakuen-hachioji.jp/magazine/　二〇二四年一〇月二二日閲覧）

（15）　八王子委員会ＨＰ（https://hachigaku.jp　二〇二四年一〇月二二日閲覧）

（16）　八王子市学園都市センターＨＰ（https://www.hachiojibunka.or.jp/gakuen/　二〇二四年一〇月二二日閲覧）

（17）　公益社団法人学術・文化・産業ネットワーク多摩ＨＰ（https://nw-tama.jp/　二〇二四年一〇月二二日閲覧）

（18）　八王子市ＨＰ「学園都市文化課」（https://www.city.hachioji.tokyo.jp/tantoumadoguchi/005/002/index.html　二〇二四年一〇月二二日閲覧）

（19）　大学コンソーシアム八王子ＨＰ（https://gakuen-hachioji.jp/　二〇二四年一〇月二二日閲覧）

（20）　『はちおうじ学園都市ビジョ

そこで一九七三年八月に駿河台校舎を大正海上火災保険株式会社（現在の三井住友海上火災保険会社）に売却し、その資金で多摩校舎を建設したのである（一九七五年四月〜一九七七年一一月）。

大学内部では多摩移転に対して多くの反対意見があった。その一つは、駿河台校舎との二キャンパス体制の維持を求める声である。しかしこれについては先述の資金問題でどうにもならなくなった。もう一つは、「都心から離れることによって立地条件が悪くなり、そのことが大学の質の低下を招くという疑義」だった。これに対して大学は「立地の悪化を批判するにとどめず、この教育環境を有意義に利用して、学生のレベルアップにつながるシステムの整備をはかる」と説明した[21]。さらに一九七〇年代後半には、ヘルメットやこん棒を携えた学生による多摩移転反対運動や学費値上げ反対闘争もあった[22]。

多摩校舎の建設は傾斜地をならし、トンネルを掘り、道路、上下水道、ガス、電気などを整備する大工事となった。なかでも大規模だったのが、交通アクセスの整備である。現在は多摩モノレールの中央大学・明星大学駅が利用可能だが、移転当時の最寄り駅は京王線の多摩動物公園駅で、一つ前の高幡不動駅で単線に乗り換え、さらに多摩校舎までの約一キロメートルを歩く必要があった。そこで中央大学

図2　ヒルトップ隧道（2024年、松田美佐撮影）

ン』（二〇一七年）によると、その基本理念は「大学等が地域とともに発展するまちづくり」であり、①地域連携支援、②産学公連携支援、③学生活動支援、④学生の就職支援、⑤生活環境支援、⑥留学生支援、⑦生涯学習推進の七つの基本方針を掲げている。

(21) 中央大学一〇〇年史編纂委員会専門委員会編、前掲書（5）、五二七―五二八頁

(22) 中央大学一〇〇年史編纂委員会専門委員会編、前掲書（5）、五三三―五三六頁

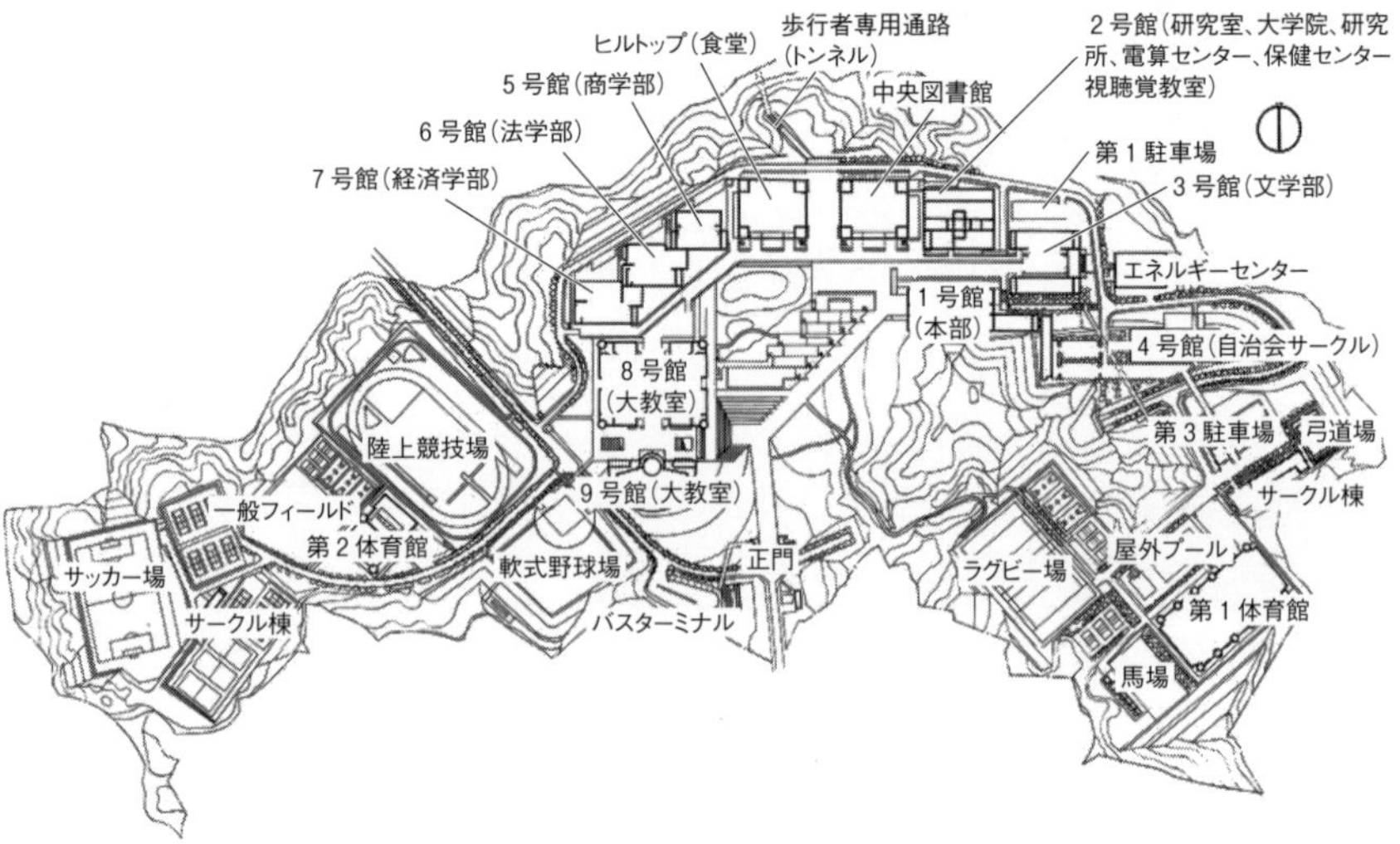

図3　中央大学多摩キャンパス。1977年

出所）日本建設業連合会 HP「日建連表彰 BCS 賞　第20回受賞作品」の中央大学多摩校舎配置図を筆者修正

は北側の山道を拡幅して専用トンネルを掘り、歩行者専用通路を設けたのである（図2）。

こうした大工事によってでき上がったのが多摩キャンパスである[23]（図3）。正門正面にある丘を登り切ると食堂棟（ヒルトップ）と中央図書館があり、左側に商学部棟、法学部棟、経済学部棟、大教室、右側に大学院棟、文学部棟、本部棟、サークル棟が並び、それぞれがペデストリアンデッキで結ばれている。一九八〇年にこの地を訪れた如月小春は「まるで絵のように整頓された場所」であると評し、「あまりにつまらない気がする」と違和感を書き残している[24]。劇作家で演出家だった彼女にとって、多摩キャンパスはかなり人工的な舞台にみえたようである。

（23）設計は久米建築事務所が担当し、一九七九年の建築業協会賞（現在の日本建設業連合会のＢＣＳ賞）を受賞。

（24）如月小春『都市の遊び方』新潮社、一九八一年、四八―四九頁

3　学生生活

それでは、当時の学生生活はどのようなものだったのか。中央大学では下宿の確保が大きな課題となり、地域の地主に「協力下宿」の建築を依頼している。[25]これによりバス、トイレ、キッチンつきで約一六〇〇室の学生アパートが用意されたが、実際には「二年、三年になると、駅の周辺に引っ越す」学生も多かったようである。大学の周辺には何もなく（当時はコンビニもない）、アルバイトや飲み会で都心へ行くには駅周辺が便利だからである。なかでも、渋谷や新宿と大学の中間地点にある府中や調布は便利で人気があった。[26]表2は中央大学の全学アンケート調査をまとめたもので、一九八〇年から一九八四年にかけては自宅からの通学生が増え、下宿学生が減っている傾向が読み取れる。

こうした傾向に危機感をもったのが、先述した八王子市大学連絡協議会である。数回にわたる調査で「大学立地が地域社会に根づいていない」ことが明らかになり、一九八〇年代前半には「学園都市とは名ばかりの八王子市の実態」が浮き彫りになったからである。[27]そこで一九八五年から「プレ学園祭八五」という合同学園祭を企画し、[28]学生を主役とするまちづくりを行うことにした。また一九八六年には郵政省（当時）のテレトピア（未来型コミュニケーションモデル都市）計画のモデル地区に指定されたことを踏まえ、大学生による番組制作をケーブルテレビ放送（八王子テレメディア、一九八八年）で行うことにした。[29]さらに一九九一年には学園都市センターの建設推進委員会のメンバーに大学生を入れ、若者

(25)　中央大学一〇〇年史編纂委員会専門委員会編、前掲書（5）、五四三―五四四頁

(26)　「当今学生、下宿探し考　バス・トイレにご執心」『朝日新聞』一九八〇年三月一九日朝刊

(27)　「八王子、学園都市が泣きます、大学と地域・大学同士の交流は少ない――国土庁が報告」『日本経済新聞』一九八二年一一月二五日朝刊

(28)　初回は西武百貨店八王子店を中心に企画された。このイベントは「キャンパスフェスティバル・イン・はちおうじ」「BIG WEST 学生フェスティバル」「学生天国」と名前を変え、現在は八王子学生委員会（学生ボランティア組織）によって運営されている。

(29)　「八王子テレメディア、番組企画の立案へ市民のお知恵拝借」『日本経済新聞』一九八六年五月二二日朝刊

表2　1980年度と1984年度の中央大学生の住居の種類（%）

	自宅	賄付下宿	協力下宿	アパート	寮	マンション	親類など	その他	無回答
1980年度昼間部	45.2	3.2	6.5	36.7	2.7	2.1	1.4	1.9	0.4
1984年度昼間部	52.6	2.7	5.7	30.5	2.5	3.5	1.1	1.1	0.3
1980年度夜間部	38.9	2.0	4.0	41.5	6.6	2.1	1.1	2.5	0.3
1984年度夜間部	46.0	2.6	4.4	31.6	8.1	4.5	0.7	1.5	0.6

出所）学園都市友の会広報委員会編『BIG WEST 1986』八王子市大学連絡協議会学園都市友の会、1986年、11頁をもとに筆者作成

の意見を積極的に採用しようとした[30]。八王子市は商店街活性化やニューメディアによるまちづくり、そして行政施策の担い手として市内の大学生に参加を促すようになったのである。

一九八八年に取材したコラムニストの泉麻人は、八王子の大学生の特徴として「トイレの更衣室化」と「自動車免許取得の促進」を挙げている[31]。トイレの更衣室化とは、大学のトイレがスニーカーからハイヒールに履き替える場所になっていること、すなわち昼のカジュアルな服装から夜遊びの服装に着替える場所になっていることを指摘している。自動車免許取得の促進とは、夜に都心へ遊びに行く女子学生の荷物の運び役（アッシー）が重宝されているということ、すなわち大学が郊外にあればあるほど車での移動が重宝されるため、自動車学校へ通う男子学生が増えていることを指摘している。八王子市は若者向けにさまざまな取り組みをしたが、昼は八王子、夜は都心というのが、当時の学生の過ごし方だったようである。

(30)「「まちづくり」に大学生の声拝聴　八王子市の学園都市センター東京」『朝日新聞』一九九一年六月四日朝刊

(31) 泉麻人「多摩キャンパスとハイヒールの関係」『東京人』三(二)、都市出版、一九八八年

4　大学の都心回帰と商店街の衰退

大学の都心回帰

ここまで八王子に大学や学生が集まってくるまでをみてきたが、こうした状況は一九九〇年代末に一転することになる。大学の立地規制（首都圏の既成市街地における工業等の制限に関する法律）が見直され[32]、郊外キャンパスの都心回帰が始まったからである。

たとえば、中央大学は一九九九年に社会人向け大学院および法科大学院用に東京都新宿区のビルを購入し、二〇〇〇年に夜間部を廃止した。多摩移転に伴う志願者の減少、昼間部転入を目的とした夜間部生の増加[33]、そして司法試験合格者の減少などが問題視され[34]、なにもしないわけにはいかなくなったのである。

そして二〇〇〇年代以降は、戸板女子短期大学（二〇〇四年に全面移転し、工学院大学に売却）、共立女子大学（二〇〇七年に全面移転）、拓殖大学（二〇一五年に部分移転）、杏林大学（二〇一六年に全面移転）、中央大学（二〇二三年に法学部を移転）、法政大学（二〇三〇年ごろに経済学部を移転予定）の都心回帰が続いた。特に中央大学法学部の移転は八王子市にとって衝撃だったようで、市長が「学生数は維持してほしい」とコメントを出すほどであった[35]。

なお、一足先に移転していたのは國學院大學である。國學院大學の八王子校舎では交通アクセスの悪さ（最寄り駅はＪＲ八高線の小宮駅）と横田基地関連の騒音が問題となり、一九八五年に教養課程を横浜校舎へ移し、一九九一年には完全移転した（現在はトヨタ自動車

（32）「大学の新増設、大都市での抑制見直し、文部省検討――社会人教育など充実」『日本経済新聞』一九九六年一月五日朝刊

（33）「姿消す伝統の〝夜学の雄〟中央大法学部二部廃止へ　少子化生き残り対策　今春が「最後の募集」」『東京新聞』一九九九年一月五日朝刊

（34）「〝都心回帰〟東京の大学　郊外移転のはしり中大も市ヶ谷にビル購入」『読売新聞』一九九九年五月二七日夕刊

（35）「八王子市長、中大法学部移転に懸念」『日本経済新聞』二〇一五年一一月二五日朝刊

の研究所）[36]。また一九九一年の東京都立大学に続いて南大沢へ移転してきたテンプル大学日本校は、学生数の減少、立地の悪さ、賃料の下落などを理由に一九九六年に都心へ再移転している。[37]各大学はそれぞれの事情で八王子にやってきたが、同じ理由で都心に戻り始めたのである。

商店街の衰退

それでは最後に八王子中心街はどうなったのか。今では面影も感じられないが、実は八王子には多くの商業施設が集積していた。一九六〇年にまるき百貨店、一九六三年にイノウエ百貨店、一九六九年に伊勢丹八王子店と長崎屋八王子店、一九七〇年に西武百貨店八王子店、一九七一年に丸井八王子店、一九七二年に大丸八王子店、一九八三年にそごう八王子店と八王子NOW、一九九四年にファッションビルFAMと京王八王子ショッピングセンター、一九九七年には八王子東急スクエアがオープンしている。

ところがこうした八王子の賑わいは次第に立川に奪われていくことになった。一九七七年の立川基地全面返還、一九八三年の昭和記念公園開園、一九九四年のファーレ立川開業、二〇〇〇年の多摩モノレール全面開通などを契機に、立川駅周辺には多くの商業施設が集積するようになった。他方で、一九七九年に伊勢丹八王子店、一九八五年に大丸八王子店、一九九三年に西武百貨店八王子店、二〇〇四年に丸井八王子店、そして二〇一二年にはそごう八王子店（現在はセレオ八王子）が閉店している。[38]かつて織物の街として栄えた八王子中心街は急速に廃れてしまったのである。

（36）「二六年前四一〇〇万円で払い下げの用地「一五〇億円で買い取って」国学院大学 八王子市と交渉」『朝日新聞』一九八九年一二月二日朝刊

（37）「米テンプル大日本校、多摩ニュータウンから撤退、南麻布の業務ビルへ移転」『日本経済新聞』一九九六年一月一三日朝刊

（38）二〇二四年三月には京王八王子ショッピングセンターも閉店した。

おわりに――八王子と芸能人

こうしたなか立ち上がったのが、八王子にゆかりのある芸能人である。実は八王子は多くの芸能人を輩出しており、松任谷由実の出身地としても知られている（荒井呉服店）。ほかにも二〇〇四年結成のファンキーモンキーベイビーズは活動初期から八王子への地元愛を前面に出し、二〇一〇年には八王子観光大使に選ばれている（初代は歌手の北島三郎）。また二〇一五年には八王子の花柳界をテーマにしたNHKドラマ『東京ウエストサイド物語』が放送され[39]、二〇一六年には八王子の市制一〇〇周年を祝う「八王子一〇〇年応援団」が結成されている[40]。

なかでも最近は、タレントのヒロミが「八王子のうた」（二〇二〇年三月）を発売したことをきっかけに結成された「八王子を盛り上げる会」の活動が知られている[41]。この会は二〇二三年一一月に「八王子魂 Festival & Carnival」という音楽・お笑いフェスを八王子市内で主催し[42]、その様子はBS日テレ「ヒロミの八王子会」という番組で詳細に放送された[43]。ヒロミはユーチューブ（YouTube）での配信にも力を入れており[44]、市のシティプロモーション活動も担っている[45]。たしかに八王子から離れていく者は多いが、それでも八王子は語り甲斐のある街なのである。

なおこうした展開は八王子にかぎらず、たとえば青山学院大学厚木キャンパスが撤退した本厚木でもみることができる[46]。都心へ出て行った団塊ジュニア層がそれぞれの事情を抱

(39) NHKHP「ドラマ」(https://www6.nhk.or.jp/drama/pastprog/detail.html?i=3572 二〇二四年一〇月二二日閲覧)
(40) 八王子HP「八王子市市制100周年記念サイト」(https://www.city.hachioji.tokyo.jp/100th_anniversary/oen/001/p014447.html 二〇二四年一〇月二二日閲覧)
(41) 八王子を盛り上げる会HP「八王子を盛り上げる会とは?」(https://8-moriage.net/ 二〇二四年一〇月二二日閲覧)
(42) ハチオウジダマシイHP(https://www.8-dama.com/index2.html 二〇二四年一〇月二二日閲覧)
(43) BS日テレHP「ヒロミの八王子会」(https://www.bs4.jp/hachioujikai-sp/ 二〇二四年一〇月二二日閲覧)
(44) ヒロミの八王子会CH(https://www.youtube.com/@Hachioji_kai 二〇二四年一〇月二二日閲覧)
(45) 八王子市公式シティプロモーションサイト「スペシャルゲスト対談」(https://www.city.hachioji.tokyo.jp/citypromotion/interview/interview02/index.html 二〇二四

えて地元へ戻り、まちづくりを担うようにもなってきた。八王子はこうしたポスト学園都市の最前線であるようにもみえる。

年一〇月二二日閲覧）

（46）　加島卓「学生街としての相模」塚田修一編『大学的相模ガイド』昭和堂、二〇二二年、一五九―一七三頁

column

神代植物公園

楠田恵美

京王線調布駅から北へ二キロメートルほどの距離に神代植物公園はある。一九六一年に開園、約二三ヘクタールの面積を誇る。ここを訪れる際には、隣接する深大寺とセットで、さらには門前に軒を連ねる蕎麦屋で名物の深大寺蕎麦をいただく、というのがお決まりのコースではないだろうか。

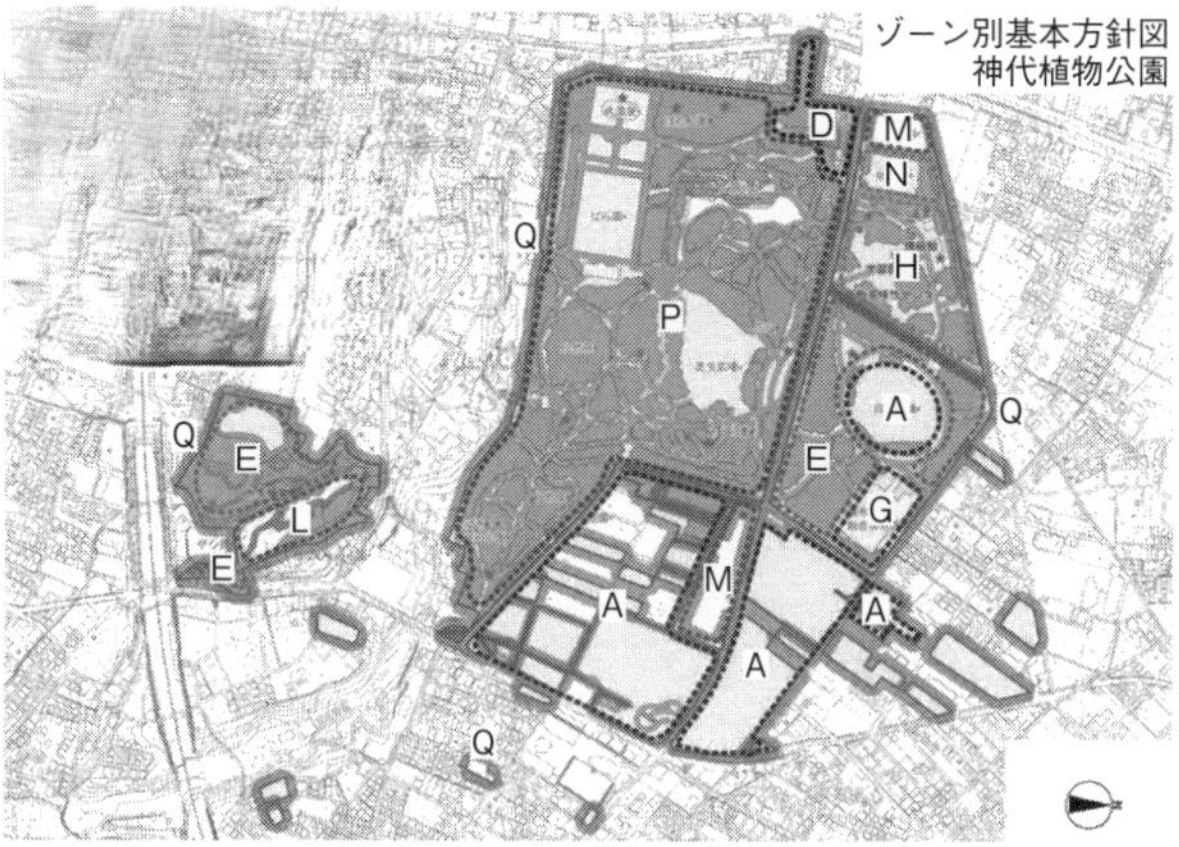

図1　神代植物園のゾーンマップ

出所）東京都建設局「神代植物公園マネジメントプラン」2022年
注）A 多目的広場ゾーン、D 入口広場ゾーン、E 休息・散策ゾーン、G スポーツゾーン、H 展示・学習ゾーン、L 水辺・親水ゾーン、M 駐車場ゾーン、N 管理ヤードゾーン、P 植物園（有料）ゾーン、Q 外縁部ゾーン

ところで、神代植物公園の実際の開園面積は、植物園（有料）ゾーン（図1のP区域）の約二倍にあたる五〇ヘクタールであり、近接する植物多様性センターや自由広場、調布市総合体育館、水生植物園などが含まれること（図1のA〜Q区域）、さらには、開園面積の二倍にあたる一〇〇ヘクタールが神代植物公園の最終的な計画面積であり、そのなかに深大寺や門前もすっぽりと包み込まれることはあまり知られていないかもしれない（図2）。

東京都内の植物園といえば、一六八四年に徳川幕府により設けられた小石川御薬園を前身とし、日本最古の植物園である小石川植物園を筆頭に、白金台の自然教育園

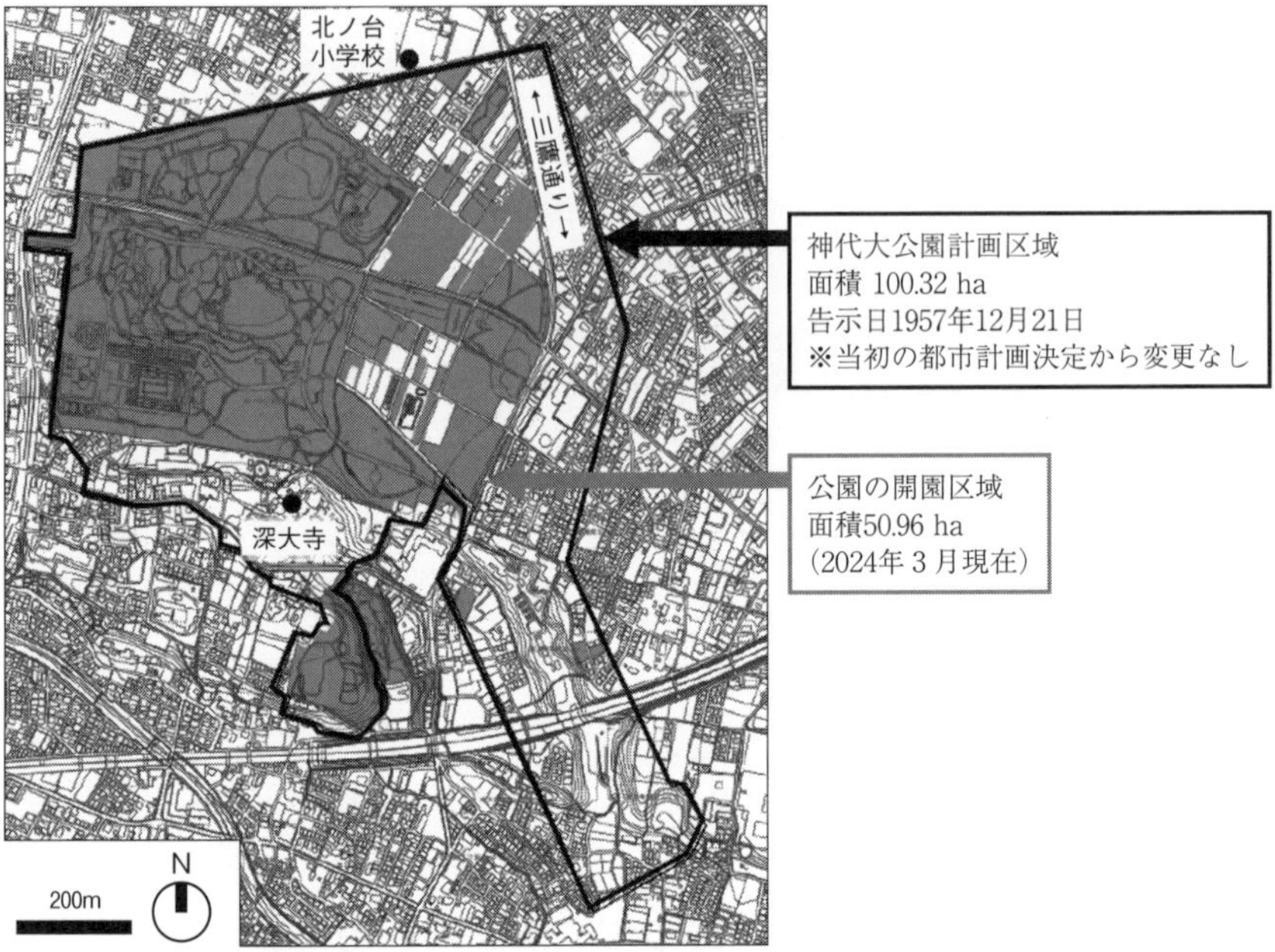

図２　神代植物公園の計画区域

出所）東京都建設局「神代公園事業・測量説明会　説明資料」2024年の図を筆者修正

や夢の島熱帯植物園など、さまざまな母体や沿革をもつ施設がある。神代植物公園の場合には、東京都立の植物「公園」であり、その前身は、神代「緑地」である。ここに神代植物公園の植物園にとどまらない広がりがみえてくる。

　緑地としての神代植物公園の系譜には、関東大震災の復興事業が一段落した一九三二年、加速する都市化を緑地でもって抑制するとともに、そこを市民の保健・慰楽休養地として利用するという東京大緑地計画の登場にその始まりを見出すことができる。この計画に基づいて、東京駅から半径約二〇キロメートル地点にあたる砧、神代、小金井、舎人、水元、篠崎の計六ヶ所が、一九四〇年の紀元二六〇〇年記念事業にあわせて緑地として指定された。そのときに指定された神代緑地の面積は七一ヘクタールであった。

　しかしながら戦中であった当時、防空防

火の役割を担う防空緑地となり、さらに戦中から戦後にかけては食糧難に寄与する生産緑地となるなど、本来の目的とは異なる用途で供用された。緑地としての本来の目的で活用され始めたのは、人びとの生活にゆとりの出てきた一九五〇年ごろからである。こうした紆余曲折を経て名実ともに神代緑地として正式公開されたのは一九五六年であった。

ところが神代緑地の公開期間は一九五六年四月から一九五八年一二月までのわずか一年八ヶ月にとどまった。なぜなら、公開直後に東京開都五〇〇年記念都立植物園建設事案計画がもち上がったためである。かねてから望まれていた都立植物園を設置しようという計画である。その適所として神代緑地が選ばれたのである。

一九五七年には神代大公園の事業決定と計画が告知された。ここでの計画面積が冒頭で述べた一〇〇ヘクタールであり、今日まで生きているのである。ただし、七一ヘクタールあった神代緑地の面積は、戦後の農地解放により三七ヘクタールまで縮小したため、かぎられた面積からのスタートとなった。一九五九年には神代植物公園建設計画の完成とともに着工、その二年後の秋バラ、ダリア、カンナが咲き誇る一九六一年一〇月に、晴れて神代植物公園は開園した。

神代植物公園の開園した一九六一年といえば、東京オリンピックを三年後に控え、高度経済成長のただなかにあり、新たなライフスタイルが形成され、社会教育とレクリエーションが望まれた時代であった。また、都市集中と人口増加とともに郊外化が加速し、戦前の緑地計画地点を凌駕する都市の広がりがみられるようになった。それを象徴するのが一九六三年の筑波研究学園都市、一九六五年の多摩ニュータウンの両計画である。

植物園の象徴ともいえる大温室が神代植物公園に完成したのは、一九八四年である。国内の主要な植物園のガラス温室の多くも一九八〇年代に完成している。名古屋市の東山植物園に一九三六年に完成した現存する国内最古のガラス温室を別格として、一九八三年の筑波実験植物園、一九八八年の夢の島熱帯植物園、そして一九八九年の大阪の咲くやこの花館（公開は一九九〇年から）などである。本書の筆者の章で取り上げる多摩動物公園の昆虫生態園温室も一九八八年に完成している。

一九八〇年代には、人びとの生活がより豊かになるとともに科学技術が進展するなかで、より高度な社会教育とレクリエーションが求められた。高度なレクリエーションという点においては東京ディズニーランドと長崎オランダ村がそれぞれ一九八三年に開園している。神代植物公園に目を戻すと、ガラス温室の設置以外では植物園(有料)ゾーン外の自由広場や水生植物園、調布市体育館がいずれも一九八五年に開園開館している。

こうして八〇年代以降、神代植物公園は円熟期を迎えるとともに現在もなお大公園への道を歩み続けているのである。二〇二二年九月に改訂された「神代植物公園マネジメントプラン」には、今後の神代植物公園の将来計画として、江戸園芸文化の継承と情報発信、植物多様性保全、都民との協働による公園づくり、地域および植物園とのパートナーシップ、防災機能の強化充実などが掲げられている。

今日、神代植物公園を訪れると、それを取り巻く人の世の流れを忘れてしまうほど植物が織りなす豊かな時間に包まれる。造園の美しさもさることながら、いつ訪れても植物たちの新たな一面を発見することができる。一九三二年に遡る東京大緑地計画の賜物といえるだろう。この広大な植物公園を堪能しつつ、園内外の定番コースに歩みを進めるとき、私たちは無意識のうちに一九五七年に策定された大公園の計画面積一〇〇ヘクタールを一足先に実現しているのではないだろうか。

〔参考文献〕
浅野三義・鳥居恒夫『神代植物公園(第二版)』(東京公園文庫)、郷学舎、二〇〇二年
石内展行『砧緑地(砧ファミリーパーク)』(東京公園文庫)、郷学舎、一九八一年
東京都建設局「神代植物公園マネジメントプラン」二〇二二年九月

第2部

日常を探る

多摩ライフを可視化する
——位置情報と意識データによる試み——

伊藤耕太

はじめに——位置情報データの可能性

多摩をデータからみる

筆者が研究員を務める博報堂生活総合研究所（以下、生活総研）は、デジタル上のビッグデータをエスノグラフィ（行動観察）の視点で分析する手法「デジノグラフィ」を提唱して研究を行っている。そのなかの一つに、生活者の「移動」と「意識」の間にどのような関係があるかを、携帯電話（スマートフォン）の位置情報データと意識調査を組みあわせて探った研究がある。そこで本章では、特定地域の位置情報に着目したデータの可視化の試みとして「多摩」を対象とする。

位置情報と意識データを接続する

コロナ禍を機に、人流データなど〝人の移動〟に関するビッグデータに注目が集まっている。無数の携帯電話（スマートフォン）端末から発信される位置情報のおかげで、以前は不可能だった水準で生活者の移動の実態を観測することが可能になってきた。生活総研はもともと考現学に由来する〝行動観察〟の手法を研究に取り入れてきたが、今回は〝携帯電話の位置情報〟という高い解像度をもったデータを通じた行動観察と、〝生活者の幸福度をたずねる意識調査〟を組みあわせて研究を行った。

　分析に使用したのは、株式会社ドコモ・インサイトマーケティングが提供する「モバイル空間統計®」だ。これはドコモの携帯電話ネットワークの仕組み（基地局）を使用して、「いつ」「どんな人が」「どこから」「どこへ」移動したかを、二四時間三六五日把握することができる人口統計情報である。この基地局運用データのうち、「位置情報利用に同意を得たサンプルデータ」と「位置情報を使ったアンケート（ココリサ）」を組みあわせることで「移動」と「幸福度」の関係性を評価した。

　なお、位置情報利用に同意を得たサンプルの統計情報に加え、東京都の居住者／勤務者から抽出した一三一四人の生活者に対して定量調査を実施し、幸福度をはじめとした意識を聴取し(1)、回答結果にその方々の「移動データ」をつなげた分析を行った。意識の聴取に際しては、一〇点満点で尋ねる幸福の実感度などを質問した。一方、移動データに関しては、無数の基地局が把握している携帯電話の位置情報を使って、一キロメートル四方単位で、生活者の移動を分析した。この〝一キロメートルのメッシュ〟は、東京中心部でいえば代々木公園と明治神宮をあわせた面積の八割くらいのサイズ感である。

（1）調査概要：事前許諾を得たスマートフォンユーザーの携帯電話基地局の位置情報をもとにアンケートを配信した（アンケートに別途同意を頂いた方が対象）。調査名：緊急事態宣言解除後の「今年二〇二一年一〇月時点の生活」について。調査時期：二〇二一年一二月。調査対象：一九〜六九歳の東京都居住者（島しょ部除く）。対象者数：一三一四人。調査プラットフォーム：アンケート配信サービスのココリサ（https://www.dcm-im.com/service/research/kokorese/）。

1　移動が描く幸福地図

八王子市民の生活圏は新宿区民と重ならない?

このようなデータを用いることで、移動データからだけでもいろいろなことがわかる。たとえば、ＪＲ中央線が通る〝八王子市に住む生活者〟に着目してみよう。

仮に、日常的な生活圏の範囲を「一ヶ月の間に、一時間以上の滞在を、一回でも訪問したエリア」として考えたとき、一人ひとりの移動データからは、それらのエリアがその人たちの自宅エリアからどのくらい離れている場所なのか割り出すことが可能だ。このデータを使って、八王子市居住者を対象として自宅から先述の訪問エリアまでの距離の平均値を算出し、市役所を中心とした円を描くと、その半径は一五・三九キロメートルになる（図1の左側の円）。

一方、同じＪＲ中央線沿線が通る〝新宿区に住む生活者〟の生活圏を同様に算出し、同じく区役所を中心とすると平均して半径二〇・三一キロメートルの円として描き出される（図1の右側の円）。八王子市居住者の生活圏は、新宿区居住者と比べると五キロメートルほど狭い範囲となっており、比較的移動がコンパクトな生活を送っているようだ。

図1はこれら二つの生活圏の円を並べて地図上に視覚化してみたものである。横に走る線はＪＲ中央線だ。

八王子駅と新宿駅は、ともにＪＲ山手線以西に位置し、鉄道なら最速三七分で行き来で

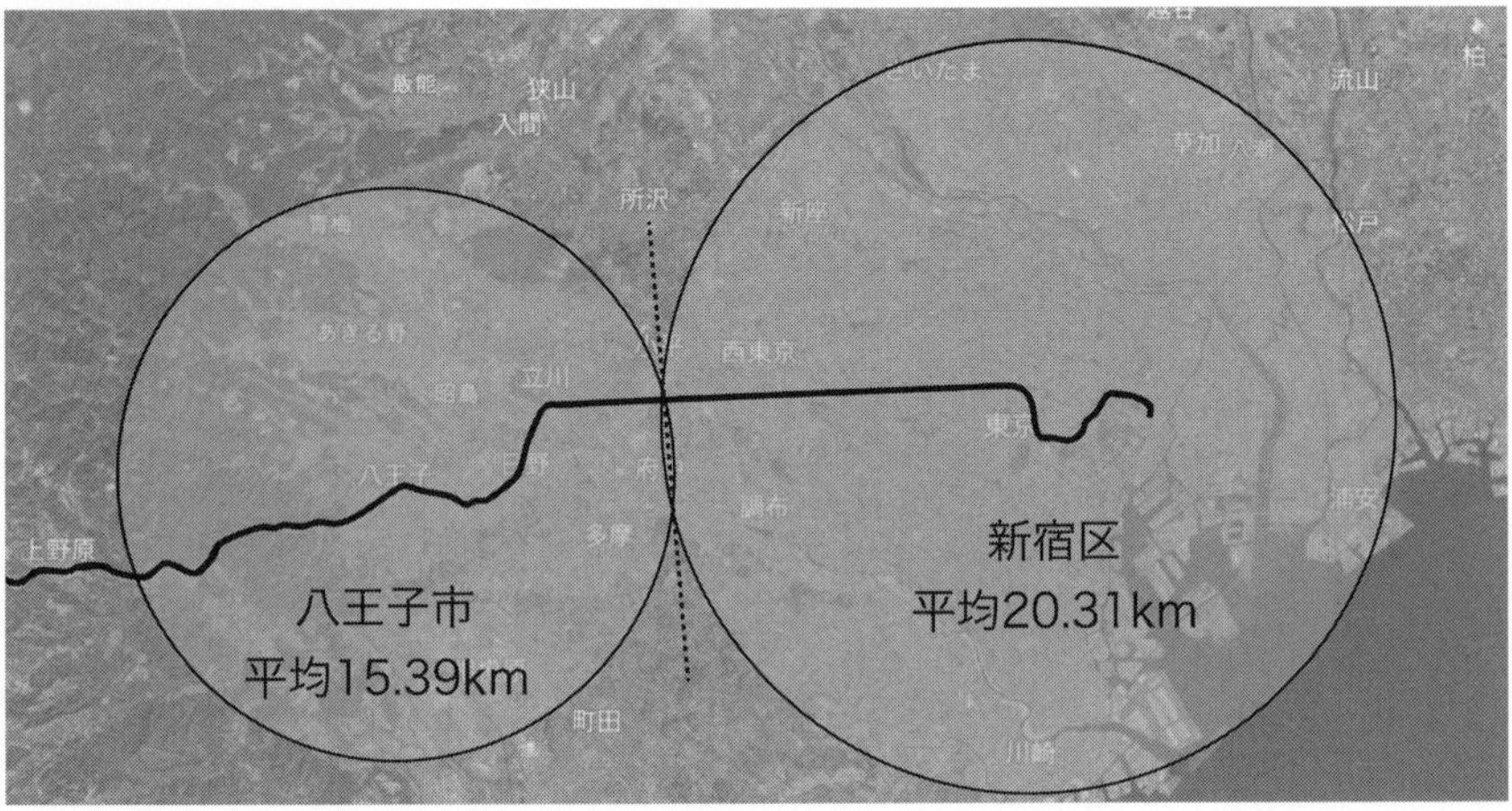

図1　行動データから描かれる八王子市／新宿区居住者の平均的生活圏

きる同じJR中央線上にある。ところがこの二つの生活圏を一枚の地図にプロットしてみると、重ならないのである。

　こうしたデータの可視化からは、同じ便利な沿線上に住んでいたり、時間的に近接したりしていても、実は生活者はある種の「みえない圏境」で生活圏を住み分けている場合がある、といえるかもしれない。以上は、〝実際に生活者が動いた軌跡〟である移動データをもとにした分析である。以下では、さらに〝その生活者が回答した意識〟のデータをつなげて、行動と意識の関係を分析してみたいと思う。

地域ごとの生活圏の可視化と幸福度

　今回の分析対象全体の幸福実感度の分布は、次の図2のようになっていた。

　このデータを小さい順に並べた三分位数や四分位数を参考に、幸福の実感度の区分を、一〇点〜八点、七点〜五点、四点〜〇点とする。以降このデータではそれぞれの区分を上から、幸福度が高い生活者、中くらいの生活者、高くない生活者と設定して、行動と意識の関連をみていく。

生活総研では、幸福度と関連がありそうな「三つの行動」の分析を進めた。

一つ目は「休日おでかけ距離」だ。これは一ヶ月の間の、土日祝日に行なった自宅からの移動のうち、最も長かった移動距離を指している。今回の分析では、この距離の東京都在住者の中央値の平均は、六・八キロメートルだった(2)。

二つ目は「いきつけエリア数」だ。これは一ヶ月の間に、一回二時間以上の滞在を月二回以上行なったエリアとして設定し、自宅・職場・学校なども含む。いわばある程度定期的に訪問して滞在していたエリアということになる。この東京都在住者の中央値の平均は、二・六ヶ所だった。

三つ目は「訪問エリア数」だ。これは「いきつけ」というほどでもなく、一ヶ月の間に一時間以上の滞在を一回でも行なったエリアの数を指している。自宅のあるエリアは除き、それ以外に条件に当てはまるさまざまなエリアが含まれる。こちらの東京都在住者の中央値の平均は、一〇ヶ所だった。

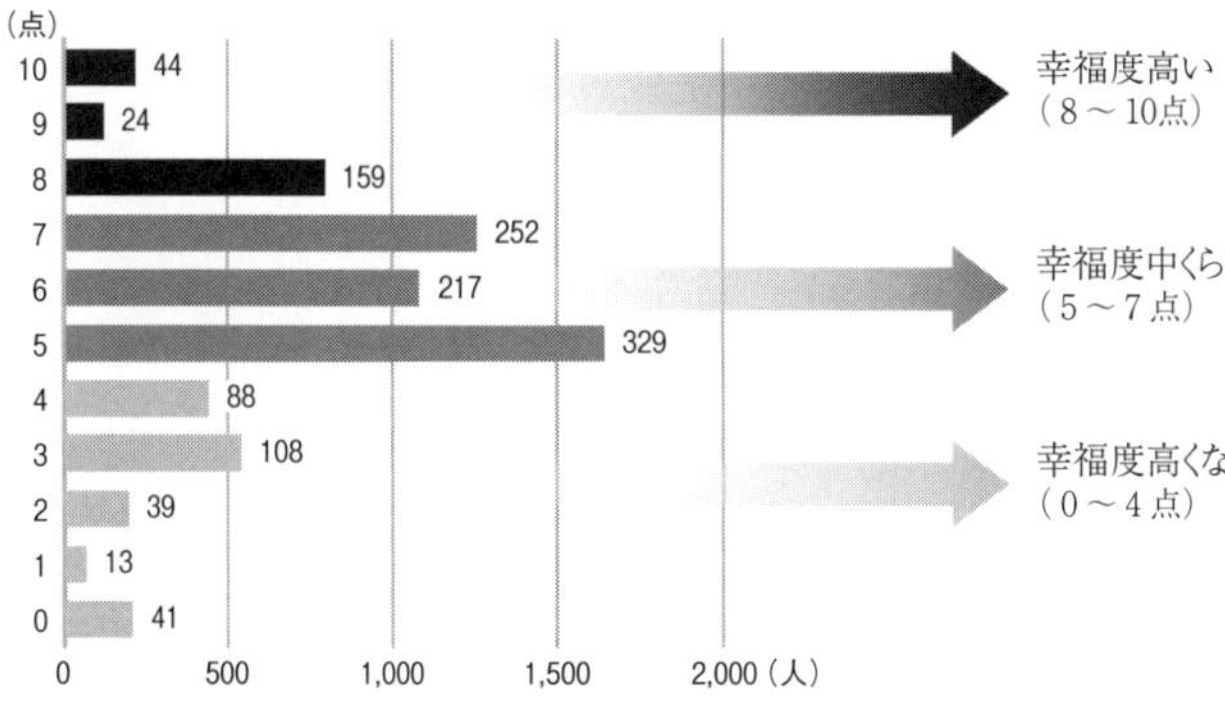

図2　対象者における幸福の実感度の分布

注）8〜10点と回答した人を幸福度が高いと設定

（2）中央値は、データを大きい順に並べたときにちょうど真んなかに位置する値のこと。今回のような行動データでは対象者ごとの値のばらつきが非常に大きい場合があり、平均値では実態を正しく反映できないケースが多いため、主に中央値を使って分析している。また「中央値の平均」と記述している場合、東京都内の市区町村毎に算出した「休日おでかけ距離」などの中央値の、都内全市区町村の平均値を指している。

これら三つの行動のうち、一つ目の「休日おでかけ距離」と三つ目の「訪問エリア数」については、「幸福度が高い」と答えた人は、「休日おでかけ距離が長い」、あるいは「訪問エリア数が多い」という傾向がありそうだということがわかった[(3)]。「休日おでかけ距離」の長さと幸福度の高さに何らかの関連がありそうだというのは予想通りだったが、社会学的な観点からは、二つ目の「いきつけエリア数」に幸福度との関連がみられなかったのは意外だった。

従来、人の生活には「サードプレイス」が重要だとされてきた。アメリカの社会学者レイ・オルデンバーグが提唱して広く知られている概念で、家や職場、学校につぐ、三番目の「とびきり居心地のよい場所」だとされている[(4)]。いわば毎日のように決まって通うことができる、比較的固定的な場所といえるかもしれない。今回対象とした行動のなかでは「一ヶ月の間に、一回二時間以上の滞在を、月二回以上行なったエリア」と定義した「いきつけエリア数」が最もサードプレイスに近いのだが、データ上は幸福度の関連はみられなかった。そもそも家や職場、学校も含んだデータ上の東京都在住者の中央値の平均は二・六ヶ所という結果であり、家や職場、学校以外に定期的に滞在する場所をもつこと自体が簡単ではないのかもしれない。あるいは仮にある生活者のサードプレイス的な場所が自宅から五〇〇メートルのところにあるとすれば、今回の位置情報データの一キロメートル四方という粒度では自宅と切り分けてカウントすることができない。よりミクロな移動の分析には別の方法を探る必要もあるだろう。

(3) 詳細は生活総研WEBサイトの記事「位置情報データからみえる「移動と幸せ」の関係」(https://seikatsusoken.jp/diginography/20378)で公開している。

(4) オルデンバーグ・R『サードプレイス——コミュニティの核になる「とびきり居心地よい場所」』忠平美幸訳、みすず書房、二〇一三年

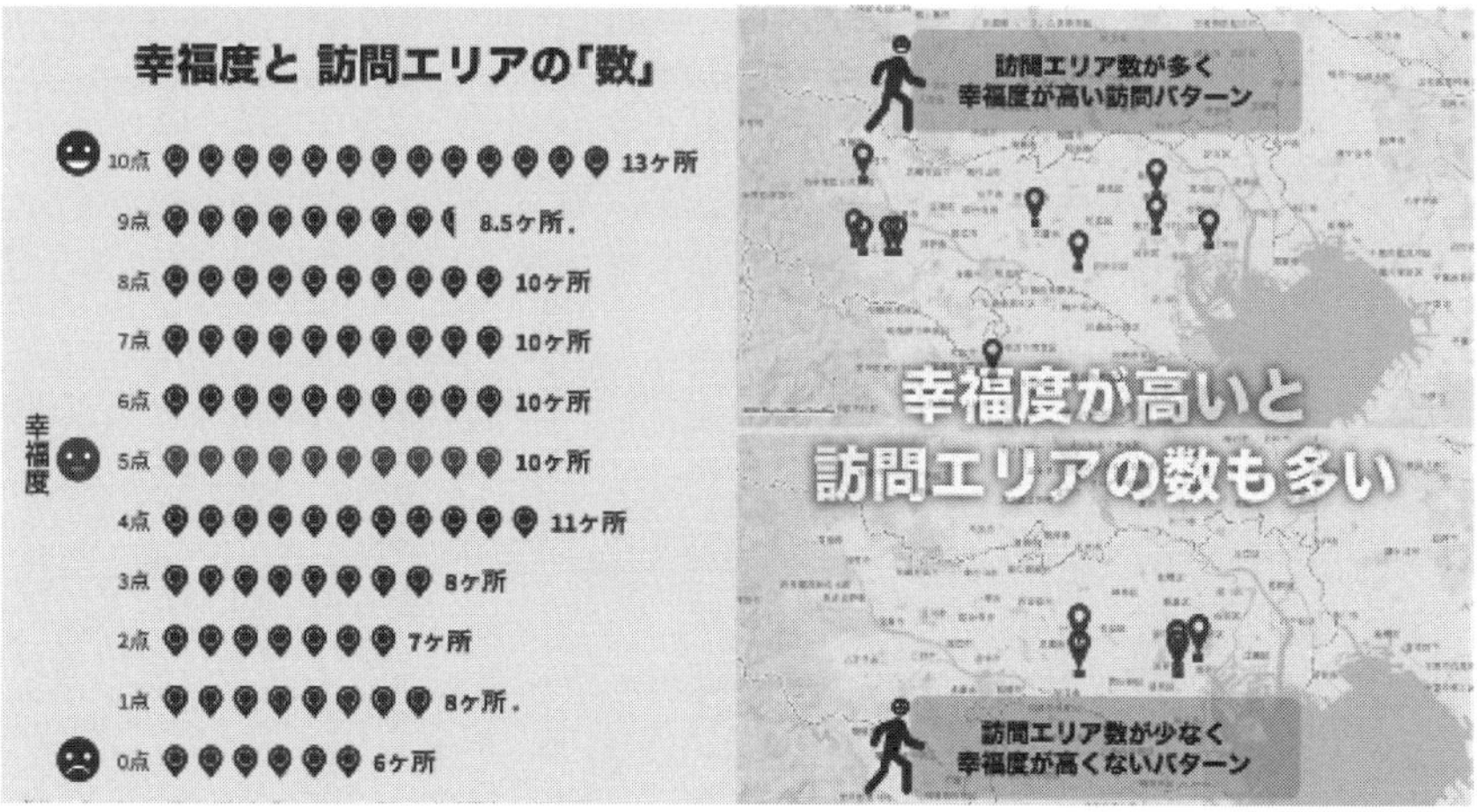

図3　幸福度と訪問エリアの「数」。訪問エリア数と幸福度別の訪問パターン

多様性が重要？「訪問エリア数」と幸福度の関係

幸福度との関連が確認できた二つの行動のうち、少し意外だった「訪問エリア数[5]」のデータに着目してみたい。東京都在住者の中央値の平均は一〇ヶ所だった。ここに自宅のあるエリアは含んでいないため、自宅以外に結構な数の訪問エリアをもっている人が少なくないということになる。

その「訪問エリア数」を幸福度別に分析してみると、中央値は、幸福度が高くないグループでは九ヶ所、中くらいのグループは一〇ヶ所、高いグループは一一ヶ所という結果だった。つまり、たとえ一時間のような短い滞在でも、あるいは一回きりという滞在でも、その〝数〟が多ければ、（少なくとも行きつけエリアの数の多さよりも）幸福度に関連があるということになりそうだ。

幸福度の区分を一点刻みにして「訪問エ

（5）「一ヶ月の間に、一時間以上の滞在を、一回でも行なったエリアの数」を指す。

リア数」の関連性を確認してみても、やはり同様の傾向がみてとれる。次の図3をみてみよう。

幸福度を「〇点」と回答した生活者の訪問エリア数の中央値が「六ヶ所」なのに対して、幸福度を最高の「一〇点」と回答した生活者の訪問エリア数の中央値は「一三ヶ所」と二倍以上の値を示していた。これは幸福度が二〜九点の人と比べても頭一つ抜けた値だ。

図3の右側の、地図上の訪問モデルでみてみよう。幸福度が高い生活者の訪問モデル（図3右上）では一一ヶ所のエリアに訪れている。また江東区から八王子市まで非常に広範囲に及んでいるのはもちろんだが、三鷹市や町田市など、両端だけでなく中間のエリアにも訪問していることがみてとれる。一方、幸福度が高くない生活者の訪問モデル（図3右下）では訪問エリアは五ヶ所に留まっている。

2　パンデミックで変わった多摩ライフ

コロナ禍前後での「訪問エリア数」の変化

ここで「訪問エリア数」の行動データについて、本章で主に分析対象としている二〇二一年と、コロナ禍前の二〇一九年のデータを比較して、その増減の比率を算出してみよう。

行動データ上、「訪問エリア数」が増加していた人は二七・二％、変わらなかった人は二五・六％、減少していた人は四七・二％だ。緊急事態宣言が解除されて間もない二〇二一年一〇月の「訪問エリア数」だから、コロナ禍以前に比べて減った人でほとんど占めら

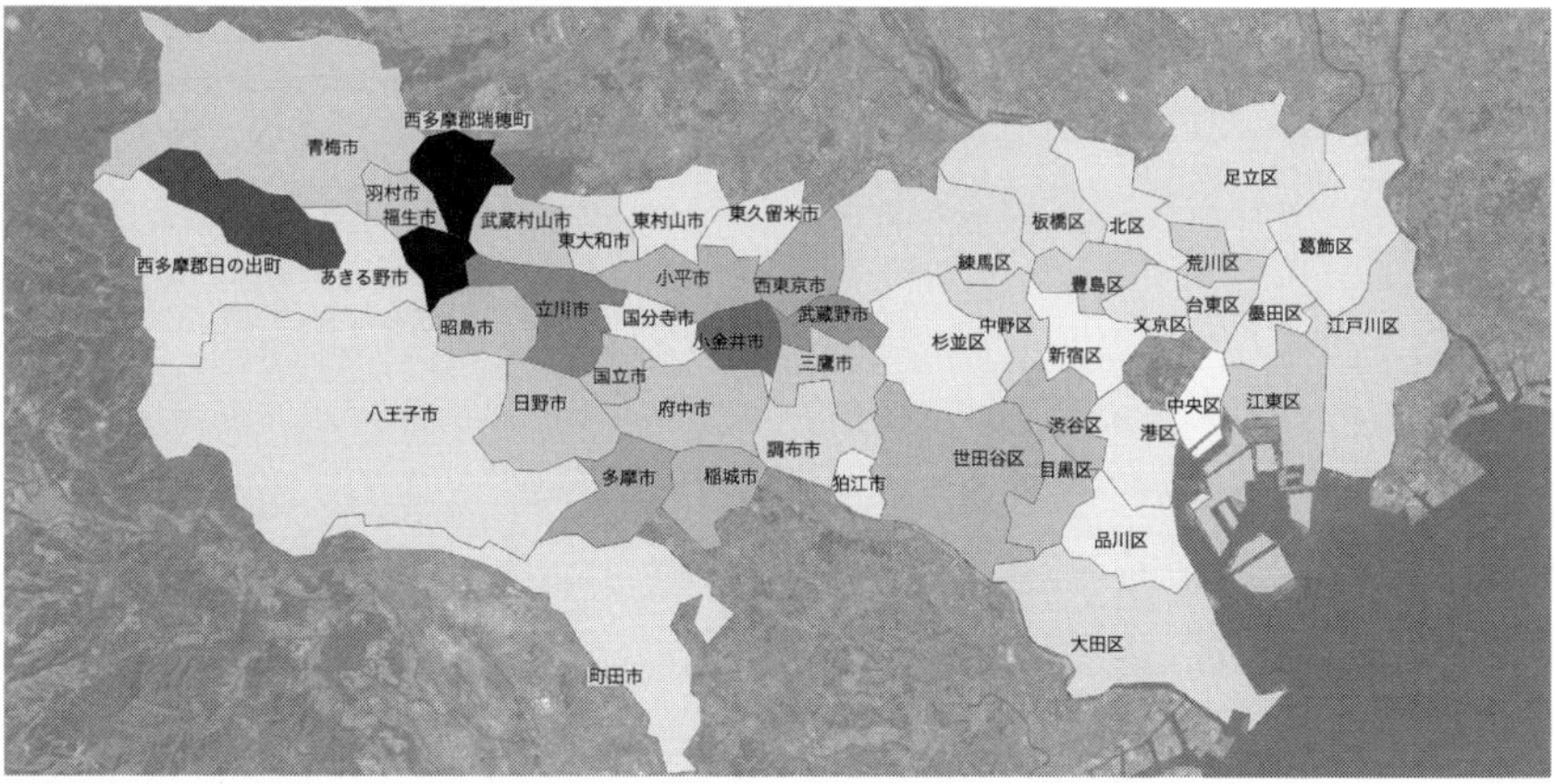

図4　コロナ禍前と比べて「訪問エリア数」が増えた人の割合。色が濃いほど割合が高い

注）市区町別

れるかと思っていたのだが、実際のところはそのような人は半数足らずにとどまり、変わらなかった人が四人に一人、そして増えた人は変わらなかった人よりもわずかに多かったのだ。これもまた意外な結果だった。

コロナ禍には感染拡大の防止策として、行動制限やリモートワークの導入など、生活者の移動を少なくさせる要因がいくつも生じた。非日常面では国内旅行者の数は減少し、日常面でもオンラインショッピングやフードデリバリーを活用するようになったり、週に何日か自宅でリモートワークを行う人も増加したりしたと考えられる。にもかかわらず、そのような生活環境のなかで、（必ずしも長居するわけでない）一時間以上の滞在をするエリアを増やした人が少なからず存在していたということを、このデータは示している。

コロナ禍で増えた多摩地域生活者の「訪問エリア数」

ではそのような生活者は、多摩地域には多

かったのだろうか？　少なかったのだろうか？　コロナ禍前と比べて「訪問エリア数」が増えた人の割合を市区町別に算出し、地図上に可視化してみよう（図4）。色が濃いほど増えた人の割合が多く、薄いほど少ないことを意味する（無色は増えた人がいない市区町）。

ご覧のように小金井市や立川市、武蔵野市、多摩市といった、本書が対象とする多摩地域に「訪問エリア数」が増えた人が多いことがみてとれる。一方、千代田区や中央区、新宿区、杉並区といった東京都心部では比較的少ないようだ。なお郡や町のデータは対象者数が少ないので東京都西端部のデータは参考程度となるが、それ以外の多摩地域と、葛飾区や墨田区など東京都東部を比較してみても、多摩地域では「訪問エリア数」が増えた人が多いという傾向があるようだ。

常識的に考えれば減少するはずの「訪問エリア数」が、多摩地域を中心に増えている……その少し意外な行動の背景には、生活者のどんな意識があるのだろうか。全市区町に対する個別の分析は、対象者人数が少ない町などがあるため難しいのだが、対象者全体のデータを参考に探ってみたいと思う。

「訪問エリア数」が増えた多摩地域の生活者の生活実感

次の図5は、コロナ禍前と比べて「訪問エリア数」が増えた人が、増えたと感じる生活実感を示したものだ。生活実感をたずねる質問は「緊急事態宣言解除後である「二〇二一年一〇月時点」の、生活に関わるさまざまな実感について、その頻度がコロナ禍以前の「二〇一九年一〇月」と比べてどう変化したのか教えてくだい」というもので、横軸は「増えた」と「非常に増えた」をあわせた回答率を示している。

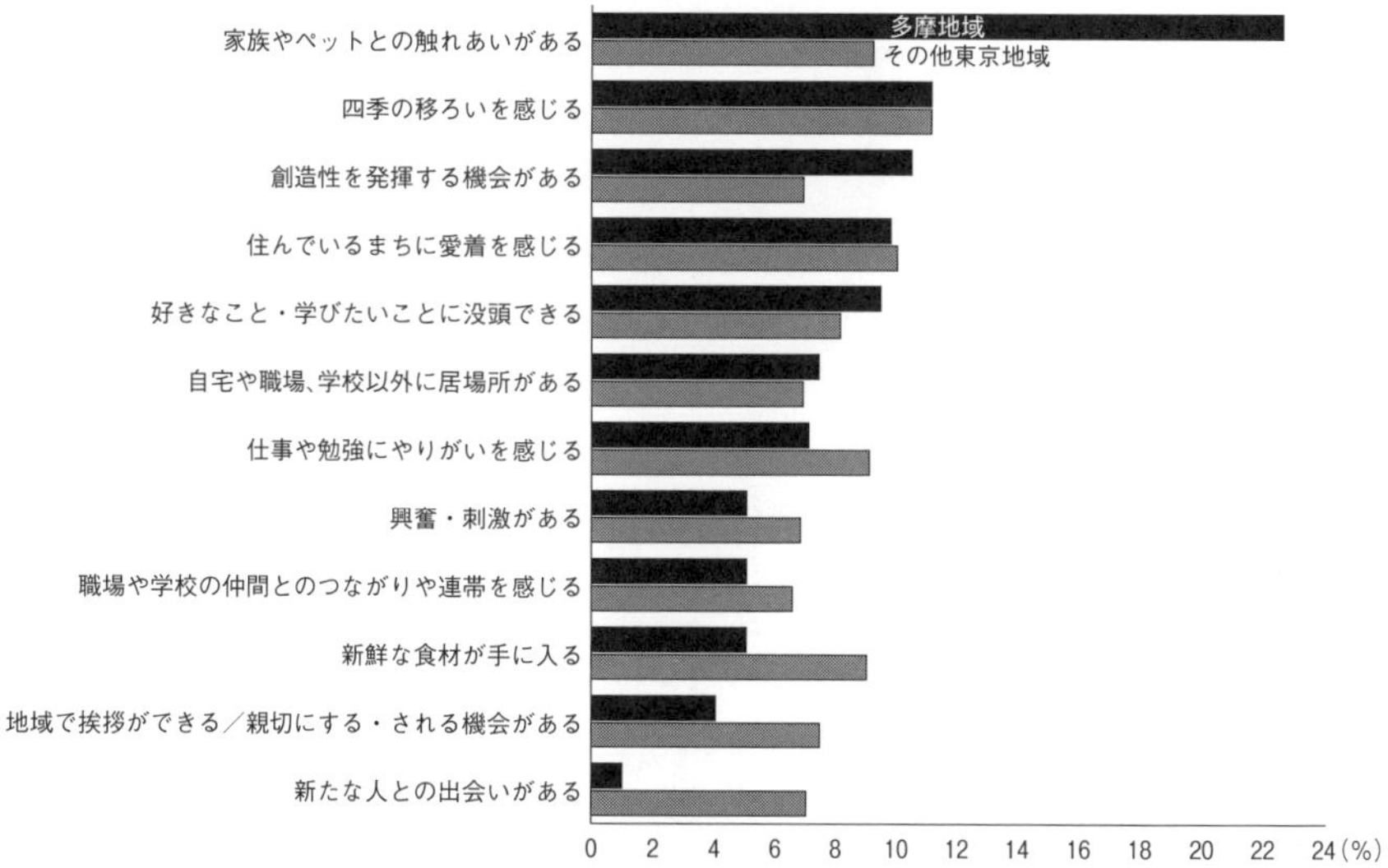

図5　コロナ禍前と比べて「訪問エリア数」が増えた人が、増えたと感じる生活実感

結果をみると、「家族やペットとの触れあいがある」という実感が増えたという回答率が多摩地域で非常に高くなっている。多摩地域では「訪問エリア数」が増えた人も多いので、コロナ禍を機に家族やペットと一緒にいろいろな場所で出かけるようになった結果、このような実感が増したのかもしれない。

また少々意外な結果は「創造性を発揮する機会がある」という実感も多摩地域で回答率が高くなっている。家族やペットとの触れあいが増えるということは、一見、意識が家庭内に向いて内向的になるようなイメージもあるが、そのことと「創造性の発揮」は必ずしも矛盾しないようだ。

逆に多摩地域での回答率が非常に低い生活実感は「新たな人との出会いがある」だ。これは都心部を含むその他東京地域でも相対的に低くなっているが、多摩地域でこの実感を挙げた人はわずか一％に留まっている。

これらのことから、コロナ禍を経て「訪問エリア数」が増えた人が比較的多かった多摩地域では、新たな場所に新たな出会いを求めて出かけていくといったように、外側に関係性を広げるというよりは、ときには家族やペットと一緒にいろいろな場所に出かけ、親しい人との関係を深めたり、新たな趣味に出会ったり、自分のなかの創造性に気づいたりといったように、内側の関係性を豊かにするような機会をもった人が少なくなかったのかもしれない。

3　オープンデータから探る多摩地域の行動変化

ブイ・リーサスにみる多摩地域の飲食店情報の閲覧状況

ここまでのデータ分析から浮かび上がってきた多摩地域の生活者の行動と意識をもう少し探るために、オープンデータを活用してみよう。使用するのは内閣府が提供するブイ・リーサス（V-RESAS）だ。ブイ・リーサスは、新型コロナウイルス感染症（COVID-19）の感染拡大に伴い、地域経済の影響をリアルタイムに近い形で可視化して地域経済の健康状態（Vital signs of Economy）を把握するウェブサイトとして二〇二〇年に開設された。地域経済に関するさまざまな時系列データ（人流、雇用、事業所など）を提供し、二〇二四年三月三一日まで公開されていた。

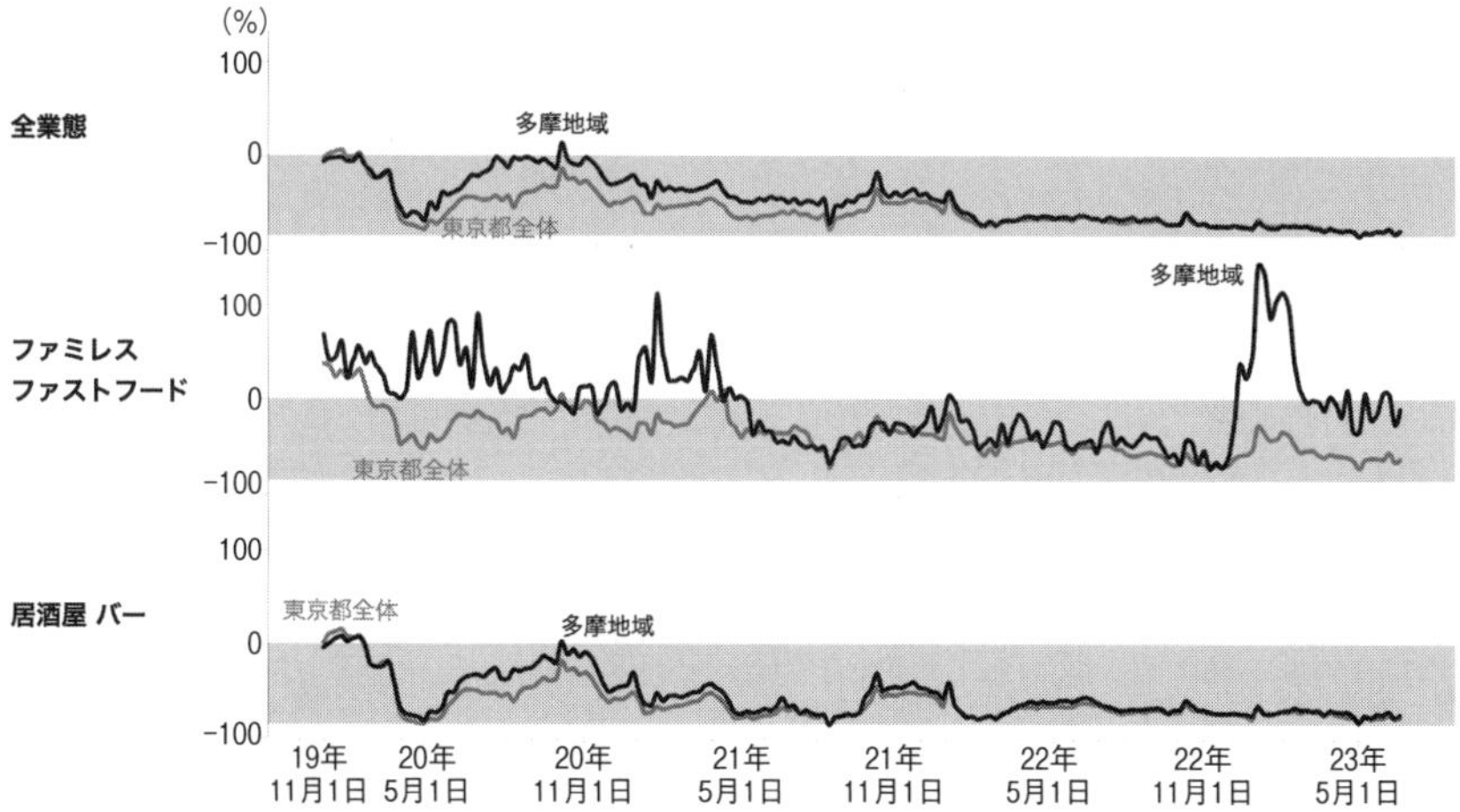

図6　東京都の飲食店情報の閲覧数

注1）2019年同週比（%）。
注2）多摩地域の値は西多摩、南多摩、北多摩西部、北多摩南部、北多摩北部の集計値から算出した平均値を用いている。

次の図6はブイ・リーサスのなかの「飲食店情報の閲覧数」の東京都の地域別データを取得し、コロナ禍前である二〇一九年の同じ週との比率を算出して時系列グラフとして視覚化したものだ。対象期間は二〇二〇年一月第一週から二〇二三年六月第四週（この期間までデータの更新が終わっている）である。上から「全業態」「ファミレス・ファストフード」だけを抽出したもの、「居酒屋・バー」だけを抽出したものを並べている。この「飲食店情報の閲覧数」データは単一のグルメサービス事業者のデータをもとにしているので、そのサービスのシェアが大きく増減した場合、閲覧数にも影響が出ると思われるが、業態間や地域間比較をすることで、ある程度、閲覧の実態を推し計ることはできるだろう。

まず「全業態」のグラフを一見してわかるのは、東京都全体、多摩地域ともに、ほとんどの期間で二〇一九年同週比マイナスが続いているということだ。二〇二〇年の七月から一〇月前後の期間にはやや上昇がみられるが、それ以降は長期的に低下を続け、マイナス一〇〇％に近づいていく。この傾向は「中華」「和食」「カフェ・スイーツ」など、個別にすべての業態のデータを確認しても同様だった。参考のために「居酒屋・バー」を最下段に採録している。

多摩地域の地元志向

一方ですべての業態のなかで唯一、異なる閲覧数推移の傾向を示した業態があった。それが中段に採録した「ファミレス・ファストフード」だ。多摩地域でプラスを記録している期間が複数あることが確認できる。おおむね、コロナ禍突入の直後から二〇二一年四月までに大きくプラスとなっており、その後、最後の緊急事態宣言が解除されて二年以上経った二〇二三年一二月以降にも多摩地域で大きくプラスとなっている。

このようなデータからは、東京都に暮らす生活者の多くが、コロナ禍以降、業態にかかわらず新たな飲食店を探して出かけるという行動を以前ほどしなくなった、あるいはそのために飲食店情報サイトを閲覧するということをしなくなったようであるという行動変化がみえてくる。ただそのなかでも、多摩地域に暮らす生活者はいくぶんか例外的に、以前よりも地元のファミリーレストランやファストフード店を探すという、異なる方向に行動を変化させたということがあるのかもしれない。

もちろん前述の通り、データ元のサービスのシェアが大きく減少し、その影響が閲覧数の全体的な減少として現れている可能性もある。ただ本書コラム「プログラミング言語で多摩の人流を可視化してみよう」で分析している東京圏の駅別乗車人員の増減データなどからもわかる通り、生活者が東京都心を中心とした全地域において移動を減らしていたことはほぼ明らかといってよいだろう。都心部への移動やそこで過ごす時間が減った結果、以前よりも自宅近隣への移動が増えたり、そこで過ごす時間が増えたりした可能性は低くないだろう。

おわりに——多摩で生じた「親密性の内的拡大」

新しい場所や体験の探索

以上を踏まえると、コロナ禍以降に多摩地域で生じた生活変化は、たとえば「親密性の内的拡大」とでも名づけることができるかもしれない。自分や家族などとのつながりを大切にしながらも、周囲の世界に対して閉じこもるのではなく、かといって従来の都市的な生活志向でもなく、新しい場所や体験を探索することで、自分自身や親密な人との関係をより充実させるというものだ。

この生活態度は、コロナ禍に対する消極的な防衛というよりは、積極的な適応という姿勢から生まれているようにも感じる。多摩地域の生活者は、危機的な状況を乗り越えるために、自分たちのライフスタイルを柔軟に変化させ、より幸せになる方法をみつけだそうとしているのかもしれない。

解像度を高めるために

本章で扱ったデータにはいくつもの制約がある。(6) そのなかで、コロナ禍における多摩地域の生活者の行動と意識の変化を、位置情報をもとにした行動データと意識調査データを組みあわせた分析や、オープンデータを用いた分析から探った。その結果、生活圏や移動パターン、外出頻度や目的など、さまざまな側面で人びとの生活が影響を受けている様子が浮かび上がってきた。また、それらの変化は地域ごとに異なる傾向があり、多摩地域の特徴についても新たな気づきを得ることができた。

私たちの日常は、何気なく行なう行動や選択の積み重ねで形成されているが、それらは時代や環境の変化によって大きく変わる可能性がある。しかしその背後にあるのは、自分や家族、社会との関係性や価値観といった、生活者の心の奥底に根ざしたものであるはずだ。そのなかで変わらないものや変わっていくものを見極めていくことが重要だろう。そのためには、生活者の声に耳を傾けるとともに、さまざまな角度からデータを分析することが有効だ。本章で行った分析はその一例にすぎないが、今後もさらに手法の進化を進めながら、生活者理解の解像度を高めていきたい。

〔追記〕

本章は、「位置情報データからみえる「移動と幸せ」の関係」（生活総研、二〇二三年）に、多摩地域の分析を大幅に加筆して作成したものである。

(6) 生活者の位置情報をもとにしたデータを分析対象とする場合、個人の情報が保護されるようにある程度統計化されたデータを使用する必要がある。また生活者の行動データに意識調査を組みあわせた分析を行う場合、調査対象となる人数の規模は、いわゆるビッグデータとは異なり限定的な数となる（今回は東京都に居住する一三一四人）ため、すべての市区町を個別に細かく分析するということも簡単ではない。

column

「魚力」という運動

近森高明

「多摩地域関連で何かコラムを」という注文を受け、多摩発祥の面白そうな企業があれば、何か書けないかな……と思ってネタを探していたとき、ふと「魚力」が立川発祥であることを知った。「魚力」といえば、近所のアトレ（JR東日本グループが首都圏で展開する駅ビル商業施設）に入っており、日ごろお世話になっている鮮魚店である。「町の魚屋さん」的な対面販売もやっており、威勢のよい店員さんの声にひかれて、その日のおすすめの魚を買い、家で煮付けにしたものを日本酒と一緒にいただくというのが小さな楽しみだったりする。

そんな「魚力」が立川発祥だというのに、まず小さな驚きをおぼえた。なぜ立川？　海なしの多摩地域なのに？　全国的な販売網を誇る鮮魚小売業をどんな経緯で、どうやって展開してきたのか？……。とりあえず日経テレコン21で片っ端から「魚力」関連の記事を探っていくと、「これは……！」という記事に出会った。「多摩経営研究会（「多摩研」）」なるグループについての記事である。(1)

「魚力」が町の魚屋さんから全国規模の鮮魚小売業へと変身を遂げる起点は、実は多摩ニュータウンの開発にあった。経緯はこうである。ニュータウン開発が進行しつつあった一九七七年、多摩地域の青果商や鮮魚商の若手オーナーたちのなかに、危機感をおぼえる者が出てきた。そのうち大資本の百貨店や大手スーパーが進出してくると、町の小さな個人店では太刀打ちできないのではと思われた。そこで「家業から企業へ」の脱皮を図るべく、近代的な経営を学ぶ勉強会を結成することとなった。スーパー「さえき」や青果専門店「九州屋」など、複数の企業を「多摩研」は輩出するのだが、その最初の声がけをしたのが「魚力」のオーナーであった。

沿革をみておこう。一九三〇年に開店した「魚力商店」は、長いあいだ単独店にとどまっていた。多店舗化の転機は一九八二年、ルミネ立川の開店にあわせ、地元の繁盛店としてテナントに呼ばれたことだ。この店は人気を呼び、百貨店や駅ビルから続々と誘いをうけ、店舗数を伸ばしていく。一九八四年には株式会社魚力を設立し、一九九八年には株式を店頭公開する。二〇二三年三月末現在、「魚力」は全国に九二店舗（小売七八店舗、飲食一四店舗）を展開している。

多店舗化の成功要因は仕入れ力と店舗運営にある。つまりは商品である魚介のインプットとアウトプットの徹底的な合理化が鍵となる。一方で仕入れについては、卸売市場で入札に参加できる売買参加権を取得し、仲卸をバイパスする体制を整えた。他方、店舗運営について、意識したのは「職人」の排除であるという。職人はプライドが高く、売れない高級魚を仕入れたり、気に入らない仕事はしないなど、非合理的なブレの要素をもつ。そこで鮮魚店の仕事は、マニュアル化すれば単純作業に分解できるという考えから、職人を排除し、合理的・組織的な店舗運営を導入した。

物流と情報のネットワークとインフラも重要である。「魚力」では八〇年代から物流センターを建設し、加工やパック詰めなどの作業を踏まえて、各店舗へと配送する体制を構築している。

以上のように、徹底的な合理化によって「魚屋の企業化」に成功した「魚力」の興味深い点は、しかし同時に、「本来の魚屋」というオーセンティシティ（本物らしさ）を打ち出している点にある。

一つの象徴は、対面販売の重視である。籠に盛られた魚を並べ、要望に応じて加工をほどこす対面販売は、人件費の面でコストがかかるものの、均質的な商業施設の片隅に、町の魚屋らしさをもち込む強力なコンテンツとなる。「いらっしゃい」と客に声かけをする店員は、気まぐれな職人ではなく、研修カリキュラムで合理的教育をうけた「職人テイスト」の店員である。店員はいわば、脱「職人」化と同時に再「職人」化を果たしているのだが、この「脱」と「再」の二重性が、「魚力」を「魚力」たらしめるポイントにほかならない。すなわち「魚力」自体、脱「魚屋」化を果たすと同時に、再「魚屋」化を果たすことで、「魚力」になりえているのだ。

図1　「魚力本店」と記された千社額。アップ（2024年、筆者撮影）

図2　「魚力本店」と記された千社額。全体像（2024年、筆者撮影）

もう一つの象徴は、店舗に掲げられた千社額である。店名を中心に、取引先の水産業者の名前が並ぶ千社額は、寿司屋や鮮魚店の開店祝いに取引先から贈られるオーセンティックなアイテムである。千社額を掲げることで、「魚力」は「本来の魚屋」であることをアピールする。

立川ルミネの「魚力」には、ほかの店舗と異なる「魚力本店」と記された千社額が飾られている（図1、図2）。厳密にはオリジナルな発祥の地というわけではないが、にもかかわらず「本店」とされるのは、そこが多店舗化の起点であり、つまりは脱「魚屋」化／再「魚屋」化を同時に果たす運動――「魚力」という運動――が開始された起点であるためではないだろうか。

〔注〕

（1）「多摩研、新鮮食材「武器」に集う」『日本経済新聞』二〇〇四年五月二四日号朝刊

多摩の図書館
――コミュニティの情報拠点として――

長谷川幸代

はじめに――情報基盤としての図書館

本章では、多摩地域にある図書館の歴史や現状をお伝えしていきたい。その前に、現代の図書館のあり方について、少し触れておく。まず、皆さまは「図書館」と聞いてどのようなイメージをもたれるだろうか。この質問には、「本を借りる」「静か」「調べもの」といった回答がよく出てくるが、現代の図書館が提供していることは実に幅広い。特に公共図書館では、人びとの生活に密着した有用な情報を提供したり、問題の解決に役立ったりするようなサービスまである。もちろん、伝統的な図書をはじめとする資料の収集や提供も行っているが、近年はそれに加えて図書館は「情報サービス」の場として機能しているのだ。これは、政府の施策にも打ち出されている。

ここで、少し図書館に関する施策について言及しておきたい。二〇〇五年に出された「地域の情報ハブとしての図書館（課題解決型の図書館を目指して）」には、図書館が地域の課題解決力向上に貢献するために、公立図書館をハブとしたネットワークを形成し、情報資産の拡大を図る必要性が示されている。[1] 何か困ったときに公共図書館に行ってみようというように、公共図書館が地域の課題解決における総合窓口としての役割を果たすというようなものである。具体的には、「ビジネス支援」「行政情報提供」「医療関連情報提供」「法務情報提供」「学校教育支援・子育て支援」「地域情報提供・地域文化発信」が取り上げられた。そして現在では、それが各地の図書館で地域性を活かしながらユニークに実践されている。

　図書館に置かれている資料も、時代とともに大きく変化した。かつては、図書、雑誌、新聞が中心であり、その後、音声や映像の視聴覚資料[2]が加わって利用者の幅広いニーズに応えていった。コンピュータやインターネットが台頭してくると、データベース[3]が提供され、かつては場所をとり検索に時間がかかった膨大な情報を、短時間で手にすることができるようになった。最近では、電子書籍の導入が著しく、時間や場所の制約を越えて資料を提供することができるようになった。

　このように、図書館は「本を読むところ」「自習をするところ」から「地域の情報の拠点」という役割を加えて情報基盤としてのサービスを届けている。昨今では、「交流の場」「ものづくりの場」という機能も備えるようになってきている。全国各地の図書館が、これを実践して市民に提供し、また「まち」の代表的な施設として話題を集めるケースも少なくない。社会学で提唱された「第三の場《サードプレイス》」[4]として、人が集う「場」になったり、「メイカースペース」というものづくりの場を併設する図書館もみられるようになったりしている。では、多摩地域の状況をみてみよう。本章では、図書館のサービスの観点から多摩地域の

（1）　文部科学省HP「地域の情報ハブとしての図書館（課題解決型の図書館を目指して）」(https://www.mext.go.jp/a_menu/shougai/tosho/houkoku/05091401.htm　二〇二四年三月二三日閲覧)

（2）　カセットテープ、ビデオテープ、CD、DVDなど、メディアは時代とともに新たなものが取り入れられている。現在ではブルーレイも提供されている。

（3）　データベースは、文献、辞典・事典の項目、新聞記事、雑誌記事、論文、企業情報、法律情報などのさまざまなデータを検索することができるものである。多くの図書館では、有料の商用データベースの契約をして利用者に無償で提供している。

（4）　アメリカの社会学者、レイ・オルデンバーグが『ザ・グレート・グッド・プレイス』(The Great Good Place)でこの重要性を論じた。自宅や学校・職場とも異なる居心地のよい居場所を指す。レイ・オルデンバーグ著『サードプレイス――コミュニティの核になる「とびきり居心地よい場所」』忠平美幸訳、みすず書房、二〇一三年。ほかに、エリック・クリネンバーグ著『集まる場所

図書館の事例を紹介していく。

1　多摩の図書館のあゆみ――巡回サービスと都立多摩図書館

図1　日野市移動図書館「ひまわり号」1台目（1965～1971年）
出所）日野市立図書館 HP

戦後、日本の公立の図書館は資料の利用を普及させるために、さまざまな取り組みを行ってきた。図書館での閲覧だけでなく、「貸出サービス」を拡大するために工夫を凝らしてきた。(5)この過程で特筆すべきことに日野市の移動図書館「ひまわり号」（図1）の存在がある。移動図書館とは、大型の自動車に資料を載せて地域を巡回するもので、自動車文庫やブックモビルとも呼ばれ、図書館から遠い地域の住民や、足を運ぶことが困難な利用者にも資料を提供することができる。日野市の移動図書館は、全国に先駆けてこのサービスを実践した例である。第一号のサービスは一九六五年の九月に開始されたが、現在も継続されていて一一号目が市内各所を巡回している。保育園や幼稚園、学童クラブ、病院などの団体への図書館サービスも担っており、二〇一五年には五〇周年を迎え、今なお図書館全域網を支える重要なサービスとしての機能を果たしている。

現在、多摩地域には、東京都に二館ある都立図書館のうちの

が必要だ――孤立を防ぎ、暮らしを守る「開かれた場」の社会学』（藤原朝子訳、英治出版、二〇二一年）などにも、社会学の観点から場の重要性が示されている。

（5）　戦後の図書館における貸出サービスの拡大は、以下に詳しく掲載されている。日本図書館協会編『中小都市における公共図書館の運営――中小公共図書館運営基準委員会報告』日本図書館協会、一九七三年（略称は『中小レポート』）

図2　都立多摩図書館エントランス風景

出所）都立図書館 HP

一館が存在する。その東京都立多摩図書館は、一九八七年に都立図書館三館（八王子・青梅・立川）を統合移設して開館したが、二〇〇九年五月に雑誌を中心に提供する「東京マガジンバンク」と、「児童・青少年資料サービス」を二本柱とする公立図書館として立川市にリニューアルオープンした。その後、二〇一七年一月に西国分寺に移転し、さらに膨大な資料を所蔵、提供している（図2）。都立図書館は主に調査研究を目的とする図書館で、現在、港区の中央図書館と国分寺市の多摩図書館の二館で構成されている。もう一方の都立中央図書館の方は、一九七三年に、都立日比谷図書館の蔵書を引き継ぎ、東京メトロ日比谷線広尾駅から徒歩約八分の地に開館した。蔵書数は約二二五万冊となっている。主に、閲覧サービスや調査研究支援、都内の公立図書館に対するレファレンスの支援や資料の貸出などを実施している。都立多摩図書館は、都立中央図書館と特徴の異なる資料の収集とサービスの提供を行い、マガジンバンクは膨大な雑誌のコレクションで名が知られている。

2　多くの資料・情報を住民に

「はじめに」で紹介したように、昨今の図書館ではさまざまな課題解決型のサービスが提供されている。そこでは、生活に役立つ資料や情報を収集し、利用者が気軽に入手できるようコーナーを設けたり、レファレンスサービス[6]の担当者が、さまざまなサービスや資料・情報利用の支援を行ったりしている。

立川市にある立川市中央図書館の例をみてみよう。この図書館は、JR立川駅の北に徒歩七分ほどに位置する「ファーレ立川センタースクエア」の二階から四階に存在する。開放的な空間に、多くの資料が利用しやすいよう排架され、情報とともに居心地のよい空間を提供している。公立の図書館を訪れる利用者のなかには、「地域について調べたい」という目的をもつ人びとが多い。それに応えるべく、入口すぐのカウンター前には「地域・行政資料コーナー」が設置され、立川市や周辺地域の歴史・地理・文化など各分野に関する地域資料と自治体の刊行物の行政資料が置かれている（図3）。市販の図書だけでなく、自費出版や市が発行した資料も揃えている。市内のほかの図書館にもこのコーナーがあるが、古いものも所蔵しているのがこの図書館である。分類は、ほかの図書とは異なる「地域・行政資料分類表」に基づいて分類されている。市民の著作や立川市周辺を取り上げた旅行ガイド、グルメガイドも揃えている。また、市内を流れる玉川上水と多摩川に

図3　立川市中央図書館「地域・行政資料コーナー」（2024年、筆者撮影）

（6）レファレンスサービスとは、資料・情報を求めている利用者に図書館員が提供・提示して支援することおよびその業務。

図4　立川市中央図書館「子育て応援コーナー」と「シルバー情報コーナー」（2024年、筆者撮影）

関連した資料も多くある。

「地域・行政コーナー」の横には、「ビジネス支援コーナー」があり、経営、財務、人事、労務、営業、広告・マーケティング、社史などの資料を用意している。あわせて、仕事・資格に関する図書も多数置かれている。ここには、起業・創業のための情報を収集に訪れる利用者もいる。そういったニーズに対応して、コーナー内のスペースでは週に二回、専門の相談員による「ビジネス相談」（予約優先）が行われている。地域に関する情報とビジネスに関する情報とをまとめて収集し、人的な支援も受けることができるシステムだ。

ほかにも、「子育て応援コーナー」と「シルバー情報コーナー」がカウンター近くに設置され、ライフスタイルにあった情報を提供している（図4）。前者は妊娠・出産・子育てに関する資料とともに、一緒に来た子どもが読める本も同じ棚に揃えている。後者は高齢者に役立つ生き方・仕事・趣味・健康・年金・相続などの資料とともに、視力が弱くなっても読める文字を大きくした大活字本が置かれている。四階は全体が「こどものためのフロア」になっており、読み聞かせのための部屋も用意されている。児童資料について調べるための「児童資料室」もあり、研究や教育の目的で専門資料を調べることができる

（図５）。

より深く調べものをしたい、もっと専門的な情報を得たいという場合には、三階に「調べもの相談室・レファレンス室」があり、専用のパソコンでデータベースも利用できる。

現代の図書館のサービスは、利用者全体に一様なサービスを届けつつも、このように対象者別によりニーズにフィットしたものがある。長い人生のサイクルのなかで、困ったり悩んだりしたら、ちょっと図書館を覗いてみることで、ヒントが見つかるかもしれない。

少子高齢化社会のなかで、図書館は高齢者にやさしいサービスを届け、子どもにもできるだけ図書館を活用してもらおうと試行錯誤している。近年全国の図書館でよく見かけるのが、「認知症」について扱うケースである。対象者は、認知症の当事者だけでなくその家族や周囲を含んでいる。ＪＲ西八王子駅から徒歩三分の位置にある、八王子市中央図書館では、「認知症情報コーナー」を設け、認知症に関連する情報を提供したり、認知症に関わる人びとと活動したりしている（図６）。八王子市が行っている「練る歩き隊が八王子を行く——認知症の人が仲間といっしょにまちを変える、明日を創る」は、認知症の人とその仲間（ボランティア、デイサービス事業者、地域包括支援センター）が、

図5　立川市中央図書館「児童資料室」（2024年、筆者撮影）
注）児童資料を調べることができる

図6　八王子市中央図書館「認知症情報コーナー」（2024年、筆者撮影）

図書館や大型スーパーを練り歩き、当事者の視点から本を探したり、施設の案内や表示のわかりづらいところなどの意見を伝えたりする。施設もその意見を参考にし、誰もが使いやすい施設へと変えていく。この取り組みには図書館も参加しているわけだが、市の施設が協働して、社会全体が多様性を尊重する今の風潮に大きく寄与している。また、この活動はＮＨＫ厚生文化事業団が主催する「第七回認知症とともに生きるまち大賞」を受賞した。資料や情報の提供とともに、「活動」そのものも支援していくというあり方は、現代の図書館らしく市民の暮らしに寄り添う形となっている。

3　メディアの多様化——紙の図書以外の多様な資料

図書館で扱うメディア（媒体）は、時代とともに変化している。図書館で扱うのは、本だけではない。利用者に人気の高い雑誌や、新型コロナウイルス感染症の流行に伴い利用が増えている視聴覚資料を例に、図書館のサービスをみてみよう。

都立多摩図書館が「マガジンバンク」で知られているのは前述の通りである。現在は、約一万九〇〇〇誌を所蔵し、刊行中の雑誌約六〇〇〇誌の過去一年分が閲覧できるようになっている。また、明治期から今までの雑誌の創刊号のみ約八五〇〇誌を揃えた「創刊号コレクション」も収集している。雑誌を調べる、雑誌に興味がある人びとには必見の資料コレクションだ（図7）。

あわせて、東京マガジンバンクカレッジという活動が行われ、「雑誌の魅力を知る・創る・伝える」というコンセプトのもとに、雑誌を仲立ちとした学びと交流の場を提供している。図書館と資料を仲介に、人が集い活動するというネットワークが形成されている様子がうかがえる。

図書館でいうところの視聴覚資料、つまり音声や映像を伴う資料も沢山の種類が揃っている。メディアの形式的な側面からみれば、かつて音声はカセットテープが主流だった。その後ＣＤが普及して、現在も多くの図書館が沢山のＣＤを揃えている。映像は、ビデオテープが中心であったが、現在はＤＶＤやブルーレイ（Blu-ray）が主流である。合間に、ＬＤ（レーザーディスク）が用いられた時期もあった。規模が大きい図書館では、このような視聴覚資料を開架にして利用者がすぐ手に取れるよう並べている。立川市中央図書館も八王子市中央図書館も、専用の視聴覚コーナーを設けている。ジャンルも多岐に渡る。音楽もクラシックからポップス、ロック、効果音などがある。音楽だけを想像しがちだが、朗読や落語なども貴重な図書館資料である。二〇一九年に読書バリアフリー法（正式名称「視覚障害者等の読書環境の

図7　都立多摩図書館「雑誌エリア」

出所）都立多摩図書館 HP

整備の推進に関する法律」）が施行されてから、ますますこういった資料の利活用への期待が高まっている。[7] インターネット環境で利用できる音楽コレクションである「ナクソス・ミュージック・ライブラリー」のサービスの提供も多くなっている。

電子書籍は以前から導入されていたが、新型コロナウィルス感染症の流行で外出が自粛された影響もあり、最近いっそう需要と供給が高まっている。来館しなくても利用できる上に、パソコンやタブレット端末で拡大して読むこともでき、小さな活字を読むのが困難である場合にも便利だ。コンテンツの数が少ないという問題もあったが、増加傾向にある。GIGAスクール構想[8]により、学校と連携してサービスを提供するケースもある。

(7) 障がい者向けの資料に音声と映像を伴う「DAISY」(Digital Accessible Information System) がある。視覚障がい者や普通の印刷物を読むことが困難な人びとのためにカセットに代わるデジタル録音図書である。

(8) 児童・生徒一人につきパソコンやタブレットなどの情報端末を一台整備し、ICT（情報通信技術）を活用した教育を実現する構想。

おわりに――図書館の果たす役割はどうなるのか

かつて図書館は、実際にそこに行って本を読む、借りる、調べものをする、といった利用の仕方が中心であった。そこに視聴覚資料や電子資料が加わり、さらにはインターネット上のデータベースサービスを提供するようになった。インターネットの普及が進むと、利用者が来館しなくてもあらゆる情報を得たり、電子書籍を読んだりすることができるようになってきた。このような状況のなかで、来館しなくても図書館を活用することができる「非来館型」のサービスのいっそうの充実が注目されている。場所と時間の制約を超えたサービスで、今まで来館できなかった人びとも活用することができ、既存の利用者はさらに多くのサービスを受けることが可能となる。インターネットが台頭し始めたころ、世界的にこれを図書館の「危機」と捉えて、将来は図書館の役割はどうなるのかという議論もあった。しかし、図書館自体を再定義し、確実で信頼できる資料・情報を収集しながらデジタル化を進めることで、時代に合った新たな役割を提供していくという道筋を検討してきた[9]。今では、人やコミュニティと関わりながら、情報・場・活動を提供している。

運営面でも、企業とのコラボレーションが増えてきている。イベント、活動の際に協同するのはもちろんのこと、資料の寄付といった支援もみられる。八王子市は、「読書のまち推進計画」を進めているなかで、市の企業が寄付した資料を利用者に提供するコーナーを設けている。立川市の図書館では、電子書籍に企業の寄付が充てられ活用されている。アメリカなど海外では、図書館への寄付というのが欠かせない存在であるが、日本でもそのようなケースが増えてきている。

図8　立川市中央図書館「IKEAの家具を利用した空間」（2024年、筆者撮影）

図書館で本を借りてすぐ帰る、必要な情報を入手したらそれで終わりという利用の仕方から、比較的長い時間を図書館で過ごしてもらう「滞在型」の利用を目指す図書館が増えている。その際には快適な空間が必要となるため、インテリアに力を入れるケースも多い。立川市中央図書館では、家具を提供する企業の「IKEA」とのコラボレーションで工

（9）ジョン・ポールフリー著『ネット時代の図書館戦略』雪野あき訳、原書房、二〇一六年

夫を凝らした空間をつくり出している（図8）。
今後は、非来館型のサービスと滞在型のサービスを組みあわせ、利用者のニーズに応じて活用できるサービス展開がなされていくのではないだろうか。図書館が用意するコレクションは、多様化・専門化が進む。デジタル資料もますます増えるであろう。そのようななかで、人が集い楽しめる空間と仕掛けをつくり、コミュニティの重要な拠点として人びとに利用される場となっていくであろう。

〔参考文献〕
日野市立図書館編『本の力　図書館の力を信じて——日野市立図書館開設五〇周年記念誌』日野市立図書館、二〇一六年（https://www.lib.city.hino.lg.jp/library/50kinenshi.html　二〇二四年四月七日閲覧）

〔参考URL〕
立川市中央図書館ＨＰ（https://www.library.tachikawa.tokyo.jp/contents?7&pid=32　二〇二四年四月七日閲覧）
都立多摩図書館ＨＰ（https://www.library.metro.tokyo.lg.jp/guide/tama_library/　二〇二四年四月七日閲覧）
八王子市図書館ＨＰ（https://www.library.city.hachioji.tokyo.jp/　二〇二四年四月七日閲覧）
日野市立図書館ＨＰ（https://www.lib.city.hino.lg.jp/　二〇二四年四月七日閲覧）

column

八王子市の図書館の動向

長谷川幸代

このコラムでは、八王子市の図書館の状況について写真を交えて紹介する。まず、八王子市の図書館の概観について触れておこう。中央図書館を中心に、市内には全部で九つの図書館が存在する(図1)。また、地区図書館が全部で一三ヶ所存在しており、学園都市文化ふれあい財団が管理を行っている。地域の方が運営している図書室で、市内図書館の本の予約・受取・返却もできる。広い八王子市の全域に、できるだけサービスが行き渡るようになっている。サービスの中心となる中央図書館は、JR西八王子駅徒歩三分の場所に位置しており、地下一階から地上三階までの建物で面積も広い。

乳幼児、児童、生徒のためのサービス

子どもに向けたサービスも、多様な工夫が凝らされている。たとえば、ほかの自治体でも例があるが、「ブックスタート」の取り組みを行い、「三か月から四か月児健康診査」の会場で読み聞かせを行い、乳幼児向けの図書と行政資料のパックを渡している。幼少期から図書(絵本など)が身近にあることで将来的な読書と図書館利用を推進しているのである。

小中学生向けには、本のPOPコンテストを実施している。二〇二〇年度までは、読書感想画と感想文のコンクールを実施していたが、アクティブ・ラーニングの推進や本のPRの体験を得る取り組みとして、二〇二一年度からは、POPコンテスト事業を開始した。書店と連携して、入賞作品を市内図書館や市内書店で展示している。図書館と書店はライバル的な存在と思うかもしれないが、実は近隣にあったり協働したりすることで相乗効

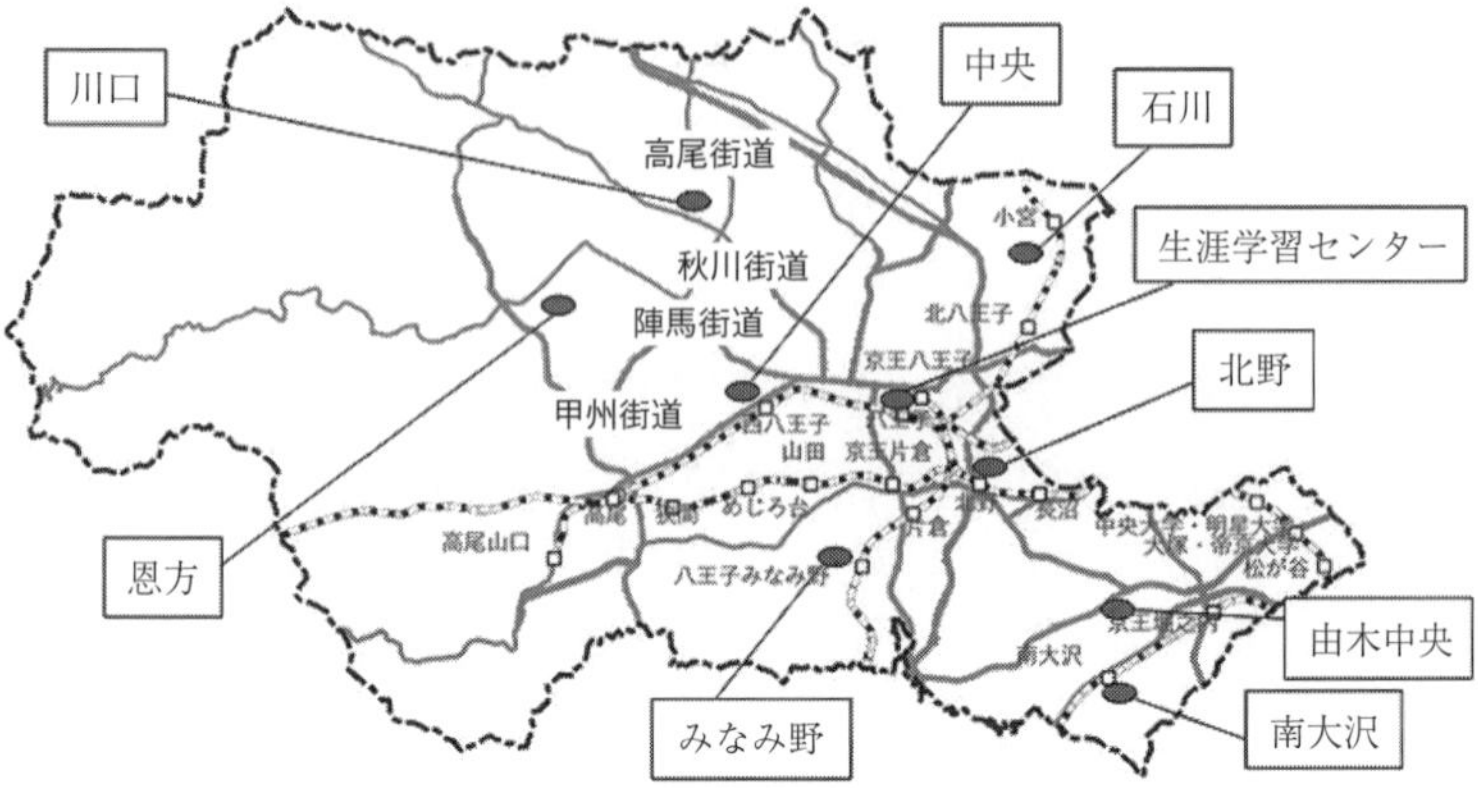

図1　八王子市の図書館マップ
出所）八王子市図書館 HP をもとに筆者作成

図2　八王子市中央図書館「調べ学習室」（2024年、筆者撮影）

果を生み出すことが多いのだ。調べ学習の際には、専用の調べ学習室が利用できる（図2）。

　高校生以上になると、高校生・大学生向けのボランティアを受け入れ、社会参加の場を提供している。実習生やインターンの受け入れも行い、図書館の仕事を本格的に実体験する機会もある。

　八王子市の図書館は、比較的早い段階から電子書籍の導入に取り組んできたが、二〇二三年四月からは、市立小中学校と義務教育学校の児童生徒に、GIGAスクール端末での電子書籍の利用登録と貸出サービスを開始した。これにより、朝読書での利用や長期休暇、学校への登校が困難な児童生徒にも読書環境を提供することが可能となった。紙の図書の学校などへの提供に加え、電子書籍も提供することで、同時に同じ本を読んだり、好きなときに本を読んだりすることができる。

少子化が問題となっている時代背景があるなかで若年層に対しても、時代に応じた取り組みを行い、家庭や学校における学習・教育に効果をあげている。

新しい図書館

ＪＲ八王子駅南口から徒歩約一〇分の位置に、二〇二六年一〇月、新たに「憩いライブラリ（仮）」がオープンする予定だ（図3）。この図書館は、公園、歴史・郷土ミュージアムを含む「集いの拠点（仮）」という複合施設のなかに配置される。一般に馴染みのある、資料貸出、調べものが目的の図書館とは一味違ったサービスを提供するということで、今から期待が高まる。予定地は、もともと医療刑務所が存在していたが、移転に伴い、市民が集い交流しながら楽しく過ごせる施設をつくることになった。「サードプレイス」を念頭に、学び、遊び、交流ができる市民の場所を目指す。公園と一体となった施設であるため、緑と同化した形になる。また、災害時には避難場所となることも想定されている。レストラン、カフェも設置される予定

図3a　「集いの拠点」メイン棟。イメージ図
出所）八王子駅南口集いの拠点 HP

図3b　「集いの拠点」憩いライブラリ。イメージ図
出所）八王子駅南口集いの拠点 HP

図4　八王子市図書館に携わってきた職員の方々（2024年、筆者撮影）

注）一杉さん（下段左）、堀内さん（下段右）、村石さん（上段左）、佐藤さん（上段右）

だ。

「憩いライブラリ」にある資料は、通常の図書館とは異なり貸出をしない。そこに滞在し、読書をしながら過ごしたり、多様な活動・催しに参加したりして楽しむ場を創出する。貸出については、ほかの図書館から取り寄せて受け取ることが可能だ。近くにある生涯学習センター図書館とのすみ分けを行い、ここでは憩いの場、にぎわいの場を味わってもらい、調査・研究などの目的では生涯学習センター図書館を活用してもらおうということだ。

図書館のサービスや新しい図書館の計画には、長期にわたり職員や市民、専門家が関わり、より現代社会にマッチした快適かつ効果的な施設計画を熟考してきた（図4）。あらゆる人びとが集い、学び、交流し、活動し、楽しく過ごせる「居場所」が社会学などの分野での議論にとどまらず、コミュニティのなかに実現することが今から待ち遠しい。

〔参考文献〕
佐藤綾「本のPOPコンテスト」『学校図書館』八七〇、二〇二三年、三二―三三頁
八王子市教育委員会生涯学習スポーツ部図書館課編『八王子市の図書館二〇二三』八王子市、二〇二三年

〔参考URL〕
八王子駅南口集いの拠点HP（https://8oji-centralpark.jp/ 二〇二四年四月九日閲覧）
八王子市図書館HP（https://www.library.city.hachioji.tokyo.jp/ 二〇二四年四月九日閲覧）

多摩の自然とその娯楽インフラ化
——多摩動物公園のサル山から考える——

楠田恵美

はじめに——多摩の娯楽インフラスケープ

多摩の娯楽空間の頂点にあるのは、高尾山ではないだろうか。その標高では、奥多摩の山々には及ばないものの、都心からのアクセスのよさや登りやすさに加え、観光気分も味わえるという至れり尽くせりの山である。山自体は自然発生的だが、この山をこれほどまでにも私たちに身近にアプローチできる、人間に寄り添った自然として出現させているのは、インフラの力によるところが大きい。

標高五九九メートルの高尾山へは、京王線で新宿から二二〇メートル地点の高尾山口まで、高尾山口からはケーブルカーで四七二メートル地点、リフトで四六二メートル地点まで到達することができる。その後も山頂までの経路はしっかりと整備され、頂上も平らに舗装された広場となっている。

都心からのアクセスのよさだけではない。山頂に至るまでの道のりには高尾山薬王院や、土産物屋、飲食店などが、山頂には展望台、ベンチ、トイレ、飲食店、ビジターセンターなどがある。滞在中のアメニティも充実しているのだ。京王が「午後からでもでかけられる[1]」と謳ったように、まさに、ふらっと遊び感覚で登れてしまえる山が高尾山なのである[2]。

高尾山の位置する八王子市によると、高尾山の登山者数は年間三〇〇万人にのぼり、その数は世界一だそうだ[3]。多摩地域の娯楽施設の年間入園者数では、サンリオピューロランドが二一九万人、よみうりランドが一九〇万人、多摩動物公園が九一万人[4]であることと比べると、驚くべき規模ではないだろうか。

高尾山へのアクセスを支える京王線は、高尾山にかぎらず沿線に多くの行楽地を抱えている。そのうち、専用のアクセス路線が設けられているのは、この高尾山（高尾線）に加え、府中競馬場（競馬場線）、そして多摩動物公園（動物園線）の計三ヶ所である。また、実現しなかったものの、相模原線の終着地を津久井湖とする計画もあった。

このほかにも沿線には京王が自ら開発した娯楽施設がある。京王遊園（一九五五年開園、一九七一年閉園）、東京菖蒲園（一九五六年開園、一九六一年京王百花苑に改称、一九九七年閉園、跡地に京王フローラルガーデンＡＮＧＥが二〇〇二年開園、二〇二一年閉園）、京王閣（一九二七年開園、一九四七年売却、一九四九年より京王閣競輪場）、百草園（一九五七年譲受）、平山城址公園（一九五五年開園）などである[5]。

さらには、別の事業母体で京王線を最寄り駅とする行楽施設として井の頭公園、蘆花恒春公園、深大寺、神代植物公園、大國魂神社、高幡不動尊、東京サマーランド、多摩テック（二〇〇九年閉園）、そして前述のよみうりランド、サンリオピューロランドなどがある。

（1）　ダイアモンド社編『京王帝都電鉄』ダイアモンド社、一九六八年、一〇五頁

（2）　コースによっては本格的な登山もできる。

（3）　八王子市ＨＰ「はちおうじ物語　其の九　祈りのお山　高尾山の魅　力」(https://www.city.hachioji.tokyo.jp/kankobunka/003/monogatari/p026960.html　二〇二四年三月一九日閲覧)

（4）　以上すべて二〇一八年度の実績。なお、同年度の東京ディズニーランド・ディズニーシーの年間入場者は三二五六万人、上野動物園は四九六万人であった。『月刊レジャー産業資料』六三六、二〇一九年

（5）　松本典久『京王電鉄ものがたり』ネット武蔵野、二〇〇三年

このように京王線沿線にかぎってみても、多摩地域には数多くの娯楽施設があるといえるだろう。裏返せば、多摩地域の娯楽施設の多くは鉄道インフラに支えられている。アクセスを支えられるもの、鉄道会社が事業母体となるものなど、その鉄道インフラとの連携のあり方はさまざまであるが、本章では、なかでも鉄道インフラとの連携が相対的に強い娯楽インフラに注目して論考を進めてみたい。

ここでいう娯楽インフラとは、生活に欠かせないライフラインに匹敵する娯楽施設のことをいう。その好例が高尾山で、それは鉄道インフラによって都心と接続された自然であるとともに、娯楽要素が付与された自然として姿を現している。そしてそれは都心にはない豊かな自然とのふれあいを可能にする。

また、多摩動物公園も娯楽インフラの好例である。それは、東京都の第二の動物園であるが、「動物園」ではなく「動物公園」という名をもつのも、そこが動物とのふれあいにとどまらず、多摩の自然とのふれあいの場となるようにとの意図が込められている。ところで、この多摩動物公園のサル山が京王電鉄によって寄贈されたものであると聞いて驚く人も多いのではないだろうか。多摩動物公園も交通アクセス以上の鉄道インフラとの連携関係を築いているのだ。

以下では、高尾山のさる園からスタートし、各地の自然動物公園、上野動物園、今はなき大阪箕面の動物園を経由して、娯楽インフラとしての多摩動物公園の成り立ちについてみていきたい。そこには私たちの自然との関わりかたを考えるにあたってのヒントが隠されているかもしれない。

1　高尾山のさる園と全国的な自然動物園ブーム

高尾山山中のケーブルカーとリフトの発着地付近には、土産屋とレストラン、そしてさる園・野草園がある。これらはすべて、ケーブルカーとリフトを運営する高尾登山電鉄が経営する。(6)

さる園では二〇二四年三月現在、八八匹のニホンザルが飼育公開されている。(7) 高尾山には、野生のニホンザルも生息しているが、一九七一年の開園(8)に際しては島根県邑智郡の伴蔵山から約二〇匹のニホンザルが群れで移植された。(9) また、さる園の前身として、一九六〇年から猿園（別名モンキーパラダイス）が開園していたという記録もあるが、(10) そのときにも小豆島から五〇匹の群れが移植されたという。(11)

全国各地の山々にはこのようなサルを飼育公開する施設が存在する。一九七〇年代までには高尾山の猿園を含め、全国各地に三七にのぼる施設の開設を確認できる。(12) その背景には、一九五二年に宮崎県幸島で、続いて翌年に大分県高崎山での野生のニホンザルへの餌付け成功がある。これらの成功を受け、全国的に野猿への餌付けブームが起き、さらには餌付けの常態化により、いくつもの野猿公園が出現したのである。

これらの施設のモデルとなったのが、国の天然記念物の指定を受けたサル生息地で開設された自然動物園である。(13) 鉄道会社による観光資源開発の一環として開設された施設もある。愛知県犬山の日本モンキーセンターは、名古屋鉄道の協賛により一九五六年に開園、

(6)　その母体は京王グループ。

(7)　一方の野草園では、高尾山に昔から自生していた野草を中心として、亜高山帯植物や高山植物などが栽培公開されている。

(8)　開園当時の施設名は高尾自然動物センターであった。

(9)　「高尾山さる園、人気上々　ミシュラン効果で入場者増　今日四〇周年イベント」『朝日新聞』二〇一一年一〇月三〇日朝刊、二九面（多摩・一地方）

(10)　高尾登山電鉄（株）『高尾登山電鉄復活三〇年史』一九七九年

(11)　河合雅雄『ニホンザルの生態』講談社、二〇二二年

(12)　杉山幸丸「日本の霊長類学小史──野生ニホンザル研究を中心に」『霊長類研究』三六(二)、二〇二〇年、四一―五五頁。和田一雄『ニホンザル保全学』農山漁村文化協会、二〇〇八年

(13)　一九五三年に高崎山自然動物園、一九五五年に臥牛山自然動物公園と箕面山自然動物公園、一九六八年に高宕山自然動物園が開園した。

埼玉県長瀞町の宝登山山頂の野猿園（現在の宝登山小動物公園）は同センターより二一匹のニホンザルの群れを譲り受け、一九六一年に開園に至っている。その運営母体は秩父鉄道である。

高尾山での野生のニホンザルへの餌付けの常態化は確認されていないものの、他所から移植された群れが飼育公開された背景には、このような全国的な餌付けブームを発端とする自然の娯楽インフラ化があったからであるといえるだろう。(14)

2　上野動物園のサル山と箕面山動物園の撤退

自然動物園は、動物園と対照的な関係にある。自然動物園では、その土地に生息するとされる動物をその場所で飼育公開するのに対し、動物園の場合には、生息地から引き離された動物を都心部で飼育公開することを基本とする。具体的には高尾山さる園のニホンザルと上野動物園のゾウやキリンを対比させることができるだろう。

そのため、動物園では飼育公開を行う動物の本来の生態にできるかぎり近い環境を整えるのが理想とされる。その、上野動物園における早い段階での対応として、一九二七年に北極熊舎、一九二八年にアシカ池、一九三二年にサル山が完成している。(15) 千葉県高宕山の岩山を模してつくられたサル山は、大東京市（三五区制）の制定を記念して設けられたものので、日本初のサル山であり、かつ上野動物園に現存する最古の公開施設でもある。

ところで、国内では東京と京都にしか動物園のなかった一九一〇年に、大阪府箕面に動

(14)　なお、一九七〇年に六ヶ所目のサル生息地として天然記念物に指定された青森県下北半島では、あくまでも野生状態でのニホンザルの保護を目的としており観光地化へ反対する姿勢を貫いている。また箕面山自然動物公園は一九七七年に、臥牛山自然動物公園は一九九一年に閉園、野生のニホンザルへの餌付けも禁止された。

(15)　小宮輝之『物語上野動物園の歴史』中央公論新社、二〇一〇年

物園が開園した[16]。動物園の設置者は、箕面有馬電気軌道[17]である。箕面有馬電気軌道は、大阪梅田駅から兵庫県宝塚市の宝塚駅を結ぶ宝塚本線とその支線として石橋駅（当時）と箕面を結ぶ箕面線を一九一〇年に開業、この開業にあわせて箕面駅前に動物園を開園したのだ。

園内には東屋や茶店をはじめ、宝塚歌劇の前身となる舞楽堂、そして開園翌年には観覧車が設置され山林子供博覧会が開かれるなど、動物園に留まらない複合的な娯楽施設となった。だが一九一六年、開園からわずか六年で閉園を迎えた。閉園にはさまざまな要因があったようだが、箕面公園の自然を俗化してしまうことを回避するためであったようである[18]。

箕面山は古くから紅葉や大滝で知られる名勝地で、一八九八年には一帯の八三ヘクタールにわたる区域が府立箕面公園として設置された[19]。箕面山動物園の早期撤退の背景には、箕面山の豊かな自然と動物園の共存の難しさがあった。その難しさにチャレンジすることになるのが多摩動物公園である。

(16) 上野動物園は一八八二年に、京都市動物園は一九〇三年に開園した。

(17) 阪急電鉄の前身である。

(18) 小林一三『逸翁自叙伝』講談社、二〇一六年

(19) さらに一九六七年には明治一〇〇年を記念して高尾山とともに明治の森国定公園に指定されている。

3　自然動物園として計画された多摩動物公園

開園以来人気を博した上野動物園は、常時混雑していたものの敷地の拡張ができないため、第二の動物園の開園が模索された。それが具体的な動きをもつのは戦後である。新宿区戸山ヶ原の旧陸軍跡地が一時候補地となったが実現せず、第二の候補地として名乗りを

上げた南多摩郡七生村（現在の日野市）に設置されることが決まった。東京都心部から三五キロメートル、上野動物園の二倍の敷地面積二九ヘクタール[20]をもつ多摩丘陵地帯であった。

この決定に先駆け、一九五〇年に都立自然公園条例が公布・施行された。都内にある優れた自然の風景地を保護するとともに、その利用の増進を図り、都民の保健、休養および福祉の向上に資することを目的とする条例である。同年、多摩村、七生村、由井村、由木村（現在の八王子市、日野市、多摩市）にまたがる一九五九ヘクタールが、都立多摩丘陵自然公園として指定された。

そのため第二の動物園は、多摩丘陵自然公園内に位置することになり、同公園を代表する施設の一つとなることを念頭において計画された。多摩動物公園という正式名称が決まるまでのあいだ、それが自然動物園と呼ばれていたこともこのことを物語っている。

第二の上野動物園を自然動物園として計画するということは、さまざまな点において都心の動物園のコンセプトとの差別化を打ち出すことに等しかった。先に述べたように、従来の動物園は基本的に、生息地から切り離してきた動物を飼育公開する施設だからである。それとは異なり自然動物園では、その土地特有の自然の保護と活用が重視される。

多摩動物公園の基本計画ができたのは、一九五六年。「自然を活かし、自然に生きる動物園」をテーマに掲げ、過密状態にある上野動物園の緩和と新しいタイプの動物園の創造が目的とされた。

このテーマと目的に合わせて、飼育公開する動物は多摩丘陵の立地条件や気象条件に合う国産の動物を中心に、アジアの動物がまず第一とされた。そして、飼育公開方式には無

（20） 開園当時。二〇二三年三月現在の開園面積は約六〇ヘクタール。

柵放養式を基本とし、可能な動物については、完全放養式が試みられることになった。無柵放養式とは、いわゆる檻を廃し、代わりに堀を設けることで動物を出られないようにして自然放飼するものである。園内に放し飼いにするという完全放養式では、開園当初にサルやシカ、クジャク、リス、ツルなどで試みられたが、長くは続かなかった。

多摩動物公園開園日当日の一九五八年五月五日には、想定五万人のところ、推定二五万人の来園者数を数えた。用地獲得資金や建設費、最寄り駅から園までの連絡バス路線の運行など、開園に向けて全面的に協力してきた京王も「京王電車の各駅では、多摩動物公園に行くための高幡不動駅の切符が底をついてしま」った、「創立以来の新記録続出」、「当社の輸送史をぬりかえる一日」、「小田急の箱根、東武の日光、京成の成田というような沿線に行楽客を誘致するポイントがなかったが多摩動物公園の開園により〝自然動物園のある京帝[21]〟として今後の発展が期待できる」などといった嬉しい悲鳴をのこしている[22]。

しかしながら、開園時の来園者数を維持するのは難しく、開園年に八三万人であった来園者数は、開園から二年後の一九六〇年には七一万人まで減少してしまう。そのため、早急に解決策が講じられることになった。特筆すべきは、一九六〇年に新たに用地一五ヘクタールを取得し、アフリカ園を増園することが決定、一九六二年に一部開園、一九六四年にライオンバスの運行が開始されたことである[23]。また同年には京王動物園線が開通し、多摩動物公園駅が開業、アクセスがよくなったことも手伝い、開園後初めて年間来園者が一〇〇万人を超えた。

その後も一九六五年には昆虫園が、一九八四年にはオーストラリア園が開園、一九九二年には園内のシャトルバスが運行開始[24]するなど、施設設備の拡充が続けられた[25]。また、二

(21) 当時は京王帝都電鉄である。
(22) 中川志郎『多摩動物公園』(東京都公園文庫)、郷学舎、一九八一年、五六頁
(23) ここでもライオンバスの製作と運行業務を請け負うなど京王が全面的に協力している。
(24) 京王電鉄バスが業務委託を受けている。
(25) 中川志郎『多摩動物公園』(東京都公園文庫)、郷学舎、一九八一年

図1　多摩動物公園のサル山(2024年、筆者撮影)

注）コンクリート製のヤマと多摩丘陵がコントラストを成す

〇〇〇年には多摩モノレール多摩動物公園駅が開業し、アクセスのさらなる向上が実現した。

さて、開園当初、サルは園内に放し飼いにされていたが、一九六八年にサル山が設置された。冒頭で述べたように、京王電鉄が開園一〇周年を記念して寄贈したものである。そこに小豆島産ニホンザル二九匹が放たれた。一九八七年には、このサル山に野生のニホンザルが侵入し捕獲されるなどの事件も起こっている[26](図1)。

おわりに——多摩動物公園からみる多摩の自然

これまで、多摩の自然の娯楽インフラ化という観点から多摩動物公園の成り立ちをみてきた。そこが、多摩の自然を活かす自然動物園というコンセプトを掲げてスタートしつつも、次第にアフリカ園やサル山、そしてオーストラリア園などを導入するなど、一部動物園化していく姿もみられた。また、多くの点で鉄道インフラとの連携も認められた。

(26)　サル山の維持管理のためには仕方がないこととはいえ、多摩丘陵の自然が排除される結果となってしまったのは、多摩丘陵に人工のサル山ができるのと同様、皮肉である。東京ズーネットＨＰ「多摩動物公園の歴史」(https://www.tokyo-zoo.net/zoo/tama/history.html　二〇二四年三月一九日閲覧)

多摩動物公園の魅力の一つは多摩丘陵の地形をいかした起伏に富んだ造園にあるように思う。筆者の個人的見解では、多摩動物公園を隅々までみて歩くことは、ケーブルカーやリフトを使った高尾山登山よりもタフな運動に感じられ、翌朝の疲労感も多摩動物公園が勝る。もちろん開園当初とは異なり、通路は舗装されているため、登山靴を装備する必要はなく、園内を巡回するバスを利用することも可能だ。しかし小刻みに繰り返されるアップダウンで息を切らすとき、これが多摩丘陵なのだと全身で感じとることができる。そして隆起するいくつもの小さな丘の斜面を活用して設置された動物の飼育公開施設を訪ね歩き、多種多様な動物たちと出会うことは、得がたい経験である。この場所が人間の娯楽を支える動物たちにとって持続可能な第二の棲まいであることを願わずにはいられない。

column

自転車で感じる多摩

見城武秀

図1は大正元年度の『東京府統計書附録』に掲載された地図である。地形が強調されたこの図をみると、多摩地域が神奈川県だった明治初期以来の西多摩／南多摩／北多摩という区分が地理的特徴を反映したものであること、また、その特徴は多摩川と切り離して考えられないことがよくわかる。

山梨県と埼玉県の県境にある笠取山を源流とする多摩川（図1では「西多摩」という文字の上の、蛇行した黒っぽい線）は、青梅付近で関東山地を抜けたあと、北側の武蔵野台地と南側の多摩丘陵にはさまれた低地を進み、調布市と稲城市の間を抜けたあとは東京都と神奈川県の境界となって羽田沖で東京湾に注ぐ。

多摩地域の西半分を占める西多摩は関東山地のへりにあたり、都内最高峰の雲取山（二〇一七メートル）など、標高一〇〇〇メートルを超える山が連なっている。北多摩の地盤は多摩川が形成した扇状地の上に関東ローム層が堆積してできた武蔵野台地で、基本的に平坦だ。一方、多摩川をはさんで武蔵野台地と向き合う南多摩はなだらかな丘陵地帯である。

こうした三多摩の地形と多摩川とのつながりを感じるための方法として、自転車で走ってみることをおすすめしたい。自転車は地形に敏感になる乗り物だ。上り坂ではペダルが重くなり、下り坂では勝手にスピードがあがっていく。また意外と速い乗り物でもあり、徒歩よりはるかに広い範囲を移動できるが、車ほど速くないので風景を楽しむのにちょうどよい（図2）。

北多摩では、西東京市と東村山市を結ぶ多摩湖自転車歩行者道がおすすめである。東村山浄水場から武蔵野市の境浄水場を経て世田谷区の和田堀給水所へと至る水道上に整備されたこの道路は、終点の多摩湖（村山貯水池）

付近以外は起伏が少なく真っ直ぐなため、休日にはサイクリングを楽しむ小さな子連れの家族が目立つ。多摩湖は武蔵野台地にぽっかり浮かんだかのようにみえる狭山丘陵に地下水路で多摩川の水を引いてつくられた人工湖で、東京の水道水確保のために大正から昭和にかけて建設された。狭山丘陵は江戸時代から景勝地として有名だったが、一九二七(昭和二)年に多摩湖が完成すると、折からの観光・行楽ブームのなかで首都圏有数の観光地になったという。(1)

山がちな西多摩には、都内で本格的ヒルクライムが体験できる場所として多くのサイクリストが集まる。なかでも、JR武蔵五日市駅から檜原街道と奥多摩周遊道路を経て奥多摩湖(小河内貯水池)へと至るルートは人気が高い。奥多摩湖は多摩湖同様、東京の水不足を解消するためにつくられた人造湖であるが、多摩川の上流にダムを建設してつくられ、貯水容量は多摩湖の一〇倍以上とはるかに大きい。普通の自転車で山を越えて奥多摩湖まで行くのは難しいものの、武蔵五日市駅近くでは電動アシスト自転車を借りることもできる。(2)多摩川の支流である秋川と並行する檜原街道を、ゆっくりと時間をかけて進めるだけ進めば「ここは東京か?」と思うような山並みや渓谷の景色が出迎えてくれるだろう。

南多摩の丘陵地帯を舞台とした多摩ニュータウン開発でも、多摩川は重要な意味をもった。「ニュータウン区域は地形等の条件から一体的な開発が可能、かつ、排水系統が多摩川水系単一になるエリアとして定め(3)」られたからだ。具体的には、多摩川の支流である乞田川・大栗川を北端、多摩川と鶴見川の分水界にあたる尾根筋を南端とするエリアである。このエリアにはかつて、手の指のように細長い丘と谷とが交互に連なり、谷戸と呼ばれる谷部分には集落や水田がひろがっていたが、こうした里山風景は開発によってほとんどが失われてしまった。しかし現在でも、多摩ニュータウン南端を通る南多摩尾根幹線道路の南側、つまり鶴見川水系側を巡ってみれば、ところどころでジブリ映画『平成狸合戦ぽんぽこ』の冒頭で描かれたような素朴な谷戸の景色に出会うことができる。

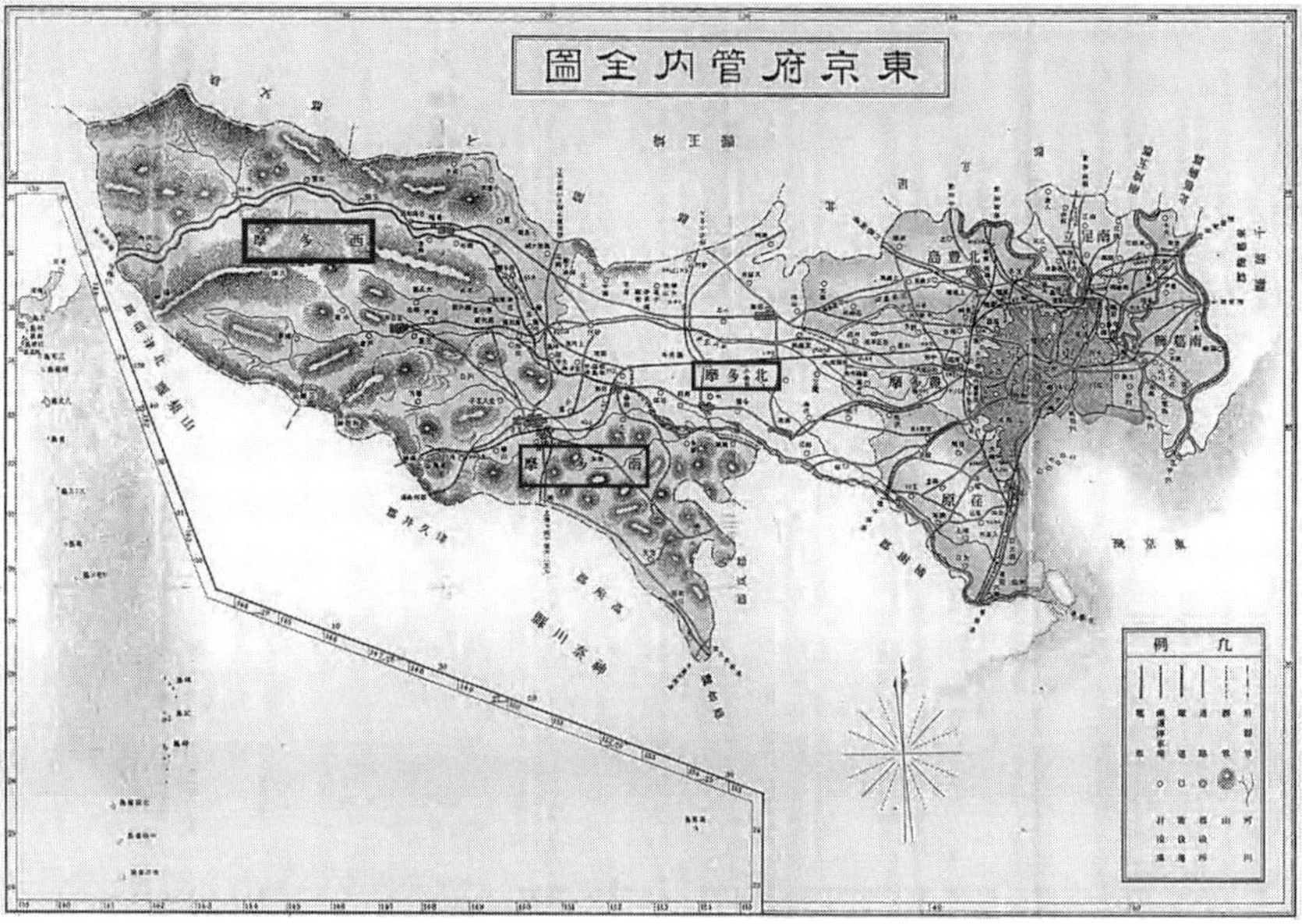

図1　東京府管内全図

出所）東京府編『東京府統計書 大正元年 附録』東京府、1913-25年

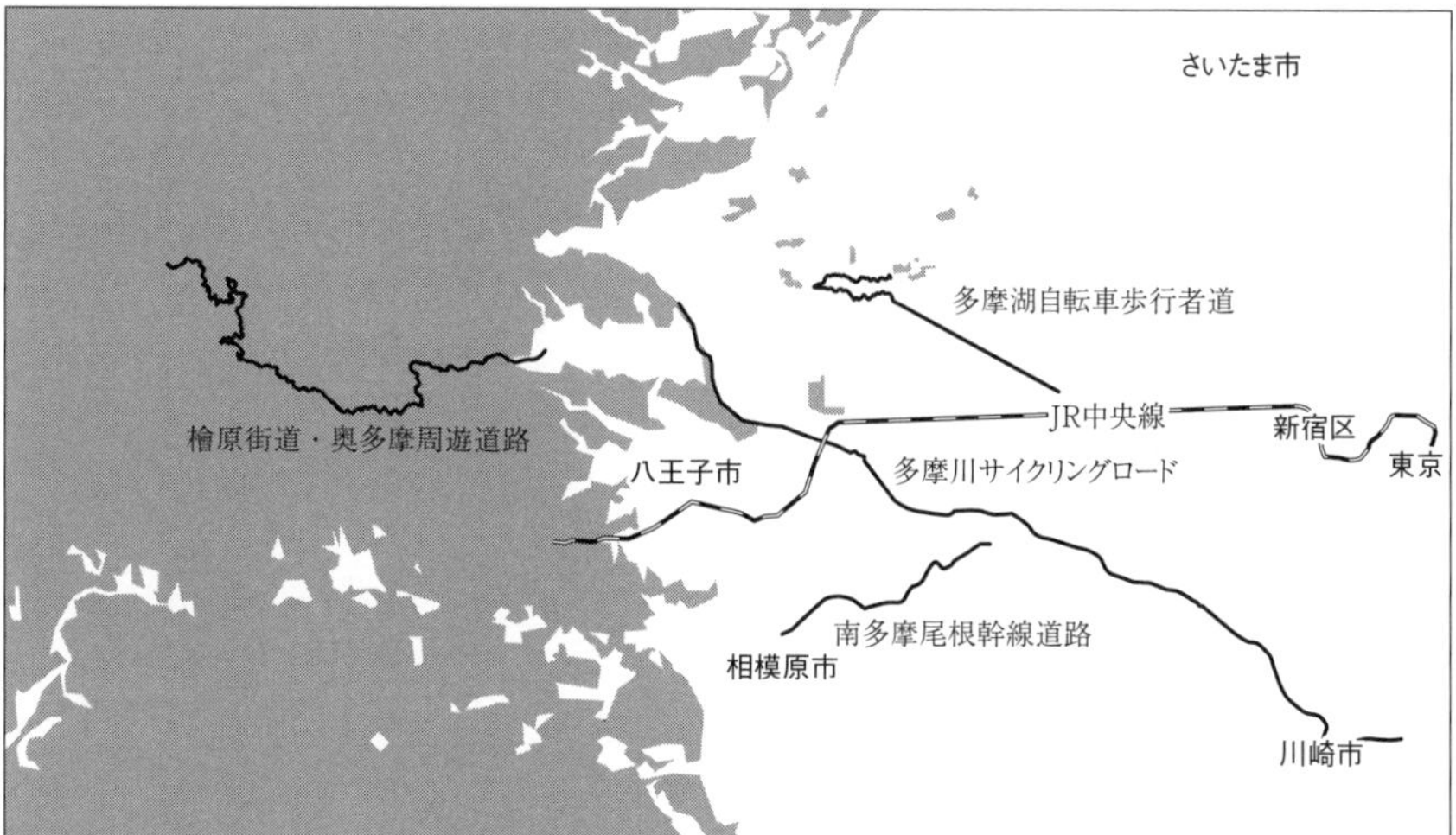

図2　三多摩の地形が感じられるサイクリングコース

最後に、三多摩をつらぬいて走る多摩川サイクリングロードも紹介しておきたい。玉川上水などに水を引くための羽村取水堰から羽田空港沖まで続く多摩川サイクリングロードの全長は約五五キロメートル、羽村取水堰の標高は一二七メートル、羽田空港付近の標高は二メートルだから、平均すれば一キロメートル走っても標高差は二メートルというなだらかさである。[4] 上流側に進んでも下流側に進んでも、途中、鉄道橋を含む数多くの橋梁がアクセントとなって目を楽しませてくれる。

シェアサイクルが普及し、スマートフォンがナビゲーション機能をもつなど、自宅から遠く離れた場所で気軽にサイクリングを楽しむ環境は整っている。あなたもぜひ、いつもと違う場所に向かってペダルをこぎだし、多摩を感じてみてはどうだろうか。

〔注〕

（1）野田正穂「行楽地・別荘地としての多摩」野田正穂・原田勝正・青木栄一・老川慶喜編『多摩の鉄道一〇〇年』日本経済評論社、一二四—一三四頁

（2）「東京渓谷サイクリング」（https://keikokucycling.tokyo　二〇二四年七月二九日閲覧）

（3）UR都市機構「多摩ニュータウンの計画」（https://www.ur-net.go.jp/toshisaisei/comp/planning.html　二〇二四年七月二九日閲覧）

（4）数値はサイクリングルート作成・共有サービス「Ride with GPS」（https://ridewithgps.com）による。

風景に溶け込んだ「悪書」
——狛江市、不健全図書等追放用ポストの記憶

大尾侑子

はじめに——都市の風景から、ひっそりと消えたもの

東京都内で最も小さく、全国でも埼玉県蕨市に次いで二番目に小さな市域面積（六・三九平方キロメートル）で知られる、東京都狛江市。多摩丘陵の東南端、多摩川沿岸に位置するこの地は、国分寺を源流とする野川が流れ込み、狛江弁財天池特別緑地保全地区や屋敷林などの自然が残る「水とみどりのまち」だ。市内が中心から半径約二キロメートル以内に収まり、平坦な道が多く徒歩で移動できることから、元祖コンパクトシティを掲げている[1]。また東に世田谷区、北西に調布市、南は多摩川を挟んで川崎市と接し、新宿駅や渋谷駅から電車で三〇分程度のアクセスとあって、約八万二〇〇〇人、四万三〇〇〇世帯が暮らすベッドタウンとしての顔も持つ[2]。

二〇二一年四月六日、そんな狛江の風景から〝あるもの〟が人知れず姿を消した。小学生の背丈ほど、郵便ポストと見紛う風体で、駅前のロータリーやバス停前、小田急線高架

（1）狛江市企画財政部政策室「狛江市人口ビジョン（平成二七〜七二年）&総合戦略（平成二七〜三一年度）——元祖コンパクトシティ狛江の地域戦略（概要版）」狛江市、二〇一六年

（2）狛江市HP「住民基本台帳の人口・世帯数（令和六年一二月一日現在）」(https://www.city.komae.tokyo.jp/index.cfm/46,131748,363,3152.html 二〇二四年一二月一七日閲覧)

下などに屹立していたその装置の正体は「不健全図書等追放用ポスト」。いわゆる、白ポストである。子どもに悪影響を与える「悪書」を回収し、有害環境浄化を行なうためのもので、地域によっては「ひつじの箱」や「やぎの箱」「てんとう虫ポスト」などの愛称でも親しまれてきた。

その起源は一九六三年、兵庫県尼崎市に遡る。青少年の不良化防止を目的とする不良文化財追放への機運が高まった同市で、市役所が委託した「おかあさん委員」を中心とする「白いポスト運動」が始まった。家庭で子どもたちが見たり、読んだりすると好ましくない不良雑誌、不良玩具や刃物などを投げ入れてもらおうと、母親らがドラム缶を白く塗装し、街角や委員の自宅前に設置したものが原型とされる。[3] 運動は尼崎市から全国に波及し、各地にさまざまなデザインの白ポストが出現した。

東京都に白ポストの第一号が設置されたのは、一九六六年のこと。都青少年健全育成条例の施行に伴う不健全図書の指定制度が開始した一九六四年を経て、母の会と警視庁の協力体制のもと白ポスト運動が推し進められた。三年後の一九六九年には都内だけで約五〇〇台が存在していたという。[4] ところが、東京都では早くも一九八〇年代後半に撤去が進み、その数は激減。二〇二四年七月現在、都内に残されたものは三鷹市に設置された五台のみとなった。図らずも、都内で最後まで白ポストを運用している(いた)のは多摩エリアということになる。

全国的にみても、インターネットの普及や白ポスト自体の老朽化によって撤去が進んでいる状況だが、狛江市でこの装置はどのような存在として市民に受け止められてきたのだろうか。そして、令和に切り替わるタイミングで、なぜ同市ではそのすべてが撤去される

(3) 『朝日新聞』一九六三年三月二八日号朝刊(阪神版)、一六頁

(4) 詳細については、大尾侑子「「白ポスト」はいかに〝使われた〟か?——一九六〇〜七〇年代の悪書追放運動におけるモノの位相」『マス・コミュニケーション研究』一〇〇、一四三—一六二頁、二〇二二年に記載。

に至ったのか。まちの風景から「消えたもの」を手がかりに、青少年を取り巻く有害環境とその浄化活動の一端に触れてみよう。

1　悪書追放運動と白ポストの出現

戦後、日本では悪書追放運動がかたちを変えつつ周期的に繰り返されてきた。最初に「悪書」と名指しされたのが、赤本漫画とエログロ雑誌である。赤本漫画は敗戦直後に大阪の玩具問屋から駄菓子屋向けの玩具として売り出され、子どもの目を引く真っ赤な表紙を特徴とした[5]。子どもたちにも歓喜をもって迎えられたが、一九四〇年代末ごろになると、情操教育に悪影響を与えると批判の声が噴出した。数多くの赤本漫画を世に放った手塚治虫は、キスシーンを描いた自身の『拳銃天使』（一九四九年）を刊行した際、「PTA会長のような人物」からの激しい抗議を受け、「共産党員と称する読者」からは「売国奴」などと、脅迫文が届いたことを回想している[6]。

そんな赤本漫画とともに槍玉に挙げられたのが、性や暴力描写を含むエログロ雑誌、いわゆる不良雑誌（不良出版物）である。カストリ雑誌や夫婦雑誌がゾッキ本として古本市場で叩き売られると、安価ゆえに子どもたちの手にわたり、当時社会問題化していた少年犯罪、特に性犯罪の元凶として指弾されるようになった。

悪書排斥の機運は、一九五〇年代になると母の会や警察を巻き込む大規模な悪書追放運動へと展開していく。その苛烈ぶりを象徴する出来事に、母親らによる焚書があった。一

(5)　赤本については、柴野京子「赤本の近代――その流通変容と日本の出版市場形成」『出版研究』三八、二〇〇七年、などを参照。

(6)　手塚治虫『拳銃天使』（手塚治虫漫画全集）、講談社、一九九三年

九五四年、赤坂地区の母親たちが青山の空き地に「悪書出版物」を集めて焼き払うと、新聞はこれを大きく取り上げた。同会会長だった黒川算子によれば、この焚書は子どもたちを不良化から守る〝見ない・買わない・読まない〟の「三ない運動」の一環であり、発起人の母親たちのほか、警察や防犯協会、町の有志らの協力を得て、地域全域で行われたものであったという[7]。

一般的に「三ない」といえば一九七〇〜一九八〇年代における、全国のPTA連合が主導した高校生のバイク禁止運動（「バイクの免許を取らせない」「買わせない」「運転させない」）が知られているが、それ以前から母親らによる悪書の三ない運動が行われていたのである[8]。その後、焚書行為は各地に広がり、都内の母の会一三団体で構成された「東京都母の会」が一九六〇年に発行した活動記録には、各家庭から悪書を供出し合い、約六万冊の本を「少年の健全育成を念じながら焼却致しました[9]」との記述も残されている。

焚書に賛意を示す声が上がった一方で、極端な行為に強い反発を寄せる者たちもいた。そこで、警視庁と母の会連合会が続けていた「三ない運動」の新規軸として、一九六六年に東京都でスタートしたのが尼崎を発祥とする「白ポスト作戦」だったのである。当時の新聞記事は、白ポストを「少年に見せたくない雑誌、週刊誌を捨てるために置かれるもので、東京都母の会連合会の協力で五三個をつくり、国電、私鉄などの駅に配置」したと説明している。最初に巣鴨、駒込、大塚、その後は上野などの主要駅へと広がり、初年度には都内に一〇四ヶ所、一九六七年には追加で二三二ヶ所、一九六八年には一〇九ヶ所に増設され、一九六九年には合計で四九三台にのぼった[10]。

駅のホームや改札口を中心に設置された理由は、父兄が電車で読んだ「不良出版物」や

（7）東京都母の会連合会編『一〇年を顧みて』東京都母の会連合会、一九六〇年、三五頁

（8）阿部俊明・遠藤満雄『三ない運動は教育か――庫構成とバイク問題の現在』ぺりかん社、一九九四年

（9）東京都母の会連合会編、前掲書（7）、二七頁

（10）『読売新聞』一九六六年九月二〇日号夕刊、九頁

週刊誌を家庭内にもち込まないよう、駅で捨てて帰れるようにするためである。父親がもち帰った週刊誌類を子どもが手にし、自室にもち込むことを不安視する母親は少なくなかったようで、一九六七年には警視庁も少年非行化防止のために、まずは「父親が買わないこと」が肝要だとの見解を示した。そして通勤読書するサラリーマンに向けて、積極的な白ポストの活用を紙面で呼びかけた[11]。

(11)『読売新聞』一九六七年九月一四日号朝刊、二〇頁

2　狛江市の「不健全図書等」追放用ポスト

一九七〇年代には存在した狛江の白ポスト

こうして一九六六年から次第に都内の風景の一部となった白ポスト。以下では、狛江市役所の子ども家庭部子ども政策課の担当者Aさんへのインタビュー調査を踏まえて、同市における白ポスト運動のあらましを整理していこう[12]。

まず、白ポストが設置された時期については、市役所でも正確な時期を把握していないという。二〇〇三年度から二〇一九年度にかけての回収物の分類、集計データは存在するが、残念ながらそれ以前のものは残されていない。Aさんが「一つ手がかりになりそうだ」と語るのは市の決算書で、一九七七年版に白ポストに関する記述が見つかったという。つまり、遅くともこの年には狛江市内に白ポストが存在したということになる(図1)。

一九七七年といえば、雑誌自販機、いわゆるポルノ自販機(エロ本自販機)が社会問題化した時期と重なる。ポルノ自販機の広がりを受けて、警察では再び白ポスト設置を呼び

(12)狛江市役所にて。二〇二一年五月一〇日実施。

図1　1977年6月の狛江市白ポスト回収の様子。（提供：狛江市役所）

かけていた。実際に同年の衆議院議事録には、「不良雑誌を家に持ち帰らないための白ポスト運動とか、これは大分前に一度盛んに進めた運動でございますけれども、最近またそういった活動も進めるように働きかけをしている[13]」といった、警察庁刑事局保安少年課長による発言が残されている。狛江市でも、この動きを受けて設置された可能性もあるが、同じく多摩地区では一九六六年の時点で白ポストが存在した小金井市などもあるため、より早い段階で存在していてもなんら不思議ではない。

デザインもさまざま、市内七ヶ所で稼働

二〇二一年に撤去が行なわれるまで、狛江市には、①小田急線狛江駅北口ロータリー、②同南口駐輪所、③狛江市役所前バス停、④いなげや狛江東野川店前、⑤慶岸寺前電話ボックス横、⑥小田急線和泉多摩川駅前（高架下）、⑦小田急線北見駅付近の合計七台が設置されていた[14]（図2）。やはり他の道府県と同じく、駅前やバス停などの通勤中に捨てやすい場所に置かれているほか、高架下や寺の前など人目につきづらく心理的に捨てやすいような場所が選ばれていることがわかる。

白ポストは地域ごとに形状や文言、デザインが異なるが、狛江市には三角柱モデルと六角柱モデルの二種類が設けられていた。前者は全体が白くペイントされ、投入口の上部に

（13）「第八〇回国会衆議委員議事録」一九七七年五月一三日

（14）二〇一八年に市役所に問いあわせた際、担当者からも「全部で七台ある」という回答があったが、ウェブサイト「白ポスト写真館」（https://whitepost.hateblo.jp/entry/komae2018　二〇二四年七月九日閲覧）によれば、二〇一七年まで市内八ヶ所に設置されていたという。

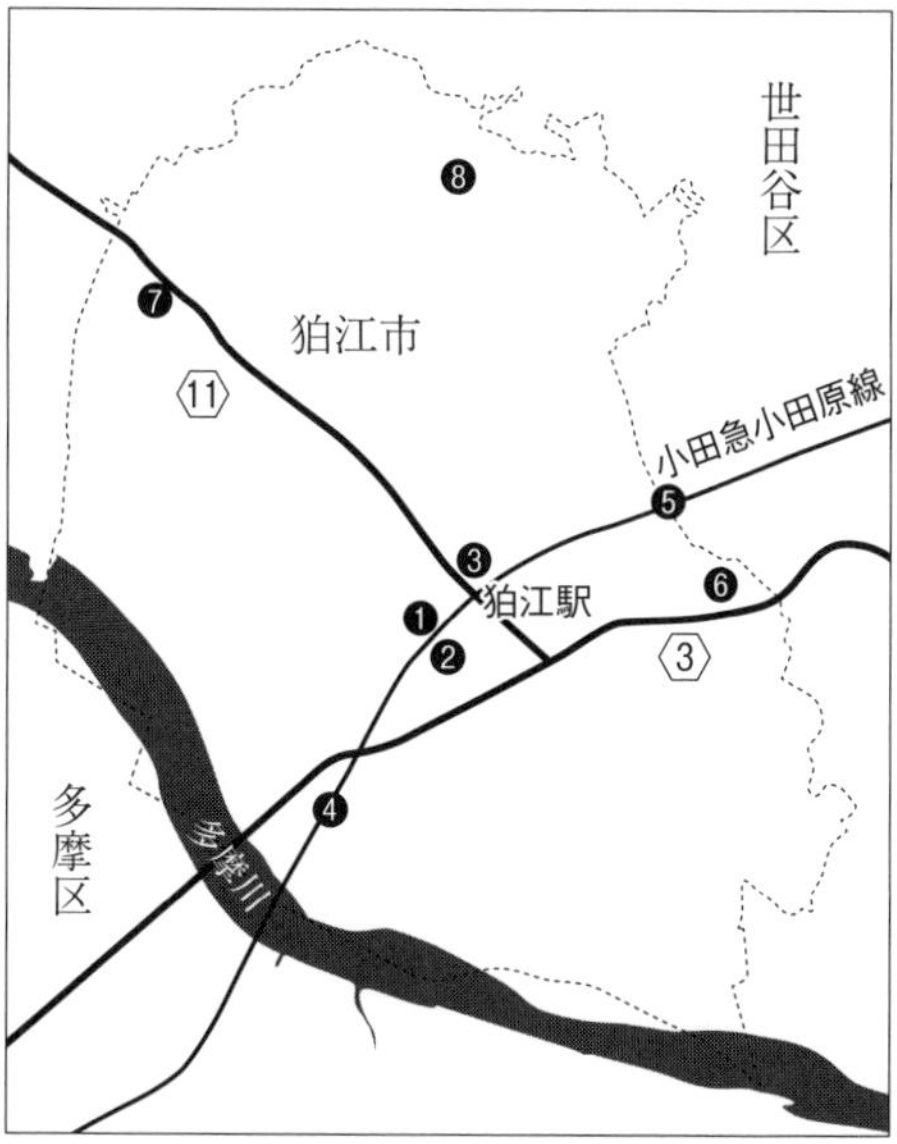

図2　白ポストの設置箇所

は「読まない、見せない、売らない」の文言、その下には本を読む少年のイラストとともに「こどもによい本を」「悪書追放　三ない運動」の標語、そして「少年によくない雑誌などは、この白ポストに入れて下さい」と書かれている（図3）。下部に狛江市と青少年問題協議会との記載があることから、両陣営が主導で設置したのだろう。

一方、六角柱のモデルにはさらに二つのデザインが存在した。一つは小田急線高架下に設置されていた、前面を緑色にカラーリングしたものである（図4）。「悪書追放ポスト」「青少年によくない雑誌などはこのポストに入れて下さい」「ごみは絶対入れないで下さい」という文字、そしてポストの下部には狛江市青少年問題協議会、狛江市、調布警察署の記載があった。[15] もう一つは、北口ロータリーに設置されていたもので、全体が緑色である（図5）。「少年によくない雑誌などはこのグリーンポストに入れてください」とあることから、グリーンポストという名称が用いられていたことも興味深い。なお、文言の差異や複数のデザインが存在した理由は市役所でも把握していないという。

（15）狛江市は調布警察署の管轄区域に含まれる。

ボランティアによる地域ぐるみの白ポスト運動

白ポストが現役だった頃、中身の回収、分類、集計作業は年に四回行われ、市役所職員と青少年問題協議会メンバー、その知人や友人、地域の育成委員会などをはじめとするボランティア人員によって実施されていた。データが残されている二〇〇三年度から二〇一九年度にかけて、一般図書と不健全図書類すべてをあわせた総回収量は、紙媒体と電子媒体[16]あわせて約一〇〇〇点から三〇〇〇点へと大きく増加している。

また回収物全体に対して、不健全図書類に該当する電子媒体が占める割合は、一八・一六％（二〇〇三年度）から六七・七三％（二〇一九年度）へと大幅に増えていた。[17]二〇年弱で、投入されるモノの性質が大きく変化していることがわかるが、これに伴って市が定める分類区分自体も、次のように更新されてきたという。[18]

・二〇〇三年：コミック一般雑誌／一般小説／ポルノ小説／ポルノ写真・雑誌／ポルノ漫画／アダルトビデオ（個別に集計）
・二〇〇六年：二〇〇三年の分類区分にＤＶＤ（アダルト）を追加
・二〇一七年：「一般図書」と「不健全図書など」で大別し、それぞれ紙媒体（雑誌・漫画・小説等）、電子媒体（ビデオ・ＤＶＤ等）、その他、という三つの小分類を設定

このように、白ポストが撤去される直前まで、狛江市では東京都が定める「不健全図書等」という言葉を採用した上で、回収物を紙媒体（＝ポルノ小説、ポルノ写真・雑誌、ポルノ漫画）と電子媒体（＝アダルトビデオ・アダルトＤＶＤ）に大別していた。回収物は右記のよ

（16）電子媒体とは、同市が独自に設けた分類区分で、ビデオとＤＶＤを指す。
（17）その背景には「ポルノ雑誌」に付録として「アダルトＤＶＤ」が収録されるようになったことも関係しているだろう。
（18）狛江市役所提供。

図4　小田急線高架下の六角柱モデル
（2018年、筆者撮影）

図3　慶岸寺入り口の三角柱モデル
（2018年、筆者撮影）

図5　六角柱のグリーンポスト。北口の
ロータリー（2018年、筆者撮影）

うに分類、集計されたのちに、市役所のそばにあるリサイクルセンターに輸送され、一般ゴミとは区別して溶解処分される運びであった。

回収点数も増加の傾向を見せており、一見すると役目を果たしていたようにも思えるが、なぜ狛江市では七台すべての白ポストを撤去し、運用を停止するという判断に至ったのか。

青少年をめぐる課題の変化とマンパワー問題

結論から言えば、白ポストの撤去は狛江市が策定する基本構想の切り替え、具体的には、市の総合計画に基づく二〇二〇（令和二）～二〇二九（令和一一）年度を対象とした第四次基本構想への移行による政策判断であった。市町村における都市計画の総合的なプランである基本構想が新たなフェーズに突入するにあたり、青少年の健全育成をめぐる社会問題や行政課題の見直しが行われた。その際、狛江市では不健全図書への対応よりも、引きこもり問題などの喫緊の課題への対応へと主軸がシフトしたのだという。

二〇二一年九月に青少年協議会が発行した「狛江市青少協だより」（八八号）には、次のように撤去に至る経緯が説明されている。

> 市内七ヶ所に設置していた不健全図書等追放用ポストについて、昨今の不健全図書の状況が、紙媒体から電子媒体・携帯電話等へ移行していることや近隣自治体の実施状況等に鑑み令和二年度にすべて撤去いたしました。

ようするに、子どもたちが「有害情報」に触れる経路が本や雑誌、ビデオやＤＶＤから、インターネットに接続された携帯電話／スマートフォンなどのモバイルメディアへと移行し、白ポストでの回収という手法が現実的でなくなったということだろう。

くわえて、Ａさんは、白ポストの運用には現場レベルでの「マンパワーの問題とか、負担感もあった」と語る。

ゴミのリサイクルセンターがあるのでそこに持って行って分別して、分けるとかいうのも、そこまでボランティアの方たちでやってもらったので。「大変だよね」って話になって。あとは関係ないもの、一般のゴミも結構あるので、たまにその注射針が入ってたりとかして、結構危なかったりしたみたいなんですね。それで安全面とかもあったりして。そういうところも含めてっていう感じでしたね。

かねてより回収作業には軍手が使用されていたというが、注射針の混入を受けてトングを導入するなどの対策も講じられたそうだ。誰でも投入できるポストの性質上、雑誌や本、ＤＶＤだけでなく「異物」が混入する可能性はついて回る。他県の白ポストも同様に生活ゴミの投棄が常態化しているが、それが担当者やボランティア人員への負担を増やしていることは間違いない。

3　都市の異物／遺物と、いかに向き合うか

白ポストは目的を果たしているのか?

目的外利用が横行する状況を目の当たりにすると、そもそも白ポストは有害環境浄化に寄与しているのか、という根本的な問いも浮かんでくる。実際にAさんも、こうした疑問を感じたことがあると次のように語った（引用中の〔　〕は筆者による補足）。

不健全な図書というのが公園とかそういう道、草むらに落ちているというのを子どもがみてしまう、それを防止するというのが〔白ポストの〕目的だと思うんです。で、これは肌感覚になっちゃうんですけれども、協議会のメンバーが二〇人くらいいるんですが、そもそもそういうものに遭遇しない。なので、回収はできてますけどそれが本来の目的を果たしての回収実績なのか、というのは疑問に感じるというのがあります。回収ができているからといってそれを阻止することに寄与している、ということにはならない。もちろん、参考資料にはなりますけどね。

つまり、一定の回収量があるという事実は、かならずしも「悪書から子どもを守る」という本来の目的を達成していることの証左ではない、ということである。

そしてAさんは、「そもそも、変な話タダですからね。（中略）うちの市ではゴミ袋が有料ですから」と続けた。ゴミ袋を購入してゴミを出すよりも、白ポストに投げ入れてしま

えば「タダ」。このコスト感覚も、白ポストの目的外利用を誘発する一つの要因だったのかもしれない。

風景にまじった異物

ところで、白ポストが消えたことに気がついた狛江市民は、どの程度いるのだろうか。地域住民同士の距離が近いコンパクトシティを掲げる同市だが、そもそも白ポストがどれだけ地域の人々に認知されていたのかは不明である。というのも、二〇一八年に狛江を訪問した際の筆者フィールドノートには、こんな記述があった。あくまで一例だが、引用しよう。

狛江在住の友人に白ポストについて尋ねたところ、彼女はその存在にまったく気がついていなかった。改めて南口ロータリーの設置場所を伝えたが、後日「見つからなかった」「ポストかと思ったら（駐車場の）精算機だった」「夫も見たことがないって」というLINEが届いた。精算機のとなりに白ポストがあったのだが、見逃したのだろうか。

図6　狛江市役所前の三角柱モデルは景色に溶け込んでいた（2018年、筆者撮影）

市民だけではない。同年七月に狛江を訪れた際には、駅員も設置場所について「よくわからない」と述べていた。これは狛江にかぎった話ではなく、他県でも駅員の反応はかんばしくない。「見たことがない（知らない）」というケースもあれば、存在を知っていても「設置場所は知らない」ということもある。つまり、それを日常的に利用しない人々にとって、白ポストは意識も向けられず、探そうとしても見逃してしまうほどには存在感が薄いということだろう。狛江市役所職員のなかでも白ポストが話題に上ることはなく、撤去後も市民からの問い合わせはなかったそうだ。この奇妙な都市の異物は、その奇妙さに反して「風景に混じっちゃってるんじゃないですかね」と、Aさんは語った（図6）。

おわりに――モノの手触りが失われたあとで

現在、有害環境浄化の課題は、インターネット上の有害情報へとシフトしている。「青少年の安全で安心な社会環境の整備」という政策を掲げるこども家庭庁も「インターネット上に、犯罪や薬物に誘う内容や、著しく残虐、わいせつな内容の有害情報が流通するなか、青少年によるインターネット利用が急速に拡大しています。こども家庭庁では関係省庁と連携して青少年を有害な情報から守り、青少年が安全に安心してインターネットを利用できるようさまざまな普及啓発活動を推進しています」と表明している。[19]

もちろん、同庁のサイトには「有害な図書類」の記載もあるが、各自治体の関心と同様に、あくまでも主眼はインターネットだろう。漫画や雑誌といった紙媒体から、ビデオやDVD、そしてスマートフォンというモバイルメディアへの移行にくわえて、都市空間そのものが近代的な形で整備され、かつ管理社会化が進んだことで、雨風に晒された「エロ

（19）「青少年の安全で安心な社会環境の整備」こども家庭庁HP（https://www.cfa.go.jp/policies/youth-kankyou　二〇二四年七月九日閲覧）

本」が空き地に打ち捨てられている、といった風景も徐々に姿を消した。有害とされる情報と、子どもがそれに接する媒体、および物理的な空間が変化するなかで、「三ない運動」のような地域ぐるみの協働や、ポストによる自主回収という手法もリアリティを失いつつある。劣化しやすい鉄製の白ポストは定期的な修繕も必要で、維持するだけでもコストがかかるため、老朽化を理由に運用停止を決める自治体も後を経たない。

悪書を回収し、囲い込む、鉄製の箱。一見するとそれは「有害な本／モノ（図書類）」を不可視化し、消し去る浄化の装置のような顔をしている。しかし、同時にそれは私たちが生きる都市に、そうした「悪書」なるものが、たしかに「ある」という認識を既成事実化する装置でもある。少々強引な言い方をすれば、「悪書のない風景」をつくり出すための白ポストは、その存在そのものが「悪書のある風景」を構成するというアイロニーをはらんでいるのだ。

二〇二一年五月一〇日、狛江を再訪した。先月まで緑色の白ポストが置かれていた北口ロータリーに立つ。視線を下に向けると、電話ボックス横には、そこだけがきれいに残された六角形のアスファルトが剥き出しになっている。いまはもうないが、たしかにそこにあった。そういうモノたちが、都市には溢れている。それはいずれ、土地の記憶をも抱え込んで、消えたことすらも忘れられるのだろうか。

第3部

モビリティから考える

鉄道から考える多摩
――「意図せざる結果」としての郊外――

辻 泉

はじめに――じゃない方の郊外

本章では、鉄道という視点から多摩地域を考えていくこととしたい。多摩地域を走る鉄道は複数存在するが、代表的なものとしては東西をほぼ一直線に結ぶＪＲ中央線、その南側を主に甲州街道沿いに進む京王線、そして中央線の北側を結ぶ西武線の三つが挙げられるだろう。今日、これらの路線は、郊外の住宅地と都心とを結ぶ典型的な通勤路線となっている。ただこうしたありようは決して自明なものではなく、むしろ社会学的にいえば「意図せざる結果」であったのである。

論点を先取りすれば、中央線沿線の国立を例外とするならば、多摩地域には、東急沿線の田園調布や小田急沿線の成城学園前のような、いわゆるイギリスの田園都市構想を範とするような、極めて計画的につくられた郊外の高級住宅地があまり存在していないという点が重要である。失礼を承知でいうならば、多摩地域は「じゃない方の郊外」とでもいうべき地域なのだろう。ある意味では、非常に日本社会らしい特徴を有しているとすらいえるのかもしれないが、「計画的に、というより、結果的に」すなわち「意図せざる結果」として郊外となった地域なのであり、鉄道の歴史をたどることで、それがまざまざと浮かび上がってくるのである。

本章では、こうした点を論じるにあたって、まずこれらの鉄道がつくられた歴史的背景を遡る。その上で、開通当初の目的とは異なった「意図せざる結果」として、多摩という郊外住宅地とともにこれらの鉄道が大きく発展を遂げた経緯をたどり、最後には、これからの多摩と鉄道のゆくえについて、展望していくこととする。

また主として参考にした資料についても、先に述べておきたい。ほかの章でも触れられている通り、西多摩・南多摩・北多摩の三郡が神奈川県から東京府（当時）に移管されたのは、およそ一三〇年前の一八九三年であり、それまで多摩地域は東京ではなかった。よく知られるように水資源の確保などが移管の主目的であって、決して郊外住宅地の建設が目的ではなかった。東京移管一〇〇周年を迎えた一九九三年には、『多摩一〇〇年のあゆみ』という通史が刊行されたが、これに続いて一九九五年に、東京市町村自治調査会が資料編も含めた三冊のシリーズからなる『多摩　鉄道とまちづくりのあゆみ』を発行しており、個々の路線の詳細な歴史などが記されている。さらに同年には、『家族と郊外の社会学――第四山の手型ライフスタイルの研究』が消費社会研究家の三浦展によって出され、「山の手」地域の拡大という「意図せざる結果」として東京郊外が発展していく状況が分析されている。本章の内容について、さらなる詳細はこれらの資料にあたられるとよいだろう。

1　多摩の鉄道を歴史から考える

開通時の目的とは

さて、個々の路線の歴史を、時系列的かつ詳細に追うには紙幅が足りないため、ここでは、先述した資料である『多摩　鉄道とまちづくりのあゆみ』を主として参照しながら、多摩地域の鉄道が開通した際の、当初の目的をいくつかのパターンに整理してみよう。すると、物流用そして寺社参詣用といった、いずれも今日とは異なった目的が浮かび上がってくる。

物流用としては、この地域に最初に開通した甲武鉄道（ＪＲ中央線の前身）だけでなく、多摩川からの砂利輸送を目的とした私鉄各線も挙げられよう。寺社参詣用としては、昭和初期に開通した京王御陵線（京王高尾線の前身）が典型だが、甲州街道沿いを走る京王線沿線にはいくつもの大きな寺社も存在している。

むしろ今日あるような郊外住宅地への通勤路線を目的としたものは、この地域でいえば、戦後の多摩ニュータウン開発に伴って開通した、京王相模原線と小田急多摩線ぐらいであろう。実はその京王相模原線もまた、途中の京王多摩川までは先述したような砂利輸送を目的として戦前に開通していたものであった。

物流用としての鉄道

では、物流用として開通した多摩地域の鉄道の歴史を、いくつかの具体例をもとに振り返ってみよう。八王子の絹織物や青梅の綿織物などは江戸時代から知られていたが、こうした物資を江戸・東京や横浜まで運ぶ経路が求められていた。明治初期には、玉川上水を船で通行することが許可された時期もあったが、水質の汚濁を招いたため二年ほどで直ちに禁止されてしまい、それゆえに初期に構想されたのは、玉川上水の土手に沿った馬車鉄道であったという。それがより多くのものを運べる蒸気機関に変更された上で、一八八九年の四月には新宿〜立川間が、八月には八王子までが甲武鉄道として開通することとなった。

ただし先述の通り、当時まだ多摩地域は東京移管前であり、実は同時期には、現在のJR南武線とおおむね重複するようなルートを結ぶ八王子〜川崎間の武蔵鉄道も建設を出願していたというが、政府の判断によってこちらが却下されたことは、多摩地域が神奈川よりも東京との結びつきを強めていくきっかけの一つであったという。とはいえ、開業当初は、八王子までの列車本数は四往復であったというから隔世の感があるし、まさに今でいえば、地方の「赤字ローカル線」のような列車の少なさであって、それゆえに、井の頭や小金井の桜、そして高尾山といった沿線の名所を宣伝するなど、観光客の誘致に力を入れていく必要もあったという。

むしろ人口の多さを考えれば、古くからの町が点在している甲州街道沿いに路線を敷くべきであったのかもしれないが、それについては後の一九一三年に笹塚〜調布間で開業する京王電気軌道（現在の京王線）がそのルートを取ることとなる。余談ながら、甲武鉄道については、街道沿いの宿場町が鉄道を嫌がったがゆえに、それを避けたルートになったという説が、自治体がまとめた歴史資料などに散見されることとなるのだが、地理学者の青木栄一が明らかにしたように[(1)]、これは根拠の乏しい伝説の類に過ぎず、むしろ台地の上を直線で進むという理想的なルートとして建設されたものと理解するのが妥当であろう。

甲武鉄道は甲府まで開通したのち、一九〇六年には、鉄道国有法によって国有化され、その五年後には中央線として名古屋まで開通する。そして全国の鉄道網の一角を担う重要な幹線となっていくのである。

なお、時系列的にはやや遡ることになるが、一八九五年には、埼玉における物流の拠点でもあった川越と国分寺を結ぶ川越鉄道が全線開通していて、およそ一〇年間は甲武鉄道が営業を委託され、直通列車もあったという。だが甲武鉄道と違って、こちらは国有化されることはなく、国分寺〜東村山間は現在では西武国分寺線となり、東村山以北は、現在の西武新宿線の一部をなすこととなる。これも余談だが、国分寺駅において、ＪＲとは会社が違うにもかかわらず、西武国分寺線のホームが真横に並んでいるのは、こうした過去の経緯によるものである。

（1）青木栄一『鉄道忌避伝説の謎——汽車が来た町、来なかった町』吉川弘文館、二〇〇六年

寺社参詣・観光用としての鉄道

そして、物流用の鉄道という点においてもう一つ重要なのは、東京の発展、とりわけ関東大震災後の復興に伴い、建築用の資材として求められた多摩川の砂利輸送であった。甲武鉄道にもそれを目的とした支線があったといわれているが、それ以外の私鉄も盛んにそのための路線を開通させていった。京王電気軌道も、一九一六年に調布〜多摩川原（現在

の京王多摩川）間を開通させ、さらに多摩鉄道（現在の西武多摩川線）も、一九一七年に開業したのち、一九二二年には是政まで開通している。ただし川砂利についてはその乱掘も問題となり、次第に制限が強まっていくこととなり、これらの鉄道も結果的には違った目的の輸送を担っていくことになるのである。

たとえば、観光・レジャーや競艇・競輪用などはその一例であろう。実際に、是政にある競艇場（ボートレース多摩川）は砂利採取場跡地に戦後つくられたものであり、また現在、京王多摩川にある京王閣競輪場もそれ自体は戦後につくられたものだが、元々は観光客誘致のために、一九二七年につくられた関東地方におけるレジャー施設のはしりともいえる京王閣が前身であった。

観光・レジャーとやや重複する点をもったものとしては、寺社参詣用に開通した鉄道にも触れておく必要があるだろう。大正天皇を埋葬するために、関東地方に初めてつくられた天皇陵である武蔵御陵までのアクセスとして、京王電気軌道が一九三一年に、北野〜御陵前間の御陵線を開通させている。戦時中には不要不急路線として休止することになるのだが、一部は戦後に京王高尾線として復活することとなる。なお同時期に国鉄中央線には、これもまた多摩御陵へのアクセスとして、東浅川駅が開業することになるのだが、こちらは皇室専用として、原宿駅の宮廷ホームを発したお召し列車が到着していたという。これもまた余談だが、京王電気軌道も御陵線の開通にあわせて、今日に至るまで同社唯一の存在である貴賓車を投入していたのだが、ほとんど使われないままに、一般用の車両へと格下げされたといわれている。

当時の鉄道と多摩地域について、視覚的に理解する上では図1のような絵が役立つだろ

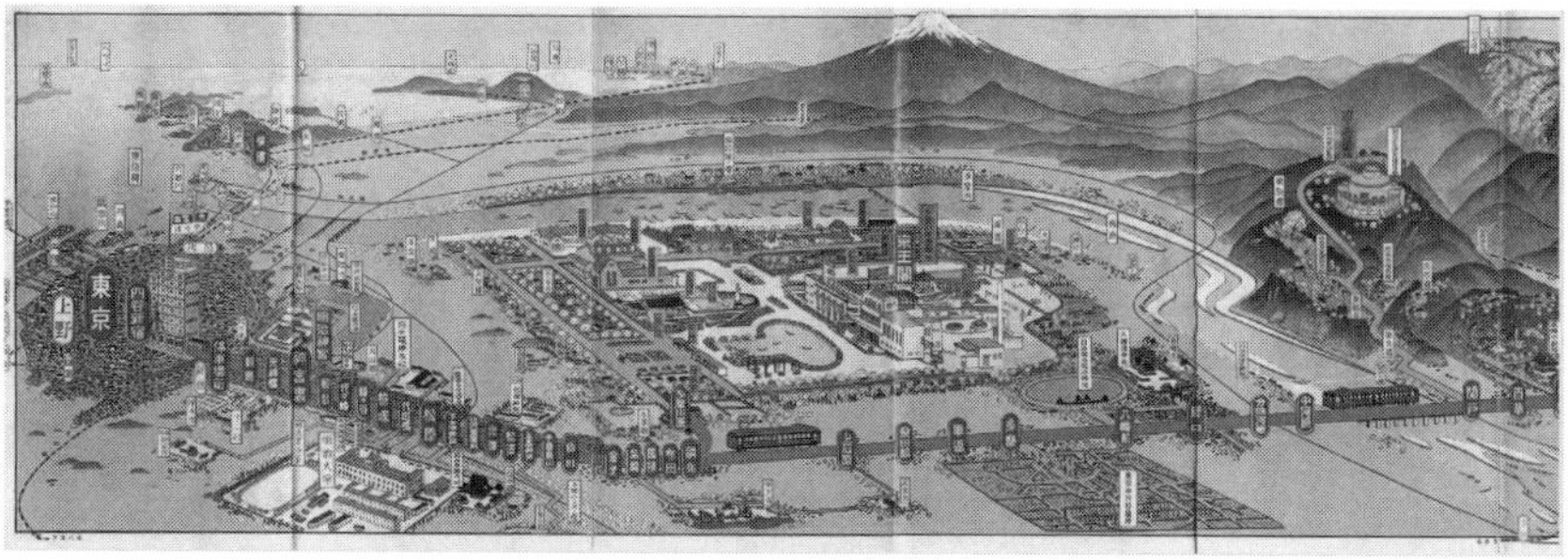

図1　吉田初三郎「京王電車沿線名所図絵」。1930年

出所）国際日本文化研究センター、吉田初三郎式鳥瞰図データベース

う。これは戦前において「大正（時代）の広重」とも呼ばれた吉田初三郎が、各私鉄の沿線名所を鳥観図的に描いたもののうち、京王沿線に関するものである。もちろん多摩ニュータウンが存在していないだけでなく、そもそも沿線に目立った郊外の住宅地はなく、むしろ際立っているのは、真ん中やや左の京王閣や、右端に描かれた多摩御陵、高尾山であり、東京や新宿から続いた市街地は、現在の明大前（松原）か千歳烏山あたりで途切れているのがわかる。

昔の電車とは

さて車両の話が出たので、この点も歴史的に振り返ってみよう。ひとことでいえば昔の電車は今よりもはるかに小さかったのである。日本最初の電車は、一八九〇年に上野公園で開かれた第三回内国勧業博覧会会場内での運転されたものといわれており、本格的な営業線としては一八九五年の京都電気軌道（後に京都市電となる）といわれているが、こうした点からもうかがえるように、汽車と違って電車は、もっぱら市内を走る路面電車のような使いみちしか想定されておらず、今日のような一〇両編成の電車がひっきりなしに行きかうような状況からすれば、これまた隔世の感を覚えざるをえないのである。

この点については、明治末の甲武鉄道において、今日の郊外電車へとつながる動きが最初に起こっていたことは記憶しておくべきであろう。甲武鉄道も、当初は蒸気機関車の引く汽車であったが、(多摩地域からは外れるものの) 東京市街地における飯田橋~中野間で、一九〇四年に電車の運転を開始したのである。当時の電車は、さいたま市の鉄道博物館に保存されていて実物をみることができる。もちろん今の電車よりは小ぶりではあるものの、それでも路面電車とは違って、やや大きめであるだけでなく、総括制御で重連運転が可能になった点などが、のちの郊外への通勤電車の原点にあたるものといわれている。

一方で、多摩地域に初めて電車を走らせたのは、先述の通り一九一三年に笹塚~調布間で開業した京王電気軌道であった。一九一六年には、新宿~府中間、そして多摩川原(現在の京王多摩川)へと路線を伸ばしているが、社名に「軌道」とあることからもわかるように、路面電車のような規格でつくられた電車であり、実際に当初は新宿や調布近辺において、甲州街道上を走行する併用軌道区間があったという。そのために、細かい点ながらも、レールの幅が今日でいえば都電荒川線と同じ一三七二ミリメートルを採用しており、大手私鉄では唯一の規格となっているのはその名残である。

さらに細かい点でいえば、府中~東八王子(当時)間は、玉南電気鉄道によって、軌道ではなく鉄道として一九二五年に開通するが、こちらはほかと同じ一〇六七ミリメートルのレール幅であったため、直通運転ができずに府中駅での乗り換えを強いられていたという。それゆえ両社は翌年に合併し、レール幅を京王電気軌道に揃える工事が完成した一九二七年から、ようやく新宿~東八王子間での直通運転が開始できたという。所要時間は一時間以上と今よりも長かったものの、国鉄よりは少しだけ早かったともいわれており、これ以降、今日に至るまでの「JR中央線 VS. 京王線」という構図ができ上がっていくことになったのである。

2 「意図せざる結果」としての郊外

前節では多摩の鉄道の歴史について、その原点にまで遡ることで、今日とは違った目的で敷設されたものであったことを理解した。次に本節では、東京という大都市が文字通りに膨れ上がり、結果的に多摩が郊外の住宅地となっていく過程を追っていくこととしよう。多摩地域が、職住近接の田園都市ではなく、都心まで一時間近くかかるようなベッドタウンとなっていく過程を理解する上では、消費社会研究家の三浦展による「第四の山の手論」が参考になろう。図2はその要旨を図示したものである。

三浦の議論の骨子は、江戸・東京は急速な発展とともにその範域をまさに膨張させてきたが、なかでも下町と対比される山の手地域ばかりが一方的に西に向けて膨張し、おおむねそれが四段階のプロセスに分かれていたというものであり、これにしたがえば、多摩地域の郊外住宅地は「第四山の手」にあたることになる。

かつて文京区本郷までが江戸といわれていたように、三浦の議論では、本郷の台地を「第一山の手」と名づけたが(明治期まで)、幾度かの大火や関東大震災を経て、今でいう山手

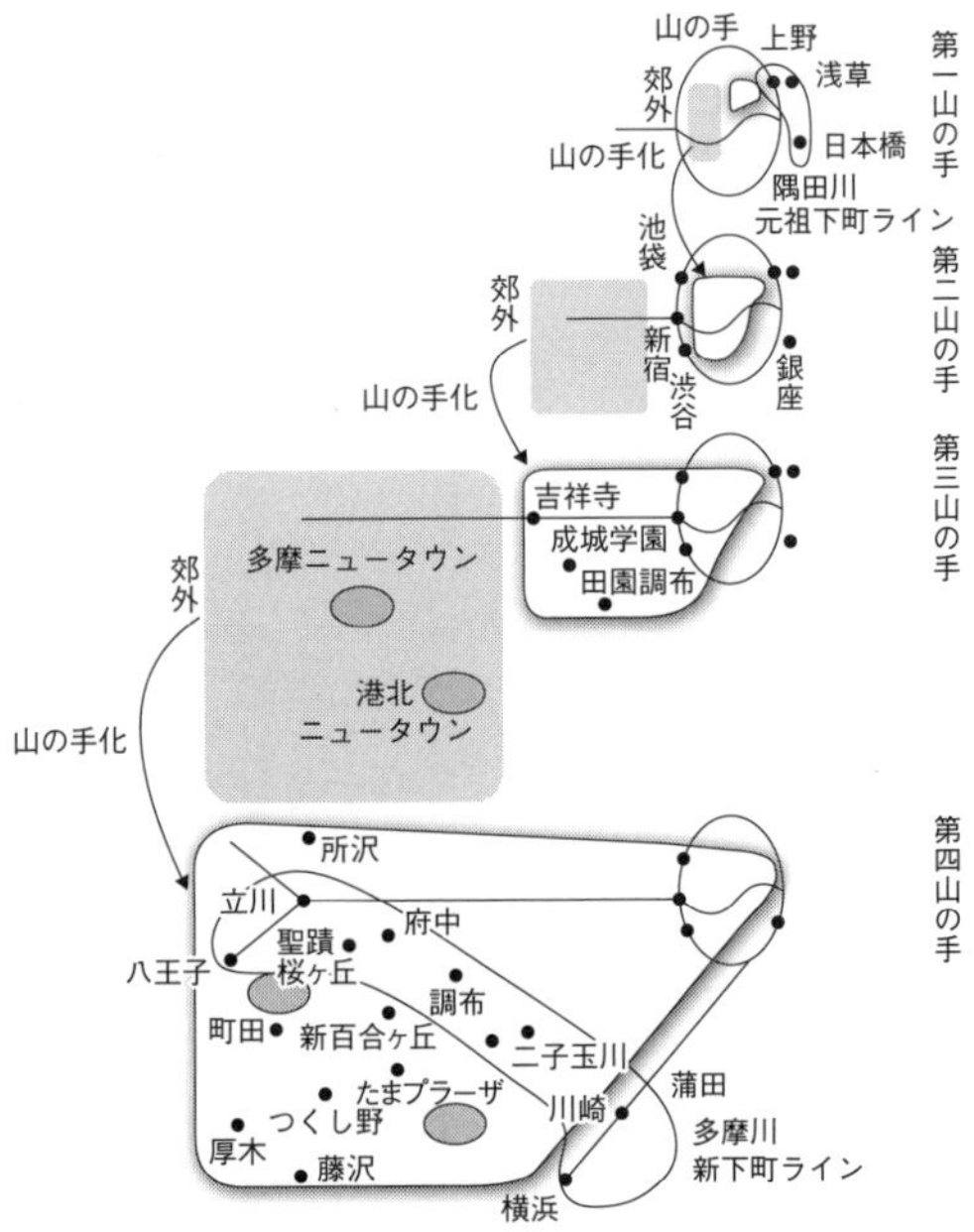

図2　拡大する東京と第四山の手

出所）月刊アクロス編集室『東京の侵略』パルコ出版、1987年、13頁の図をもとに筆者修正

線の西半分へと住宅地が広がることとなり、これが「第二山の手」にあたる（大正期まで）。昭和初期には、山手線の西側に田園調布や成城学園といった計画的な住宅地もつくられるが、こうした「第三山の手」だけでは、増え続ける人口を吸収しきれずに、いよいよ戦後に至ると、多摩地域の郊外にニュータウンと呼ばれるような団地がつくられることになり、これが「第四山の手」にあたるのである。山の手と対をなす下町はその範域をさほど拡大させることはなく、またビジネス街についても新宿に副都心がつくられたことを除けば、ほぼ山手線の外側に出ることはなく、結果的には山の手地域ばかりが膨張したというのがこの議論の骨子である。そして、このようにして都心から一時間以上かかるようなベッドタウンとしての郊外住宅地が発達することとなったのである。

　また多摩ニュータウンの開発に伴って、私鉄各線も物流用でも寺社参詣用でもない、郊外住宅地と都心とのアクセスを目的とした新しい路線を開発していくこととなる。現在、多摩ニュータウンから都心へのアクセスとしては、京王と小田急の二路線があり、本数や優等列車の多さからしても京王にやや分があるが、実はこの二社以外に、西武も路線延伸免許を申請していたというのは知られざる歴史である。武蔵境〜是政を結ぶ西武多摩川線を途中から分岐して乗り入れるという計画だったが、結果的には武蔵境駅で乗り換える手間がかかると同時に、接続する中央線の輸送力が限界に達しつつあったため条件が悪く、結果的に、京王と小田急の二社に絞られたのだという。だが京王、西武の二社の計画が、共通して砂利運搬のために開業した路線の延伸であった点は、多摩地域の特徴を表していよう。

3 多摩の鉄道はどこへ向かうのか

ここまでは多摩地域の鉄道について、代表的な出来事に絞りながら、その歴史について考えてきたが、ではこの先はどうなっていくのだろうか。近年の動向と今後を展望していくこととしよう。

近年における注目すべき動向の一つとしては、「京王ライナー」の導入に代表されるような有料座席指定列車の登場が挙げられよう。先にも記した通り、京王線では戦前の貴賓車以降、一般の通勤電車以外は存在してこなかったが、二〇一八年に導入されて以降、評判もよく増発が進み、京王八王子と橋本の両方面への通勤・通学用だけでなく、休日には高尾山口行きの行楽列車としても使われている。技術的な背景としては、ややマニアックなことをいえば、デュアルシートともいわれる、通勤用の長いすの状態（ロングシート）と、座席指定列車用に進行方向を向いた状態（クロスシート）とを自動変換できる装置のついた車両の開発が進んだ点も大きいといえよう。同じような車両は、関東圏でいえば、東武線や東急線などでも導入が進みつつある。

実は多摩地域には、それ以前からも、特急列車用の車両を用いた通勤・通学用のライナー列車は、存在していた。たとえば、多摩ニュータウン方面行きについては、京王線よりも小田急線の方が先んじており、今では廃止されているが二〇〇〇年から一五年間ほど、夕方の帰宅時にロマンスカーの車両を用いて走らせていた。

あるいは、JRはさらに古く、一九九一年に高尾・青梅方面行の「ホームライナー／おはようライナー」が登場しており、後にこれらの列車は正式に特急列車へと格上げされることとなったが、一方、二〇二四年度末を目指して、中央線の全列車にグリーン車を連結する計画も進められようとしている。

これらの列車を利用する際にはもちろん＋αの料金はかかるものの、一時間以上も満員電車に立ちっぱなしで乗車せざるを得なかったのが当たり前であった時代と比べると、少しづつゆとりある状況へと変化しつつあることがうかがえよう。

あるいはこの点とも多少関連するが、これまでは一極集中の弊害として、もっぱら東京都心方面の鉄道路線ばかりが整備されてきたのに対し、多摩地域内を縦に繋ぐような路線の整備も進められようとしている。典型的なのは、一九九八年に上北台～立川北間で、二〇〇〇年には多摩センターまでが開業した、多摩都市モノレールであろう。今後はさらに、北は箱根ケ崎、南は町田などへと延伸も計画されているというが、これもまた多摩地域の鉄道の新しい動向といえるだろう。

おわりに――多摩の鉄道のゆくえ

本章では、多摩地域を鉄道という視点から注目し、代表例として、いくつかの路線の開業の経緯や戦後のニュータウン開発などを取り上げてきた。そこから浮かび上がってきたのは、まさに多摩地域が「意図せざる結果」として郊外住宅地となった姿であった。

一方で近年では、実は鉄道それ自体も、とりわけコロナ禍以降はそのあり方が問い直される状況にある。一気に進んだデジタルトランスフォーメーションで在宅勤務なども増え、必ずしも満員電車に一時間以上揺られてオフィスに出向かずともよくなったし、東京近辺の通勤路線各線は軒並み列車の本数を以前と比べて減らすこととなった。

このことと、たとえば多摩ニュータウンがもはや第一次入居から五〇年以上が経ち、急速な少子高齢化を迎えていることをあわせて考えると、多摩地域の鉄道の未来は、決して明るいことばかりではないのだろう。だが「意図せざる結果」が連鎖してきたようなこれまでと違って、よりよい方途をじっくりと考え直す「成熟」した状況への動きもまたいくつかみられたようにも思われる。具体的には、各種のライナー列車の登場や増発、多摩地域を縦に繋ぐ路線の整備などはそうしたものとして評価してもよいのではないだろうか。

歴史を知ることは単に過去を振り返るだけでなく、これからの未来を展望するためにこそ役立てられるべきであろう。本章で記してきた多摩地域の鉄道の歴史が、何がしかそのような展望に役立つところがあれば、筆者としては望外の喜びである。

〔参考文献〕
月刊アクロス編集室『東京の侵略――首都改造計画は何を生むのか（アクロスSS選書九）』パルコ出版、一九八七年
石黒三郎・アイランズ編『図説　鉄道パノラマ地図――〈沿線案内〉にみる美しき日本』河出書房新社、二〇一〇年
多摩の交通と都市形成史研究会編『多摩　鉄道とまちづくりのあゆみⅠ』古今書院、一九九五年
多摩の交通と都市形成史研究会編『多摩　鉄道とまちづくりのあゆみⅡ』古今書院、一九九五年
多摩の交通と都市形成史研究会編『多摩　鉄道とまちづくりのあゆみ資料編』古今書院、一九九六年
八王子市郷土資料館『八王子と鉄道』八王子市教育委員会、二〇〇二年
三浦展『家族と郊外の社会学――第四山の手型ライフスタイルの研究』PHP研究所、一九九五年

column

多摩都市モノレールという夢

加島　卓

本書の筆者の章で述べたように、八王子学園都市の弱点は交通アクセスの悪さだった。八王子を含む多摩エリアは南北の移動手段がかぎられており、最寄り駅からキャンパスまでは路線バスが頼りだった。

こうしたなか、一九七二年一一月に「都市モノレールの整備の促進に関する法律」が制定され、東京都は一九七四年度から一九七六年度にかけて「新交通システムに関する基礎的調査」を実施した。そしてこの調査を踏まえて「多摩都市モノレール」構想が始まり、(1) 二〇〇一年一月には多摩センター駅（多摩市）から上北台駅（東大和市）までの約一六キロメートルが開業したのである。

ユーチューブ（YouTube）動画でも確認できるが、多摩都市モノレールは車窓からの眺めがとてもよい。まっすぐに延びる道と広大な駐車場、そしてどこまでも続く平坦な住宅街。立川基地の跡には巨大なショッピング・モール、駅前にはデパートやタワーマンションが並ぶ。多摩川を越えて中央高速道路をまたぎ、丘陵地帯へ入ると多摩動物公園がみえてくる。そして中央大学と明星大学のあいだを抜け、集合住宅が並ぶ多摩センターに到着する。多摩都市モノレールは戦後から現在に至る郊外開発をパノラマ的に見渡せる点に特徴がある。(2)

実は当初の構想では全長九三キロメートルを計画していた（図1）。そのため、現在でも延伸を望む声は大きい。なかでも、市内に鉄道駅が一つもない武蔵村山市は長年にわたって働きかけ、上北台駅からJR八高線の箱根ヶ崎駅までの約七キロメートルのルート（①）は二〇三〇年代半ばの開業（七駅が新設予定）が見込まれている。(3)

また町田方面への延伸も期待されている。(4) 町田ルートは多摩センター駅から南へ向かい、野津田公園〜日大三高〜小山田桜台団地〜桜美林大学〜町田山崎団地〜町田市民病院〜芦ヶ谷公園〜町田駅までの約一六キロメートルト

図1　多摩モノレール構想

出所）「モノレールで紡ぐ八王子」八王子都市計画部交通企画課、2017年をもとに筆者作成ルである（②）。このルートは二〇一五年に「具体的な調整を進めるべき」路線に格上げされたため[5]、町田市は多摩市と共同で「モノレール沿線まちづくり構想」（二〇二三年）をまとめるなど[6]、事業化に向けた準備を進めている。

さらに八王子方面への延伸案もある。八王子ルートは多摩センター駅から南西へ向かい、小田急多摩線の唐木田駅～京王相模原線の南大沢駅～大学が集まる丘陵地帯～JR横浜線の八王子みなみ野駅～京王高尾線の京王片倉駅～八王子駅までの約一七キロメートルである（③）。このルートは二〇一五年に「事業計画について十分な検討が行われることを期待」すると評価され[7]、八王子市は「多摩都市モノレール八王子ルート整備促進協議会」（二〇一五年）を立ち上げると同時に[8]、採算性の課題からLRT（次世代型路面電車）の導入も検討されている[9]。

このほかにも、JR八高線の箱根ヶ崎駅～JR青梅線の羽村駅～JR五日市線の秋川駅～八王子市の滝山街道を経由して八王子駅へ向かうルート（④）、小田急多摩線の唐木田駅～南多摩尾根幹線道路～京王相模原線の若葉台駅～JR南武線の南多摩駅を経由して西武多摩川線の是政駅へ向かうルート（⑤）、さらに八王子市内で分岐して、JR八高線の小宮駅～JR中央線の日野駅などを経由して、現行ルートの甲州街道駅付近で合流するルート（⑥）が構想されているが、これら三つのルートは計画時から話が進んでいない状態にある。

もしルート③が開通すれば、八王子学園都市の交通アクセス問題は部分的に改善されることになる。また前記のルートがすべて開通すれば、多摩エリアは巨大な八の字で結ばれることになる。少子高齢化に伴う人口減少問題を抱えるなか、多摩都市モノレールはその「夢」をいつまで見つづけられるのかが試されている。

〔注〕

（1）その目的は「多摩地域における南北方向の公共交通機関の不足に対処するとともに、自立的都市圏域の形成に向けて地域内相互の有機的連携を図るものとして、中量軌道システムの導入計画を具体化」することである。「多摩地域都市モノレール等基本計画調査（概要報告）」東京都都市計画局、一九八一年一〇月

（2）昼間だけでなく、夜明けや夕暮れも美しい。冬の日没時には、富士山頂に夕日が沈む「ダイヤモンド富士」もみられる。
（3）国土交通省「東京圏における今後の都市鉄道のあり方について」二〇一六年（https://www.mlit.go.jp/policy/shingikai/tetsudo01_sg_000261.html　二〇二四年一〇月二二日閲覧）
（4）実は町田市はリニアモーターカーによるミニ地下鉄（新交通システム）も構想していた（一九八九年三月）。
（5）前掲サイト（3）
（6）町田市「モノレール沿線まちづくり構想」二〇二三年（https://www.city.machida.tokyo.jp/kurashi/sumai/kotsu/tetsukido/tamamonorail/monore-ruensenmachizukurikousou.html　二〇二四年一〇月二二日）
（7）前掲サイト（3）
（8）八王子市ＨＰ「多摩都市モノレール八王子ルートの整備促進」（https://www.city.hachioji.tokyo.jp/shisei/001/006/001/003/p033548.html　二〇二四年一〇月二二日閲覧）
（9）「八王子にＬＲＴ検討、モノレール延伸案と両にらみ、少ない事業費・話題性魅力、石森市長に聞く」『日本経済新聞』二〇一六年四月一四日号、地方経済面（東京）

column

起点としての調布インター

松下優一

高井戸と小牧を結ぶ中央自動車道（以下、中央道）が全線開通したのは一九八二年のことだが、そのうち最も早く開通したのが一九六七年の調布〜八王子間の一八・一キロメートルである。のちに荒井由実「中央フリーウェイ」（一九七六年）で歌われた、ちょうど多摩地域を横断するこの区間は、名神高速道路（一九六五年開通）に続く日本国内でも最初期の高速道路であった。

当時「東京附近に登場する初の本格的高速道路」として「中央高速道路」開通を特集した日本道路公団広報課監修の小冊子『ＥＸジャーナル』には、完成したばかりの道路の外観やインターチェンジなどの構造物のグラビア、試走ルポ、遊覧案内などが掲載されていて興味深いが、特に目を惹くのが「クロソイドカーブを見せて走る調布〜府中」とのキャプションが付された空撮写真である（図１）。東京都心方向へ向かう中央道を捉えたこの一枚からは、クロソイドと称される緩やかな曲線を描いて、左手（北）に開けた方形の空白地を回避しているのがみてとれる。ここで回避されている区域が「関東村住宅地区および補助飛行場」、いわゆる米軍調布基地（一九七四年返還）の南端部である。

図1　クロソイドカーブを見せて走る（調布から府中）

出所）日本道路公団広報課監修『ＥＸジャーナル』9（「中央高速道路」開通特集号）、1967年、大化社

『中央高速道路工事誌』（日本道路公団、一九七〇年）によると、調布市内のルート設定にあたっては、返還見込みで米軍接収地

図2　京王線西調布駅にかかる中央道（2024年、筆者撮影）

図3　調布IC付近（2024年、筆者撮影）

内に調布インターを設けるA案、接収地に少し入り込むB案、接収地を完全に回避するC案という三つのルート案が検討されたようだ。このうちA案が「最も自然な線形」かつ「住宅地域と準工業地域との境界を通過するので土地利用上好適なルート」とされる一方、現行のC案は「住宅地域を分断」するもので「殊に国道二〇号線および京王線と交差する部分は、調布市の住居中心地区の一つで、将来の発展を考えると、高速道路の位置としては、土地利用上好ましくない」とされるものだった[1]。結局、接収解除が期待できないとして好ましくない案が採用されたが、それは他方で地域とのあいだに交通公害というかたちのひずみを生んでいく。

一九七三年、調布市は「調布インター実力封鎖」と呼ばれる抗議行動に出る。調布インターから東京方面への建設は、烏山北住宅付近の建設反対運動などにより滞り、調布インターは高速の起点となったまま、それに接続する国道二〇号線（甲州街道）が慢性的な渋滞状態に陥ることになった。調布市議会がまとめた『交通公害から市民を守るための中央高速道調布インター閉鎖要求活動全記録』[2]には、当時の大渋滞の甲州街道や民家のベランダの間近を高速道路が走っている様子、絶え間ない騒音・振動・排気ガスに苦しめられているインター周辺住民の窮状などが報告されている。これを受け、当時の市長や市議会は、抗議のために調布インター閉鎖を要求し、マスコミも大々的に報じ、調布と中央道は交通公害の現場として注目を浴びることになった。

現在、調布ＩＣに近い京王線西調布駅に降りてみると、ホームの端に架かっている巨大な橋脚が目につくことだろう（図２）。電車に乗っているとわかりにくいが、これが中央道の橋脚であり、民家の軒先をかすめるように通っている。各種防音対策の成果か、騒音はさほど気にならない。

調布インターから西、多摩川沿いの低地へと高架橋で続く中央道は、府中方面へゆるやかなカーブを描きつつ、山へ向かって続いていく。夕闇が訪れる時間帯に点灯されるオレンジのライトに照らされたこの道は、たしかに滑走路のようである（図３）。

〔注〕

（１）「調布市通過ルートの比較表」『中央高速道路工事誌』日本道路公団、一九七〇年、一〇八頁

（２）東京都調布市議会「交通公害から市民を守るための中央高速道調布インター閉鎖要求活動全記録」一九七四年

デッキ・アーバニズムの現在
――多摩センターのペデストリアンデッキから考える

近森高明

はじめに――多摩センターを訪れる

多摩センターを訪れてみよう。京王多摩センター駅を出ると、まず視界を占めるのは巨大なペデストリアンデッキである(図1)。駅前広場から中央公園にまで、幅四〇メートル、全長二四〇メートルのデッキが延びており、両脇には街路樹が立ち並んでいる。沿道にはイトーヨーカドーやココリアなどの商業施設が揃い、突きあたりには文化施設「パルテノン多摩」が控えている。名称に違わず神殿っぽい建物なのだが、もともとデッキには登りの勾配がついているところに、「パルテノン多摩」の手前ではさらに勾配がきつくなっているため、神殿っぽさがいや増している。少し手前の広場のところで左方向に進むと、その先にあるのは「サンリオピューロランド」である。こちらはこちらで、遠くにみえる姿が何となく神々しく、そこに至る道のりもちょっと参道っぽい。

デッキは広場性を兼ね備えているため、人びとの行動もどことなく拡散気味になる。高

図1　「パルテノン多摩」へと向かう多摩センター駅前の巨大なデッキ（2024年、筆者撮影）

校生が友だちと連れだって横並びで歩いたり、親子連れの子どものほうが親に先立って走り回ったり、高齢者がカートを押しながらゆっくり進んでいたり。都心の忙しい駅前空間では排除されてしまうような、そんな緩急のリズムの多様性を、ゆったりと引き受けてくれるおおらかさが、この空間にはある。

そうした空間のおおらかさは、やはり歩車分離原則のおかげだろう。多摩センターでは駅を降りてからお目当ての施設に至るまでに、自動車とすれ違うことがない。街全体が二階のレベルにもちあげられ、歩行者専用の領域となっており、自動車の活動領域はデッキの下の地上レベルに限定されているのだ。なので駅前デッキで――人間の領分から自動車の領分に出かけようとして――地上レベルに降りようとすると、妙にアクセスが悪かったりする。特に階段を使うのは最悪で、ぐるぐると折り返しを重ねて、ようやく地上に降りるという次第である。デッキの下は、薄暗い。バスターミナルが収められているが、人気も少なく、居心地はよくない。

ともあれ、多摩センターで周囲をぼんやり見渡したり、立ち止まったりなど、少し油断のできる空間をつくり出してくれるのは、歩車分離の原則であり、その原則を物理的に実現してくれる歩車分離インフラとしてのデッキであるのは、間違いない。多摩センターに

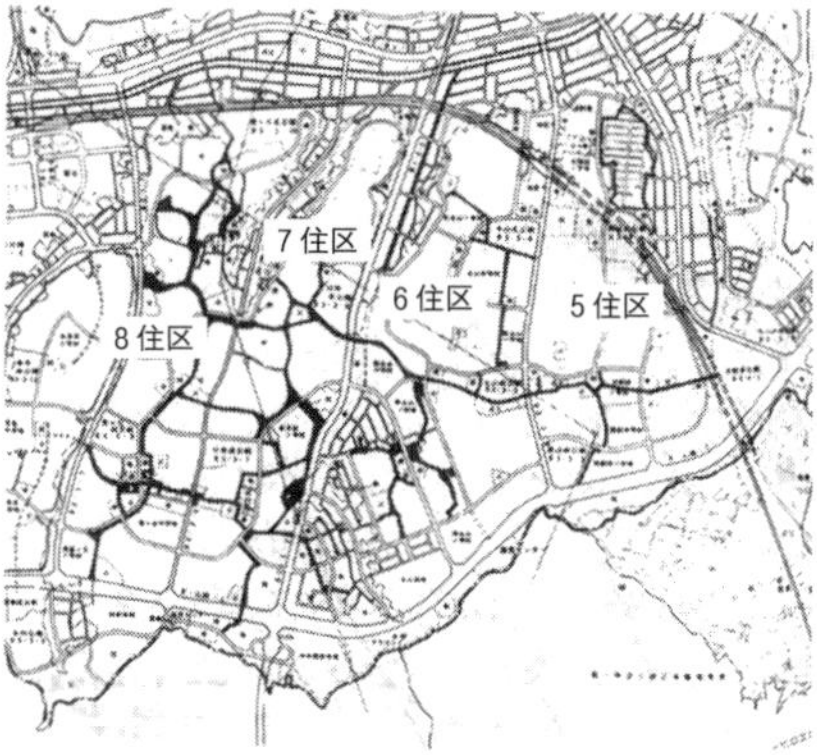

図2　多摩ニュータウン5・6住区、7・8住区の歩行者専用道路ネットワーク

出所）肥塚修「住宅・都市整備公団の都市開発における歩行者空間整備」『都市と交通』29、1994年、28-35、30頁の図を筆者修正

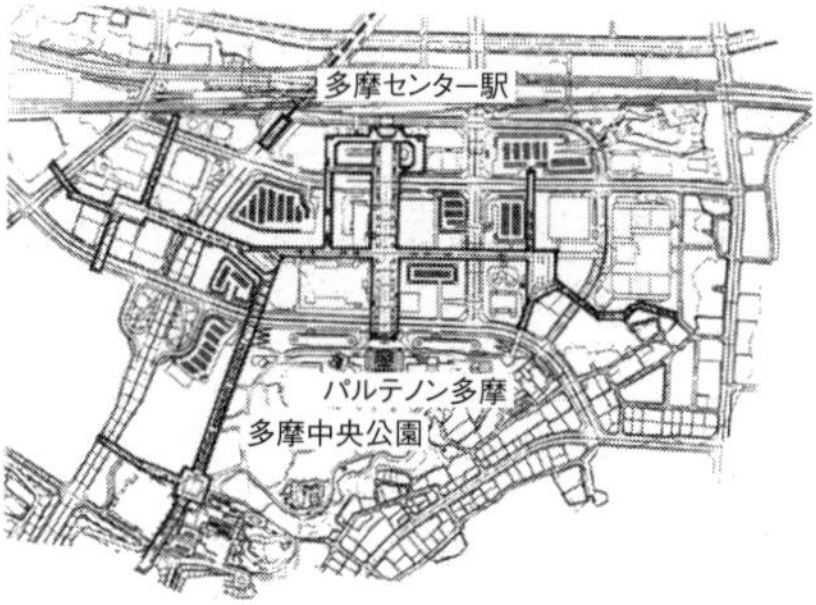

図3　多摩センター地区の歩行者専用道路ネットワーク

出所）肥塚修「住宅・都市整備公団の都市開発における歩行者空間整備」『都市と交通』29、1994年、32頁の図を筆者修正

はそのようなペデ・ネットワークが張りめぐらされており、どこであれ地上に降り立つことなく到達することができる。じゃあ便利かというと、意外とそうでもなく、ところどころ間延びしている感じで、歩くのに飽きてしまったり、意味もなく遠回りをさせられるようなところもあり、ペデ・ネットワークでどこでも行けるというよりも、ペデ・ネットワークという迷路に閉じ込められているという感覚もある。いずれにせよ、そうしたペデの網目に支えられるかたちで、多摩センターの生活は成立している。

　ここで視点をさらに広げてみるなら、多摩センターがその一部をなす多摩ニュータウン自体が、歩車分離の原則でつくられたエリアにほかならず、ペデというインフラと多摩ニュータウンでの生活は、互いに密接な関連をもつ（図2、図3）。多摩ニュータウンの生活は、いわばデッキに乗っかっており、デッキ上で、デッキ的に営まれる。そのように多摩ニュータウンでの生活と骨がらみになった「デッキ的なるもの」が、象徴的にも物理的にも集約されているのが多摩センターという街なのだ。

以下では、ペデという歩車分離インフラに注目しつつ、多摩センター／ニュータウンで生きることの現在に迫ってみたい。二つの視点を用意しておこう。一方でペデは、ぺたっとした平面であるようにみえながら、独自の歴史的・社会的なコンテクストの「厚み」を備えている。他方で、ペデは物理的な構築物でありながら、決して固定的ではなく、その意味や機能はぐにゃぐにゃと流動していく。分厚く、流動するものとしてペデをつかまえるとき、多摩センター／ニュータウンで生きることの現在は、どのように捉え返されるだろうか。

1　デッキ・アーバニズム——仮設状態の永続化

そもそもデッキとはどのような存在なのだろうか。まず押さえておきたいのは、デッキには二種類あるという点だ。ニュータウン系列のデッキと駅前広場系列のデッキである。後者のほうが圧倒的に広く行き渡っており、日常的に目にする場面が多いだろう。両者の違いの一つは、前者がニュータウン開発時に計画的に導入されるのにたいして、後者は駅前空間の再開発にさいして「後づけ」的に導入されるという点である。駅前は、交通動線が入り組んでいるため、街が発展し、自動車の数が増え乗降者数も増えてくると、それらをきれいに分離的に処理する必要が出てくる。そんなとき、駅前広場の中空にデッキをかけて歩行者専用の空間とし、地上部分に交通ターミナルを配置すれば、歩車分離も実現できるし、周辺施設へのアクセシビリティも高まり、駅前空間の機能性が一気に向上する。人びとは駅を出たところで、デッキを降りずに自動車とすれ違うことなく、周辺の商業施設などにたどり着ける。その点、デッキというインフラは、駅前に「後づけ」的にかけてしまえば複数の課題が解決する、たいへん手軽な駅前再開発手法だといえる。(1)

デッキによる駅前再開発の最初の事例は、一九七三年の柏駅東口へのダブルデッキの導入である。この方式は、駅前再開発の標準的フォーマットとして、橋上駅舎化が進行する一九七〇年代以降、全国に広まり、現時点で約二三〇ヶ所に導入されている。デッキで街を変えようとする——デッキというインフラで駅前空間を再編しようとする——この手法はデッキ・アーバニズムと呼ぶことができよう。

ここで注目したいのは、駅前デッキには、どこまでも「仮設」っぽさがつきまとうという点である。(2) もちろんそれ自体は、堅牢な恒久的施設として建造されてはいるのだが、駅前再開発のさいに「後づけ」的に設置されているため、周辺施設とのシームレスな一体性にはどうしても欠ける。デッキはあとから延長させたり、広げたりすることもでき、いわば「後づけの後づけ」ができるという性格も、「仮設」っぽさを加速させる。この点、デッキがはびこる駅前空間は、電線が張りめぐらされ、電柱が並び立つ「日本的」な街並みと同じ性質を共有している。剝き出し状態の電線と電柱もまた、地中化するとコストがかかるし、地上に電柱を「仮設」的に設置しておけば何かと便利だし、という理由で、何となく温存されたインフラ設備である。電柱と電線が剝き出しになっている状態は「仮設状態

(1) 駅前広場系列のデッキの歴史的変遷については、下記を参照。菊池雅彦「駅前広場整備の歴史」『都市と交通』三六、一九九五年、一〇—一九頁。天野光一「まちらしさと交通」『国際交通安全学会誌』二四(四)、一九九九年、二四〇—二四九頁

(2) 駅前デッキの「仮設」的性格については、下記を参照。五十畑弘「ペデストリアンデッキの登場と駅前空間の変化」『水の文化』四七、二〇一四年、一二—一五頁

の永続化」と呼びうるが、「後づけ」的インフラが恒久化された駅前デッキもまた「仮設状態の永続化」と呼ぶことができる。[3]

2　インフラの街――多摩センターのインフラ群と地形

さて、駅前広場系列のデッキの「後づけ」的性格と、そこにつきまとう「仮設」っぽさを確認した上で、ニュータウン系列のデッキに視点を戻すと、その計画性と中心性が際立ってくる。ニュータウンでは歩車分離の原則に基づき、住居と駅、そして各種の施設を結ぶペデ・ネットワークの全体像が当初から入念に計画される。とりわけ多摩センターは、デッキを中心軸として街並みの全体が計画されている。[4] 大げさにいえばデッキこそが街の本体であり、その他の空間は、デッキの付属物として従属的にしつらえられたという見方すらできる。審美性という点も重要だ。通常の駅前デッキが「後づけ」性も露わに設置されているのに対して、多摩センターのデッキは沿道施設との一体的な結びつきが重視され、街灯などのストリート・ファニチュアも含め、総合的にデザインされている。まとめると、多摩センターのデッキは計画性と中心性、そして審美性という点で、一般的な駅前デッキの性格をことごとく反転させた性格をもっているといえる。

この反転的な性格は、言い換えれば、多摩センターの都市計画において、デッキは明確にインフラとして位置づけられている、ということでもある。この点を考える上で押さえておきたいのは、多摩センター地区は、そもそもインフラ主導で形成された街だという事

（3）「仮設状態の永続化」としての電柱については、下記を参照。近森高明「電柱・電線――立て／埋める」田中大介編『ネットワークシティ――現代インフラの社会学』北樹出版、二〇一七年、一八六―二〇〇頁

（4）肥塚修「住宅・都市整備公団の都市開発における歩行者空間整備」『都市と交通』二九、一九九四年、二八―三五頁

実である。[5] まず人びとの生活が営まれる街があり、そのニーズを満たすためにインフラが整備されるという順番ではなく、駅前広場やペデストリアンデッキ、幹線道路、共同溝（電気、電話、上下水道などの配管類を収める地下トンネル施設）などのインフラの計画と整備のほうが先行する、インフラとして開発された街なのだ。多摩センターの街並みといえば、個性的な意匠をもつ「上もの」の建築物ばかりが注目されがちだが、じつのところこのエリアの都市形成は、むしろ個々の建築物を支えるインフラ整備――派手な「図」を支える分厚い「地」の整備――が先導するかたちで展開していった。歩車分離インフラたるペデストリアンデッキは、多摩センターの分厚いインフラ群の一部として、その意味と機能を受けとっている。

インフラを支える地形にも注目しておこう。多摩ニュータウンの全体は、丘陵地域にぴったりと張りつくかたちで成立している。そのさい尾根の部分を削り取って住宅地とし、谷筋の部分に道路をはじめとするインフラを詰め込んでいる。その場合、尾根にある住宅地のレベルを連続させようとすると、谷筋の道路を跨ぎ、立体交差するかたちで、歩行者専用道路のネットワークをめぐらせるのが合理的な計画となる。それゆえ多摩ニュータウンの歩車分離の原則は、もっぱら人為的な施策というわけではなく、一面で地形がもたらしたものでもある。それは丘陵地域の地形によってなかば強いられたインフラの形式なのであり、地形はそこでいわば「インフラのインフラ」として、ペデ・ネットワークを支えている。

（5） 富井敏「多摩センターの形成とインフラ整備」『宅地開発』一三七、一九九二年、三七―四一頁

3　人間的なものと機械的なもの——大高正人とその同時代的文脈

多摩センターのペデ・ネットワークは、コンセプトとして、どのような由来をもつのだろうか。多摩センターのマスタープランを作成したのは、社会工学者の石原舜介と建築家の大高正人によるチームである。とりわけペデ・ネットワークの設計を担当した大高は、従来から「人間的なもの」と「機械的なもの」の分離を主張していた。

機械的なものと、生活の場や歩道は区別してしまいたい。私はその生活の場を「人間的な空間」と抽象化してよんでいるが、「人間的なもの」と「機械的なもの」は、はっきり分けてしまいたいのである。子どもや幼児の駆ける空間、老人の散策する空間、そして成人男女いや犬も鳥も呼吸する空間は「機械的なもの」に踏みあらされてはならないのである。(6)

ここでいう「機械的なもの」の代表格は自動車だが、その特徴は、予測のつかないかたちで技術的な変転を遂げ、人為的なコントロールがきかない点に求められる。「機械的なものの空間」は「流れの定まらない暴力的な河川」に喩えられ、「人間的な空間」は堤防で守られねばならないという。(7) 大高にとって、多摩センターの巨大なデッキは「堤防」として、歩車分離のテクノロジーであると同時に、守られるべき「人間的な空間」のシンボルでもあるがゆえに、あれほど豪華にしつらえられたのだ。

(6)　大高正人「人工土地で都市を再開発」『科学朝日』二五(一)、一九六五年、一〇七―一一六頁。引用は蓑原敬・松隈洋・中島直人『建築家大高正人の仕事』エクスナレッジ、二〇一四年、一二九頁より

(7)　蓑原敬ほか、前掲書(6)、一二九頁

だが歩車分離のインフラの出自を、大高という建築家個人の思想に還元するわけにはいかない。ここで同時代的なコンテクストに目を向けてみると、「交通戦争」と呼ばれるほど自動車の危険性が問題視された一九六〇年代にあって、歩車分離は、むしろ流行の発想であった。遡ればスミッソン夫妻[8]やブキャナン・レポート[9]に由来する発想だが、歩行者専用道路がニュータウン計画に組み込まれたのは、一九六六年に着工された愛知県の高蔵寺ニュータウンが最初の事例である。

興味深いのは、高蔵寺ニュータウンにおいて、ペデストリアンデッキはたんなる付加的な設備というにとどまらず、「高蔵寺ニュータウン計画最大のミソ」という位置づけを与えられている点である。デッキはニュータウンの「骨格」をなす、とマスタープランには明記されている。すなわちデッキは沿道の建築物と一体となる構築物であり、デッキに沿って各種施設が配置されることで、デッキ自体が生活の軸になるという計画である。「デッキは人の歩くところであるばかりでなく、人の集まるところ、遊び、休息し、楽しむところ、人々の生活の場でもある[10]」。

しかし前述のような構想は、高蔵寺ニュータウンではうまく実現されず、なかば失敗に終わってしまう。都市景観という面でデッキを街の「骨格」とするという、高蔵寺で夢見られたプランが十全に実現されたのは、のちの多摩センターにおいてであった。

（8）デッキを軸としたベルリン都市計画を発表。

（9）居住空間と交通空間の分離を提唱した古典的文献。

（10）高山英華編『高蔵寺ニュータウン計画』鹿島研究所出版会、一九六七年、七頁

4　デッキ・アーバニズムの転換――「読み替え」の履歴

冒頭で述べたように、デッキは物理的な構築物ではあるが、その意味と機能は、つねにゆっくりと流動し続ける。当初は歩車分離機能が重視されていた駅前デッキは、時代の変遷とともに、やがて異なる機能が読み込まれたり、複数の文脈での意味づけが生じたりすることになる。駅前デッキをめぐる、それら「読み替え」の履歴もまた、デッキの平面的ならざる「厚み」を構成しているだろう。以下ではその「読み替え」について、バリアフリー、都市景観、市街地活性化という三つの文脈から追ってみよう。

バリアフリー

第一に、バリアフリーという文脈。公共交通機関につながる歩行空間のバリアフリー化の動きは、ハートビル法（一九九四年）、交通バリアフリー法（二〇〇〇年）、そしてバリアフリー法（二〇〇六年）など、一連の法整備によって推進された。この動きを受けて、ペデストリアンデッキそれ自体が、駅から周辺施設へのスムーズな移動を支援するインフラとして推奨されると同時に、デッキと地上の垂直移動を補助する施設として、エレベーターやエスカレーターなど（従来は未設置の場合が多かった）が設置されることになる。いわばバリアフリー化装置としてのデッキの設置推進と、デッキそれ自体のバリアフリー化とが、同時進行することとなったわけである。

都市景観

第二に、都市景観という文脈。デッキをかけることで駅前空間の機能が向上する、というデッキ・アーバニズムの魅力は、その手っ取りばやさにある。だが手っ取りばやさの代償として、やがて審美的な「醜さ」の問題が指摘されるようになる。駅前デッキが全国に増殖するにつれて、デッキによって街並みやオープンスペースが分断され、空間の視覚的価値が損なわれてしまったとか、全国の駅前という駅前が、どこにでもある凡庸な風景に一律化されてしまったなどの声が出てくるようになる。

市街地活性化

第三に、市街地活性化という文脈。デッキとは一義的にはフロー処理装置であり、駅と周辺街区のあいだを往還する歩行者のフローをいかに処理するか、という問題の一つの最適解として隆盛したインフラだといえる。ところが、二〇〇〇年代以降に中心市街地活性化という文脈が発生すると、駅前デッキは、各種のイベントに巻き込まれうる潜在的な客が大量に滞留する、潜在的なリソースとして読み替えられることになる。つまりはデッキの「交通機能」よりも「広場機能」にフォーカスが移行し、多様なアクティヴィティが生じうる空間として、いかにして都市再生や地域活性化の拠点として活用するか、という問題系が登場してきたのだ。(11)

以上の三つの文脈を経由して、駅前広場系列のデッキ・アーバニズムは、いまや「都市計画」的次元から「まちづくり」的次元へと緩やかに遷移しつつある。換言すればデッキ・

(11) 一例として、下記を参照。泉山塁威・宇於﨑勝也「広場型ペデストリアンデッキの空間分析及び「デッキマネジメント」の特徴と課題」『都市計画報告集』二一(三)、二〇二二年、二六五―二七〇頁アーバニズムは、「デッキでいかに街を変えるか」というよりも、「既存のデッキをいかに利活用するか」というかたちに、その性格を転換しつつある。

おわりに——オールドタウンのデッキ・アーバニズム

ニュータウン系列のデッキ・アーバニズムもまた、同様に「まちづくり」的次元へと、その性格を移行させつつある。この場合の問題は、「障害と化してしまったデッキを克服するにはいかなるサポートが必要か」というかたちをとる。

歩車分離のインフラは、利用者が高齢化すると、むしろモビリティへのアクセスに対する障害へと転じてしまう。インフラの機能である「歩車分離」自体の意味合いが、コンテクストによって変容してしまうのだ。事実、多摩ニュータウンの居住者人口が高齢化してくるにつれ、ペデ・ネットワークは、歩行の困難なユーザーに歩行を強いるインフラへと反転してしまった。駅や、買い物のできる施設にたどり着くまでに、長々しいペデ・ネットワークを延々と歩かざるをえず、自動車を利用するには、高低差のきつい車道レベルと住居レベルを往復する必要がある。「人間的なもの」を守る堤防は、逆説的にも、高齢の居住者を閉じ込める壁になってしまっている。さらにいえば、ペデを中心軸に置き、恒久的なインフラ施設としたことが、そのまま多摩センターの「融通のきかなさ」に反転してしまった。ゆえに居住者が高齢化したオールドタウン時代におけるデッキ・アーバニズムの焦点は、ペデ・ネットワークという障害を克服し、あるいは補填するサービスをいかに

構築するか、という点に収斂してくる。(12)

駅前広場の系列にせよニュータウンの系列にせよ、デッキの「読み替え」の履歴はこれからも継続し、その社会的・歴史的なコンテクストの「厚み」を増加させると同時に、デッキの意味や機能を、ぐにゃぐにゃと流動させ続けるだろう。そしてそうした「厚み」と流動においてこそ、「デッキ的なるもの」は、今後ともポジティヴなかたちで多摩センター／ニュータウンで生きることを――そしてまた全国の駅前デッキのある街で生きることを――支えてくれるだろう。それは言い換えれば、デッキの「仮設」っぽさをうまく活性化させ、インフラの固定的性格を解除し続けることこそが、今後のデッキ・アーバニズムの成否を握る鍵になるということではないだろうか。

(12) そうしたサービスの試みとして、ヤマトホールディングス株式会社が都市再生機構や多摩市と連携しつつ展開している「くらしのサポートサービス」があげられる。これは、多摩ニュータウンを対象として、各宅配事業者の荷物をヤマト運輸がまとめて届ける一括配送や、買い物代行サービスなどを提供し、地域の活性化を目指すものである。

column

多摩格差

松田美佐

「多摩格差」をご存知だろうか。ある一定の年齢以上の人にはよく知られているが、多摩地域在住者でも若い人には耳馴染みのない言葉かもしれない。東京＝東京二三区と、「じゃない方の東京」＝多摩地域との間にあるさまざまな行政格差である。

もともとは、高度経済成長期に急速にベッドタウン化が進んだ多摩地域においてインフラ整備が遅れるなかで、一九七五年に都が「三多摩格差八課題」として挙げた、①義務教育施設、②公共下水道、③保健所、④病院および診療所、⑤道路、⑥図書館・市民集会施設、⑦国民健康保険料、⑧保育料がこれにあたる。たとえば、『朝日新聞』一九六九年六月二五～二八日号には「もうごめん『三多摩格差』」として三回の特集記事が掲載されているのだが、そこで取り上げられている格差の一つは、急増した児童数に対応するための小学校の真夏のプレハブ教室の様子である。

しかし、プレハブ教室問題は、筆者が生まれ育った一九七〇年代の大阪近郊でも同じだった。いや、最近も珍しくない。少子化や人口減少が社会問題となるなかでも、再開発で人口が急増した地域では、小学校の教室が不足し、通勤ラッシュ時には駅が大混雑する。首都圏では、少し前は湾岸エリア、その後は武蔵小杉のタワマンが有名だ。

だとすると、「人口急増にインフラ整備が間にあわない」という、いつでもどこででも起こりうる社会問題が、「多摩格差」と名づけられたこと自体が、「じゃない方の東京」＝多摩地域のあり方であるように思えてくる。

もっとも、当初神奈川県に属していた「三多摩」――北多摩郡、南多摩郡、西多摩郡――が、東京府民の上水道の安全性確保のために（インフラ整備！）、一八九三年に東京府に編入された経緯を考えれば[1]、三多摩のインフラ整備が後回しになるなんてけしからん！　と考えるのは当然かもしれない。

さて、この「三多摩格差」。重要な政治課題として解消が進められ、一九八〇年代に入ると話題になることも少なくなる。東京都が二〇〇〇年にまとめた「多摩の将来像二〇〇一」には、八課題はかなりの部分で解消しており、区部との対比ではない、新たな視点からの多摩振興が必要とされるようになったとある[2]。その間、特に北多摩・南多摩では郡意識も薄れ、「三多摩」から「三」がとれて「多摩地域」が普通の呼称ともなった。

しかし、興味深いのはその後である。一旦解消したはずの「三多摩格差」が再度召喚されたのだ。

二〇〇〇年代以降、格差社会論が流行するなかで、行財政改革により進められた病院や保健所などの統廃合が「多摩格差」解消に逆行するものと位置づけられ、乳幼児医療費の無償化や小中学校のエアコン設置など、新たな住民サービス格差が「多摩格差」として問題視されるようになる。さらに、二〇一六年の都知事選で小池百合子氏が公約として「多摩格差ゼロ」を掲げると、「多摩格差」は二三区との比較で格差を見つけ、問題提起するためのマジックワードとなった。

背景にあるのは、二三区と多摩地域の市町村の財政力の違いである。ただし、実際には「多摩地域」には二三区以上の財政力をもつ市もある。しかし、いくら財政力がある市でも「多摩」枠。いまだに、二三区「じゃない方」としてひと括りにされがちだ。

近年の「多摩格差」は多種多様。医療費無償化の「格差」は、乳幼児が解消に向かうと、次に小中学生、そして一八歳までが無償化の対象となり、小中学校のエアコン設置は普通教室のあとは体育館に目が向けられた。さらには、学校給食費の無償化、中学校の完全給食や自校方式の給食、補聴器の購入助成など、新たな住民サービス格差が課題となり、救急医療体制や子ども医療体制、鉄道やバスなどの公共交通整備（特に、南北の公共交通）、シルバーパス、高井戸以西の高速道路料金[3]など一九九〇年代から続く格差もある。たしかに、同じ東京都なのに、

「都営バス」も「都営地下鉄」も多摩地域にはないのはおかしいとは、指摘されて初めて気がついた。

もし、多摩地域が神奈川県のままなら、「多摩格差」などなかったのではないか。それとも、その場合、多摩地域は「横浜」を比較対象としたのだろうか。

一九九〇年代の資料で見つけたものに市外局番の「多摩格差」がある。二三区は「〇三」であるのに、多摩地域は周辺他県と同じ「〇四」から始まる四桁であるのが問題だと。これなど横浜相手だと成立しなかったはず。いや、〇四五（横浜）と〇四二（多摩地域）の違いが問題になったのか。[4] スマートフォンやネットの普及で、電話代負担がビジネスに不利という「実害」も薄れ、重要性が下がったであろう「多摩格差」にそんな想像をしてみる。

〔注〕

（1）コラム「まぼろしの「武蔵県」「多摩県」構想」でも触れられているように、水源確保は表向きの理由で、自由民権運動の監視・弾圧のためともいわれている。

（2）「多摩格差」ではなく「多摩内」格差については、神長（二〇〇九）や尾崎（二〇二一）を参照。

（3）中央自動車道と首都高速道路の境目は杉並区高井戸であり、高井戸以西の「都民」は首都高区間の料金に加え、中央道の高井戸―八王子間料金（均一料金）を支払う必要がある。

（4）正確には、武蔵野市や三鷹市などの市外局番は「〇四二二」、青梅市などは「〇四二八」であり、多摩地域すべてが「〇四二」ではない。なお、狛江市全域と調布市・三鷹市の一部の市外局番は「〇三」である。

〔参考文献〕

神長唯「「三多摩格差」から「三多摩「内」」格差へ――東京都の地域格差に関する一考察」『湘南フォーラム』一三、二〇〇九年、一二九―一四六頁

尾崎寛直「多摩の福祉政策――福祉ニーズの拡大と自治体間の格差」尾崎寛直・李海訓編『新・多摩学のすすめ〈郊外〉の再興』けやき出版、二〇二一年

column

プログラミング言語で多摩の人流を可視化してみよう

伊藤耕太

本書の筆者の章では基地局という携帯電話ネットワークの仕組みを使用して、多摩地域に住まう生活者の移動と意識を探ってみた。一方で、インターネット上に公開されていて誰でもみられる状態になっているデータからも、ある程度、人の動きを推し量ることが可能である。ここではJR東日本（東日本旅客鉄道株式会社）が毎年公開している「各駅の乗車人員」というデータ(1)を使ってみよう。

一九九九年度以降にJR東日本エリア内で一日平均の乗車人員を把握できている全駅のデータが採録されており、その数は八六五駅にのぼる（二〇二二年度）。ウェブサイト上には各年度の駅別乗車人員数のベスト一〇〇駅およびベスト一〇〇駅以下の数表が掲載されていている。ここから多摩地域に位置する駅のデータを拾い出していけば、各駅や路線上の人の流れがどのように経年変化しているかを知ることができるはずである。

ただし同データでは駅の並び順は地域別ではなく乗車人員が多い順となっているため、年度ごとに並び順が異なるし、そのなかから多摩地域に位置する駅を探してピックアップするのは手作業ではなかなか大変である。

そこで表計算ソフトの関数機能や、PythonやRなどのプログラミング言語を使うことで、並び順が異なる複数年度の乗車人員数データであっても正確に駅別に整理し、一つの表に格納することが可能になる。近年では表計算ソフトに生成AIが搭載されるようになっているため、こうしたデータ整形のハードルは今後どんどん下がるだろう。

次の図1は同データの二〇一九年度と二〇二二年度の乗車人員数データを使って、駅別に二〇一九年度からの増減率を算出し、減少率の大きさを円の大きさで表して東京都周辺の地図上に可視化したものである。路線図と

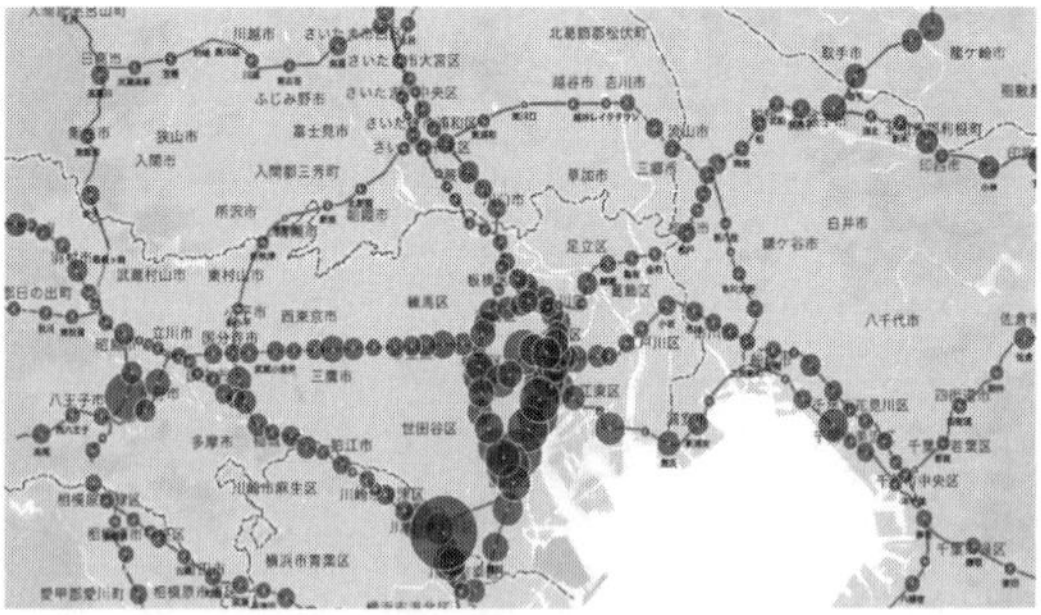

図1　JRの駅別乗車人員。2019年から2022年の減少率

駅の描画には国土交通省が公開している国土数値情報の鉄道データを用いた。[2]

図1には増減率がプラスだった駅は採録していないが、そもそもプラスだった駅は八六二駅のうち一六駅で、その多くは開業したばかりなど特殊な事情をもつ駅だった。つまりほぼすべての駅において、コロナ禍を経て乗車人員の減少が起きていたわけである。東京都における最後の緊急事態宣言が解除されたのは二〇二一年九月三〇日、また最後のまん延防止など重点措置が解除されたのは二〇二二年三月二一日である。二〇二二年はオミクロン株の増加を背景として陽性者数が増加していた時期を含んでいるが、制度面での行動制限はほとんど行われていなかった期間である。

にもかかわらずほぼすべての駅で乗車人員がマイナスになっているというデータからは、生活者が、外出の頻度を減らしたり、行動範囲を変えたりして、移動を減らした生活習慣に至った姿がみえてくる。

とりわけ目を引くのは東京都心を環状に走る山手線である。特にその南東側の駅の多くにおいて減少率が大きいことがみてとれる。品川駅のマイナス三四・一%を筆頭に、大崎駅、田町駅、浜松町駅、新橋駅、有楽町駅など、オフィス街に位置する駅の減少率はマイナス三〇%を超えている。

多摩地域を通る中央線、南武線、武蔵野線、青梅線、横浜線などではどうだろうか。まず多摩地域と東京都心を結ぶ中央線上の新宿駅はマイナス二二・三%となっており、同じオフィス街を擁する駅といっても前掲の駅ほど減少率は大きくない。また多摩地域に位置する駅に着目してみると、中央線で新宿駅に次いで乗車人員数規模の大きい立川駅はマイナス一三・三%、吉祥寺駅はマイナス一六・二%、国分寺駅はマイナス一五・五%の減少率となっており、比較的減少が軽微であることがわかる。

また、神奈川県から多摩地域を通って埼玉県、千葉県まで走る武蔵野線に着目すると、その多くの駅は軽微な減少率に留まっており、たとえば多摩地域内の新小平駅、新秋津駅はマイナス一〇%ほどの減少率となっている。南武線、青梅線、横浜線についても都心の駅ほど減少率の大きな駅はほぼみられない。

こうしたデータからは、行動制限が解除された後も生活者が移動を減らしたままのようであるといっても、その影響は地理的に一様ではないことがみえてくる。都市機能をオフィス街に特化させているような地域ではその影響は顕著であり、生活者がリモートワークを導入したり、また出社していても商談をオンラインで行ったりと、通勤や業務上の移動を大きく減らした様子がうかがえる。一方、都心と無数の住宅街を接続する新宿駅や、それらの住宅街を擁する多摩地域に位置する多数の駅ではその影響は限定的であり、生活者が自宅近隣への移動をある程度は行っている様子が浮かび上がる。このような分析から得られる知見は、本書の筆者の章で論じた多摩地域における「親密性の内的拡大」の考察を深める助けとなるかもしれない。

このコラムでは地図上への可視化をTableau(タブロー)という、データ可視化に特化したBI(Business Intelligence)ツールで行ったが、表計算ソフトExcelの機能「Microsoft Power Map for Excel」や、QGISの無料の地理情報システムソフトウェア、Pythonのようなプログラミング言語でも近い可視化が可能である。読者の皆さまもぜひ挑戦していただきたい。

〔注〕

(1) JR東日本各駅の乗車人員。JR東日本HP「各駅の乗車人員 二〇二三年度」(https://www.jreast.co.jp/passenger/index.html 二〇二四年四月一二日閲覧)

(2) 国土数値情報ダウンロードサイト「鉄道データ」(https://nlftp.mlit.go.jp/ksj/gml/datalist/KsjTmplt-N02-v3_1.html 二〇二四年四月一二日閲覧)

第4部

表象を繙く

多摩川というエッジ
——大都市の「余白」のゆらぎを生きる——

田中大介

はじめに——大都市における多摩川という「帯状の縁《へり》」

多摩川は、山梨県にある源流から、東京都西部・神奈川県東部を斜行しながら流れ、東京湾に至る一三八キロメートルの河川である。本書がテーマとする「多摩」という地名は、この多摩川に由来するといわれており、その範囲はルートの内外の地域を広く指している。

多摩川は、東京の中心と周縁、都心と郊外を画する——東の隅田川や荒川と並ぶ——「境界」の一つといえるだろう。特に、東京都の二三区以外の自治体を指す「多摩」地域の中心を流れており、東京都と神奈川県の県境にもなっている。

だが、多摩川は単なる都市の「境界」ではない。それは河川であるため、山梨から東京、そして神奈川へと延びていく——多様な境界を横断するような——「帯状」の空間でもある。そのため、神奈川県の川崎市にも「多摩区」が存在している。「奥多摩」は、東京とは思えないほど鬱蒼とした山林で占められており、多摩川源流のある山梨県に近い。一九〇一年以来、東京都は多摩川の水源林を買い続けており、都が所有する計二万五〇〇〇ヘクタール以上の森林の六割が山梨県にあるといわれる(1)。

このように「多摩」は、くっきりと区切られた空間というよりも、いわば都市の縁《へり》として張りつき、その外側に放り出された広がりを曖昧に指しているようにみえる。そのため、多摩地域には「東京だが、東京ではない」「東京ではないが、東京である」という両義的なイメージがついてまわる。この〈多摩〉イメージの構造をつくっているのが多摩川だろう。では、多摩川およびその周辺は、どのような空間として経験されているのだろうか。

(1)『朝日新聞』二〇二四年五月七日夕刊

1 都市の縁《へり》にしがみつくこと――『無能の人』から『ソラニン』へ

たとえば、多摩川の中流域を舞台にして描かれた漫画作品として、つげ義春の『無能の人』、および浅野いにおの『ソラニン』がある。それぞれの作品の連載期間は一九八〇年代半ば、二〇〇〇年代半ばで、おおよそ二〇年を隔たっている。前者は東京生まれの設定だが、後者は地方からの上京者たちの物語である。作品の舞台も京王多摩川駅周辺と小田急線の和泉多摩川駅周辺であり、沿線文化が異なっている。多摩川沿いの情景も、みすぼらしい木造住宅が点在するような「暗い街」から、それよりはすっきりした集合住宅や戸建てが集まる「明るい街」へ変化しており、郊外住宅地の整備が進んだことを思わせる。このように背景も、描写も異なる二つの作品だが、多摩川という経験、そして多摩地域に住むこと(住まざるをえないこと)の共通の意味や経験を考えさせてくれる。

『無能の人』の第一話は「石を売る」と題されている。主人公の助川助三は、多摩川沿いで拾い集めた石を「銘石」として、そのまま川のほとりで売っている。むろんまったく売れない（図1）。

そのため、「世の中の何の役にもたたぬ虫ケラ」と妻に罵られ、「自分を無用のものとして社会から捨てる」蒸発にどこかで心惹かれている。文字通り「無能の人」なのだが、実際に蒸発したり、自死したりするわけではない。

同作には「助平」ということばがよく出てくる。これは性的欲望だけではなく、「大穴をねらいたい」「一発当てたい」「成功したい」などの気持ちが表現されている。きれいにいえば、夢や希望といえるが、思惑や下心といったほうがよいかもしれない。『無能の人』には、そうした「助平心」をもった登場人物が何人か出てくる。

図1　つげ義春『無能の人』
出所）「無能の人」『COMIC ばく』日本文芸社、1985年

たとえば、多摩川競輪場で大穴をねらうばくち打ち、鳥飼いとしてのプライドが高いため店には閑古鳥がなく小鳥店の店主などである。なにより「助川助三」という名前の主人公自身が、かつて芸術的と評価されたが、それにとらわれて描けなくなっている漫画家であっ

た。

大きな成功を夢見させる東京に憧れを抱きながらも挫折し、高踏な「世捨て人」を気取る。しかし、夢を諦めきれたわけでもない。そんな

図2　『ソラニン』　©浅野いにお／小学館

助平心を川に流すようにして主人公を受け入れてくれるのは、多摩川の河川敷である。そこは「無用・無益・無価値」と「有用・有益・有価値」のあいだでゆらぎながらも、現実にせかされず、世間のしがらみから外れ、「役立たず」のままでいることができる。

『ソラニン』もまた都市が見せる夢と現実のあいだでゆらぐ登場人物たちの物語である（図2）。

大学の音楽サークルで出会った登場人物たちは、ミュージシャン志望を諦めきれないバンドメンバーであるフリーター、留年生、薬局店員、そして彼らを支える靴屋の販売員や事務職を辞めたばかりの無職者である。彼／彼女たちは、日々の生活や仕事の惰性に流されながら、将来の結婚などを考えて現実に折り合いをつけようとしている。しかし、東京でミュージシャンとして成功するという夢も諦めきれていない。多摩川の東京側にある和

泉多摩川駅周辺での生活は、東京の縁にしがみつきながら、都市が見せる夢から覚めきっていないことを表現しているようにみえる。そうだとすれば、それよりも外側に出てしまうことは現実との妥協になるのだろう。『ソラニン』で描かれる多摩川河川敷は、大都市への幻想と郊外という生活、人びとの出会いと別れ、そしてそのはざまにある迷いやゆらぎを許容してくれる中間領域になっている。だからこそ、登場人物たちは多摩川に向かって、心情を吐露したり、大事な決断をしたり、羽目を外したりするのだろう。

多摩川という境界の景色は、そうした人びとの夢や現実、期待と諦念が織りなす社会からひととき離脱できるような「余白」として存在している。東京側の多摩川のほとりに住んでいた『ソラニン』の登場人物の一人は、その後、神奈川側へ引っ越し、多摩川を渡る。そして、東京を遠く離れるでもなく、川を越えて、そっと東京の縁に寄り添いながら、さまざまなことに折り合いをつけて生きていく。

『無能の人』や『ソラニン』は、東京の夢と現実、そのはざまにある多摩川という余白における「自由・解放」と「喪失・空虚」の両義的経験を描いている。そのようにして表現された〈多摩〉は、東京という大都市とつかずはなれずの絶妙な距離感と方向感覚——「東京だが、東京ではない／東京ではないが、東京である」——を保ちながら生きることを教えている。

漫画だけの話ではない。将来のこと——たとえば結婚や出産——を考えて、東京で仕事をしながら、高くなりがちな生活費を抑えようとすればどうだろうか。広く安い住居を得やすい郊外に移ることは現実的な選択の一つだろう。戦後東京の郊外化は、そのような人びとが極めて多くいたからこそ進んだ。多摩川という境界を越えて、〈多摩〉という広がりで生きるということは、そうした選択を生きることかもしれない——現実から切り離されて河川敷でたたずむ「無能の人」を呼びにくるのが、たいてい子どもであったように。

実際、一九六三年の「新住宅市街地開発法」が制定された翌年、多摩川流域の都市化と面的拡大をコントロールすべく、「多摩ニュータウン」計画が東京都、日本住宅公団、東京都住宅供給公社によって発表されている。さらに田園都市線・小田急線の開発や民間事業者による多摩丘陵の開発も進み、多摩丘陵への市街地の拡大が進んだ。[2] これらの公営団地・集合住宅は、戦後住宅の中心となるｎＬＤＫ設計の原型であった２ＤＫの住宅を、大量に供給している。そうした住宅に住むことが想定されていたのは、「男は仕事、女は家事・育児」という性別役割分業に基づいた家族である。子どもが増えていけば、ｎの数字は増えていくだろう。「家族の五五年体制」と呼ばれる標準化された家族像にならい、西川裕子は、そうした家族のために大量供給された住宅形式を「住宅の五五年体制」と呼ぶ。[3] こうして、その巨大な受け皿の一つとなった多摩地域は、東京を支えるベッドタウンとして、大量の生活者を抱えることになる。

戦後の郊外化は、「夫が働く都心」と「妻が家事・育児をする郊外」を機能的・空間的に分離していった。そして大量の通勤者たちが、そのあいだにある多摩川を越えて、朝は都心へ、夜は郊外へ、日々往復する。あの漫画の登場人物たちのような、若く、淡い夢を東京に抱かないとすれば、多摩川はもう「理想と現実」のはざまにはない。多摩川の往復は、身の丈にあったそれぞれの「東京の小さな幸せ」を守るためのものになっていく。

（2）新多摩川誌編集委員会『新多摩川誌／本編（上）』財団法人河川環境管理財団、二〇〇一年、三〇六頁

（3）西川裕子『住まいと家族をめぐる物語——男の家、女の家、性別の無い部屋』集英社、二〇〇四年、一三九頁

2 「オープンスペース」としての多摩川河川敷

多摩川河川敷に表現された「自由・解放」と「喪失・空虚」の両義的感覚を、市街地の内部で再現することは難しいだろう。近年では、市街地における「パブリックスペース」の整備や活用が進み、人びとが集う空間がさまざまなかたちで設けられるようになった。しかし、それらは、河川敷という空間がもつ広がり、そして肌触りとはかなり異なっている。むしろ、河川敷は「オープンスペース」といったほうがしっくりくる。

「Public Space」にはいろいろな定義があるが、「(必ずすべてというわけではないが)みんなに開かれた空間」といいかえることができる[4]。「公共性」や「公共圏」を想起させるように、人びとのコミュニケーションやコンセンサスを含意したどこか生真面目さがある。一方、「Open Space」は、「ただ、開かれた空間」といいかえることができる。こちらは、より即物的で、にべもなく放り出された空間をイメージさせる。

たとえば、建築家の槇文彦は、目的が定まっていない「原っぱ」という空き地をオープンスペースの原風景として提起している。そして、ケヴィン・リンチの『都市のイメージ』の概念を用いながら、オープンスペースは「エッジ(縁)」によって構成されると述べる[5]。普通、オープンスペースは、一つの「ディストリクト(区画・地区)」として設置・整備されているように思える。しかし、槇はオープンスペースを、その先に海や川が広がるような際《きわ》や縁《へり》のような、自由な空間としてイメージしている。

(4) Neal, Zachary P., 'Locating Public Space,' *Common Ground?*, Routledge, 2009.

(5) 槇文彦「アナザーユートピア」槇文彦・真壁智治編『アナザーユートピア——「オープンスペース」から都市を考える』NTT出版、二〇一九年、v頁河川敷もまた、「エッジ（縁）」としてのオープンスペースの一つではないだろうか。たとえば、多摩川の河川敷は街から少し離れており、だからこそ、世間のしがらみからひとき逃れることができる。また、広い空間として開かれているから人との距離は遠くなり、周囲の人びとのまなざしがゆるんでいく。人間関係上の面子、見栄、体裁などを気にすることもない。ホームレスの人びとの居場所となっているのは、そのためでもあるのだろう。多摩川では不法投棄が行われ、不良少年が集まって逸脱・犯罪行為に利用されることもある。多摩川ではないが、たとえば岡崎京子の『リバーズ・エッジ』（一九九三―九四年）や古谷実の『ヒミズ』（二〇〇一―〇二年）といった漫画も、そのような河川敷のリアリティを描いている。このように多摩川の河川敷は、いわば「都市と街がいったん途切れる空間」なのである。だからこそ、「無能の人」は、侘しさの感じられる、ひとのまなざしが切れる都市の縁に向かう。そしてそれは、『ソラニン』の登場人物たちが本音を吐露できる余白でもあった。河川敷というオープンスペースでは、川の流れを眺めながら、何も考えず放心し、寛ぐことができる。東京へ、あるいは東京から投げ出されたように流れる多摩川の河川敷は、そんな「爽快」と「寂寥」のあいだをゆらいでいる。

3　「インフラ」としての多摩川

近代以前の多摩川――「有用・有益・有価値」の領域

東京という大都市に、またそこに住む人びとの心のなかに余白をつくり出す多摩川――

しかし、それは最初から「無用・無益・無価値」が許されるオープンスペースだったわけではない。むしろ多摩川とその川辺は、生業・生活のある生産空間であり、交通・物流を担う交通空間であった。漁業・商業が行われるだけではなく、農業用水や飲料水を取水し、建設用の砂を採取する供給源であり、木材やその他の物財を運び、人びとを対岸へ渡す船が多く航行する交通路でもあった。

その一方で、多摩川は、共同体と共同体のあいだにあり、近世の身分社会から外れ、共同体との縁が切れる「無縁の場」でもあった[6]。そのため、賭場などが設けられ、「河原者」と呼ばれるアウトサイダーたちの居場所にもなった。また、行倒れ、水死者、流れ着いた遺体など、無縁仏を祀った場所も多い。そのため、「多摩川は此岸と彼岸の境であり、日常と非日常の境であった[7]」。『無能の人』で描かれる競輪場周辺の柄の悪そうな人物たちは、そうした河原者の系譜に連なる人びとなのかもしれない。助川助三もまた、「あの世」に憧れる一人であった。

いずれにしても河川・河原は、周囲の地域やそこで働き、暮らす人びとの所有・利用に関する権限・権利が細かく規定されていた。特に多摩川は上流から下流、両方の川岸のあいだの広い地域にまたがって流れている。特定の生業・地域における出来事が、別の生業・地域に大きな影響をあたえることも多い。多摩川流域に生活する多くの人びとの利害関係は、極めて複雑に、また広範囲にわたって交錯していた。そのため、多摩川流域の所有・資源・利用をめぐっては、長いあいだ苛烈な地域紛争が、幾度も発生している。多摩川とその流域は「有用・有益・有価値」な空間であり、縄張りや利害関係がはりめぐらされており、みんなに開かれたオープンスペースとはいいがたかった。

(6) 三輪修三『多摩川——境界の風景』有隣堂、一九八八年、一〇〇—一〇一頁

(7) 三輪修三、前掲書(6)、一四頁

近代以降の多摩川――生活からの分離とインフラ化

しかし、関東大震災後の都市化は、土地に生産基盤をもたない人口を増加させた。そのため「過酷な河川との付合いや地域抗争が姿を消す一方で、河川と生活の分離が始まる」[8]。近代以降の多摩川は、利水・治水のインフラとして土木的に開発され、流域の市街地化が進むなか、さらに整備されていった。それは水辺が生活空間から離れていくことでもあったが、その代わりに設けられたのは、築堤や護岸工事などによって囲まれ、その堤外地となった「河川敷」である。これは「あばれ川」とも呼ばれた多摩川の増水に備えて設けられた高水敷であった。多摩川の河川敷は、一九三三年の改修工事によって本格的に整備されはじめ、その多くが農耕地として利用された。一九四〇年代になると、一部が運動場、ゴルフ場、飛行場として利用されるようになる。第二次世界大戦後には、競馬練習場、自動車練習場、あるいはスポーツ施設への転用が増加している[9]。

河川敷は、増水の緩衝地帯（バッファ）として洪水を防ぐ治水インフラである。したがって、ある意味でそこは増水と増水のあいだに一時的に利用可能になっているにすぎない。しかし、そうした留保がありながらも、人と水、街と川のあいだに存在する、大きな余白のような空間にもなる。その空白を埋めたのは、かつての生業・生活ではなく、レクリエーション・レジャーであった。ただし、一九六四年ごろの多摩川の高水敷の「ほとんどは、民間企業が利用しており、一般に自由に利用できる運動場は少なかった[10]」。

しかも、同時期の多摩川は、水質汚染が進んでいる。一九五五年以前の多摩川にはほとんど汚濁が認められなかったが、それが急激に進んだのは高度成長期であった[11]。たとえば、シアンによる汚濁、イタイイタイ病の原因とされるカドミウム汚染、カシンベック病など

(8) 新多摩川誌編集委員会『新多摩川誌／本編（上）』財団法人河川環境管理財団、二〇〇一年、三〇四頁

(9) 新多摩川誌編集委員会『新多摩川誌／本編（中）』財団法人河川環境管理財団、二〇〇一年、八一三頁

(10) 新多摩川誌編集委員会、前掲書(9)、八一四頁

(11) 加藤辿『都市が滅ぼした川――多摩川の自然史』中央公論新社、一九七三年、三〇頁から引用

の水質事故が多数報告されている。その結果、多摩川は、とりわけ中流域・下流域において、危険で、嫌気をもよおす「汚い川」の象徴になっていった。多摩川は、周辺地域の生業・生活から機能的・空間的に分離するだけではなく、近づきがたい場所になったのである。

現代の多摩川――オープンスペース化する河川

その後、屎尿処理場の建設、排水基準の徹底、下水道の整備などの対策が進められ、「一九八〇年代以降、徐々にではあるが、水質の改善が認められる」[12]ようになった。その結果、バッファとして設けられた河川敷という一時的な空間は、人びとが自由に利活用すべきスキマや余白として見出されていく。浄化施設が整い、護岸の整備が進むなかで、「各自治体は河川敷をその都市の固有の「オープンスペース」として捉え、運動場や公園として整備し、市民に開放する」ようになったのである。[13]

河川敷の利用開放自体は、高度成長期から進んでいる。たとえば、治水・利水の両面から水系を総合的に管理するために一九六四年に新河川法が制定され、翌年には河川敷の専用「河川敷地占用許可準則」が通達された。そして、同年に「多摩川河川敷地の開放計画（第一次）」が公表され、開放が進められることになる。さらに一九七四年には「多摩川河川敷地の開放計画（第二次）」が実施された。このような河川敷開放計画の実施によって、民間企業・営利団体の敷地割合が減る一方で、地方公共団体の敷地、公園・緑地の割合が増加している。[14]このように一九六〇年代以降の河川敷利用の進展と一九八〇年代以降の水質改善によって、多摩川河川敷に人びとが自由に出入りできるようになった。

（12）　市川新『多摩川――そのエコバランス』ソフトサイエンス社、一九九七年、五七頁

（13）　市川新、前掲書（12）、二三二頁

（14）　新多摩川誌編集委員会、前掲書（9）、八二四頁

レクリエーション・レジャーの空間となった河川敷だが、野球グラウンドやテニスコートなどの特定のスポーツに特化した施設も多かった。目的が定められた施設は、河川敷を特定の行為をしかできない空間にして、それ以外の行為を排除してしまう可能性がある。こうした施設をオープンスペースということは難しいだろう。

実際、一九七〇年代に多摩川の自然保護に関する住民運動を担った「多摩川の自然を守る会」を中心とする多数の団体は、河川敷を人工的、かつ均一的に整備し、目的を限定した空間にすることに抵抗している(15)。そして、さまざまな団体の住民運動の努力もあり、一九八〇年代末以降、地形を生かした、目的を定めない、広々とした芝生や、親水・自然公園が広がっていくことになる。和泉多摩川周辺では、和光小学校の教員が、多摩川で「親子魚とり大会」「多摩川水族館」「水生物病院」などの企画を行なっている(16)。こうして、子どもが自由に活動できる空間が広がり、自然教育に資する活動も増えていく。『東京の自然再発見　こんなに楽しい多摩川散歩』などの写真集も出版され、「多摩川は、ついこのあいだまで瀕死の状態であった(17)」が、美しい川として復活することになる。

一九九〇年代後半のアンケートでは、「全体を通して、スポーツは減少傾向にある一方で、散策などの自由型形態の利用が増えている(18)」という。今後についても、「グランドやゴルフ場を減らして自然地を増やしてほしい」「すべて自然地としてほしい」という意見が多かった(19)。

『無能の人』が連載されていた一九八〇年代は、河川敷が次第に余白やスキマのようなオープンスペースとして見出され、整備されていった時期である。同作の冒頭では、河川敷に「最近、さまざまな人がやってくるようになった」とされている。だからこそ主人公

(15) 横山理子編『多摩川の自然を守る——主婦の住民運動』三省堂、一九七三年、一一〇—一一四頁

(16) 小菅盛平『多摩川はつらいよ——子どもと見つめた自然と社会』農村漁村文化協会、一九九〇年

(17) 立松和平・大塚高雄『東京の自然再発見　こんなに楽しい多摩川散歩』講談社、一九九二、一三二頁

(18) 新多摩川誌編集委員会、前掲書(9)、八五一頁

(19) 新多摩川誌編集委員会、前掲書(9)、八五二頁

は、多数訪れる人びとをあてにして、石を売り、さまざまな商売をしようと試みる。一方、二〇〇〇年代の『ソラニン』に描かれた、登場人物たちが何をするでもない、爽やかな空間は、特定の施設に縛られない親水空間として整備されていったことを背景にしている。

おわりに――東京の「余白」の多重的なゆらぎに身を任せて

筆者は、東京に転居した小学生以来、日野市、多摩市、武蔵野市という多摩地域に住んできた。高校に入ると、郊外から京王線に乗り、多摩川を越えて、都心に通学するようになる。その後、仕事を始めてからも多摩川を境にして往復することが多かった。もちろん、いつも多摩川を意識して生きてきたわけではない。しかし、このように振り返ると、多摩川という「帯状の縁」を行ったり、来たりしながら生きてきたようにも思えてくる。それは、典型的な二〇世紀の「サラリーマン」として生きた祖父や父のキャリアやその家族のライフサイクルが、高度成長期の東京を中心にして形成され、筆者もその延長線上に生きてきたためだろう。そこには東京という大都市の重力に対する抗いがたさがある。

だからこそ、そのはざまにある多摩川は、そんな引力から、東京を生きる多くの人びとをひとときだけ解放してくれるような、かりそめの無重力地帯になる。そして、東京との関係を、「繋ぎつつ、切り」「切りつつ、繋ぐ」余白のような多摩川の河川敷を歩けば、さまざまなゆらぎを感じることができるだろう。自然と人間、川と陸、災害と平時、都市と地方、都心と郊外、日常と非日常、此岸と彼岸、有用性と無用性、夢と現実、視線の緊張と弛緩、解放感と寂寥感——多摩川は、都市の「境界」を多重的につくりつつ、ノリシロのような空間を「帯状」に伸ばし、それらを連ねている。

column

国道二〇号線とミュージシャン

――塚田修一

ユーミンと二〇号線

北島三郎（八王子）、大瀧詠一（福生）、FUNKY MONKEY BABY'S（八王子）、忌野清志郎（国立）など、多摩地域と縁が深いミュージシャンは多い。このコラムでは、多摩地域を貫く一本の道路と多摩地域出身のミュージシャンについて考えてみたい。

その道路とは国道二〇号線である。この道路は、五街道の一つ甲州街道を継承しており、都心から調布、府中、国立、日野、八王子を通る、多摩地域と都心を繋ぐ主要道路である。

この二〇号線と縁が深いミュージシャンの一人が松任谷由実である。よく知られているように、ユーミンは八王子市の二〇号線に面した荒井呉服店で育った。「子供の時は自宅とお店がうなぎの寝床みたいに通りを二つ、表通りが甲州街道っていう国道二〇号線と、裏通りと、間が一〇〇メートル以上あるかしら。そこに細長くあって[1]」と語るこの家で、彼女の感受性は養われた。

「家がイマジネーションかきたてられる場所でもあったっていうか。空想するのが好きな子だった。私のね、全国区の感じっていうのは、そのころの影響かもしれない。すごくたくさん大阪や京都の人の出入りがあったんで、関西弁とか関西ノリっていうのに慣れてたから[2]」。

そして興味深いのは、八王子と都心との間の距離――それはそのまま二〇号線上の距離でもある――こそがユーミンの創作活動に決定的に重要であったということである。

「結婚まではずっと八王子に住んでた。仕事に行くんでも、相変わらず川を二本越えて行くの。川を二本越える間に、人間が変わるような気がした。川を二本越えて帰ってくると、また元の自分に戻るのよ。一種の、暗示ね」(3)。

二本の川というのは、浅川と多摩川である。ユーミンは、ミュージシャンになってからはおそらくはクルマで二〇号線を、またときには「中央フリーウェイ」こと中央道を走行し、この八王子と都心の距離を行き来していたのだろう。

TMネットワークと二〇号線

一九八三年、この二〇号線沿いのファミリーレストランで、あるバンドが誕生する。TMネットワークである。木根尚登は、その結成の瞬間を次のように描写している。

小室が提案した。「これからはフランチャイズがクローズアップされる時代になると思うんだ。だから、地域性を出した名前がいいと思うけど」「立川ボーイズとか」

僕は思ったままを口にした。「まあ、簡単に言えばそんな感じかな。でも、立川じゃないよね。カンサスやボストンみたいなイメージなんだよ」

(中略)

「多摩という言葉を使いたいんだけど。たとえば、タマ・エリアとか、タマ・リバーとか」小室がそうアイデアを出した。

（中略）

「ネットワークっていう言葉は使えない？」

僕は当時ヒットを飛ばしていたオーストラリアのロックバンド、メンアットワークの響きをイメージしながら提案した。「タマ・ネットワークね。ああ、いいかもしれないね」

僕のアイデアが小室の琴線に触れたようだ。「でも〝タマ〟はカッチョ悪くない？」

ウツが渋ると、小室はひらめいた、とばかりに言った。「だったら、ＴＡＭＡを略してＴＭにすればどう？　ＴＭネットワークでどうかな？」(4)

こうして、二〇号線沿いのファミレスでＴＭネットワークが誕生した。(5) しかしながら、彼らの音楽作品においては、小室が当初志向していたはずの「地域性」は極めて希薄である。「ＴＡＭＡ」を「ＴＭ」と略したときに、多摩の「地域性」は失われる運命だったのかもしれない。

そして先述のユーミンと比較した際に気になるのは、都心との距離感の消失である。実際、木根は、ＴＭネットワークのメンバーで、国道二〇号線を走行して都心のスタジオから自宅のある多摩へ帰宅する情景を描いているが、そこには七〇年代のユーミンのような「元の自分に戻る」という感覚などはない。八〇年代の彼らにとって、都心との距離は、もはや何の意味ももたなかったということであろう。八〇年代には、多摩も「東京」になっていたのだ。

二〇号線沿いのファミレス

それでも、彼らにとってこの多摩のファミレスこそが重要な場所であり続けた。一九九四年、ここで活動終了の報道が出る朝を迎える。

図1　閉店したガスト国立店（2024年筆者撮影）
注）元すかいらーく国立1号店

一九九四年四月二一日。

深夜四時。

国道二〇号線沿い、府中と国立の境にあるファミリーレストラン『S』。

最後のコンサートの打ちあわせを終えて、その足でここに来た。

一時間後に配達される朝刊には、僕らのプロジェクトの終了を告げる記事が載る。(6)


　モータリゼーションの加速化と、ハイウェイ時代の到来にあわせ、国道二〇号線沿いの、「中央高速道のインターチェンジのノド元」に位置するこの場所に、すかいらーく第一号店として一九七〇年に開店した「すかいらーく国立一号店」(7)こそ、TMネットワークの「多摩的なもの」の証人であった。

　二〇二四年一月、「ガスト国立店」となっていたこのファミレスは閉店した（図1）。TMネットワークの結成四〇周年を無事に見届けた、ということだろうか。

〔注〕

（1）「永遠の不良少女と呼ばれたい」『月刊カドカワ』一一（一）、角川書店、二四頁↑一九九三年一月号を「巻（号）」表記で

（2）「永遠の不良少女と呼ばれたい」、前掲書（1）、二三―二四頁

（3）松任谷由実『ルージュの伝言』角川書店、一九八三年、一二頁

（4）木根尚登『電気じかけの予言者たち』ソニーマガジンズ、一九九四年、二三―二五頁

（5）木根は次のようにも述べる。「TM結成前、僕も小室くんも売れてない頃、みんな多摩地区に住んでいた。で、あの地域にはほかにもたくさんミュージシャンのグループがあって、みんなコンテスト仲間だったんです。それで、僕らがコンテストで優勝してグループ名を付けようとしたときに、小室君が「周りの音楽友達を代表してここから出てきたんだ、という地域性が

わかるようにしたい」といって、多摩を入れたがったんです」（『MAGAZINE HOUSE MOOK 平凡 Special 一九八五 僕らの八〇年代』マガジンハウス、二〇二〇年、一〇四頁）。

（6） 木根尚登、前掲書（4）、五頁

（7） すかいらーく二五年史編纂委員会編『いらっしゃいませ――すかいらーく二五年のあゆみ』すかいらーく、一九八七年

column

オートバイと不良

木本玲一

立川は日活映画『野良猫ロック セックス・ハンター』(一九七〇年)の舞台になっている。一九七〇年から一九七一年にかけて公開された「野良猫ロック」シリーズでは、不良少女たちがオートバイで街を疾走する。これは一九六〇年代後半からつくられ始めた東映の「不良番長」シリーズなどの女性版であるといえる。「不良番長」シリーズは、東映の岡田茂が、ロジャー・コーマンの『ワイルド・エンジェル』(一九六六年)の日本版を企画したことからスタートしたものだ(1)。

ではなぜ不良がバイクに乗るのか。少なくとも戦前・戦中では、不良がオートバイに乗るという描写は少なかったはずだ。当時のバイクは高級品だったからだ。それが戦後になって安価なオートバイが出回るようになると、世界中で不良がバイクに乗り始める。合衆国のヘルズ・エンジェルズ、英国のロッカーズなどが知られている。日本でいえば、一九五〇年代から一九六〇年代のカミナリ族が、不良とバイクの結びつきの端緒となった。当時はまだバイクが高価だったこともあり、乗り回せるのは裕福な若者たちであった。彼等に対する社会のまなざしも、そこまで厳しくはなかった。それからしばらくすると、有職者の若者などを中心としたサーキット族が登場する。彼等は公道レースを行なったが、事故が相次いだため、社会からのまなざしも厳しくなる。そしてサーキット族がさらに低年齢化したのが暴走族である。サーキット族が基本的にスピードを追求したのに対し、暴走族は特攻服を身にまとい、バイクに派手なカスタムをほどこした。速く走るための軽量化などではなく、バイクの性能が損なわれることもお構いなしに、目立つことを目指したところに特徴がある。暴走族については、佐藤郁哉『暴走族のエスノグラフィー』(新曜社、一九八四年)などに詳しい。

暴走族は、各地で敵対するチームとの抗争を起こした。たとえば一九七五（昭和五〇）年には、東京と神奈川の敵対する連合の六〇〇人が、七里ヶ浜でぶつかり合う事件が起きている)。こうした事件の結果、彼等に対する社会のまなざしは極めて厳しいものになっていった。たとえば一九八一年の『警察白書』には次のようにある。

暴走族は、校内暴力、暴力団と密接なかかわりを持ち、一方で校内粗暴集団の非行を助長するとともに、他方で暴力団の人的供給源となり、それぞれの問題を一層深刻化させる役割をも果たしている。(2)

このころは高校生に免許を取らせない、バイクなどを買わせない、運転させないことを目指す「三ない運動」なども各地で起こっており、バイクに対する風あたりは強いものがあった。しかしバイクに乗ることが悪いとされればされるほど、不良はバイクに乗りたくなる。悪いとされていることをすることは、一般の学生との差異化や、不良としての自己表現の契機となるからだ。

さらに漫画やドラマ、映画などでも不良や暴走族が一つのジャンルを形成し、また『チャンプロード』、『ティーンズロード』などの暴走族専門誌も登場した。こうしたメディアは、暴走族が維持・再生産されていく契機となった。たとえば暴走族漫画を読んでいた小学生が、数年後に派手な単車にまたがり、専門誌から取材を受けるといったことが起こっていた。

とはいえ一九九〇年代には、暴走族は古臭いものとされるようになっていく。かわりにチーマーと呼ばれる不良たちが登場した。彼等はストリート・ファッションに身をつつみ、クラブ・イベントを企画してパーティー券を売りさばくなどしていた。バイクに乗らない者も増え、乗る場合でもいわゆるアメリカンタイプのバイクが好まれた。

また一九九〇年代から二〇〇〇年代には、元は暴走族であった関東連合のような集団が、チーマーと抗争を繰り広げながら、彼等の後ろ盾になるようなケースもみられるようになった。[3] こうした集団は警察により準暴力団と定義された。準暴力団は特殊詐欺や組織窃盗などの違法な資金獲得活動を活発に行ない、暴力団などとも協力関係にあるとされる。[4]

かつて不良はバイクで暴走していた。しかし今の国内バイク市場では、新車購入者の平均年齢が五四・二歳であり、[5] バイクは中高年の趣味といえる。今の不良にとってもはやバイクは魅力のないアイテムなのかもしれない。

〔注〕

（1）内藤誠「インタビュー」杉作J太郎・植地毅編『東映ピンキー・バイオレンス浪漫アルバム』徳間書店、一九九九年、一〇九―一一〇頁

（2）警察庁『警察白書』大蔵省印刷局、一九八一年（https://www.npa.go.jp/hakusyo/s56/s560200.html 二〇二四年三月二八日閲覧）

（3）久田将義『関東連合――六本木アウトローの正体』筑摩書房、二〇一三年

（4）警察庁『警察白書』大蔵省印刷局、二〇二〇年（https://www.npa.go.jp/hakusyo/r02/honbun/html/wt300000.html 二〇二四年三月二八日閲覧）

（5）一般社団法人日本自動車工業会HP「二〇二一年度二輪車市場動向調査について」（https://www.jama.or.jp/release/news_release/2022/1300/ 二〇二四年三月二八日閲覧）

〔参考文献〕
佐藤郁哉『暴走族のエスノグラフィー』新曜社、一九八四年

ジブリと多摩の風景
——『耳をすませば』で描かれた団地——

米村みゆき

はじめに——「開発」という書き込み

スタジオジブリのアニメーション映画『耳をすませば』（一九九五年）では、国語の試験問題を解く場面で主人公の雫《しずく》が、「開発」と書き記す。わずか数秒であり、注意して観ていなければ、見過ごしてしまうようなシーンであるが、これは大きな意味を担う書き込みだろう。なぜなら、同映画が多摩ニュータウンを舞台している事実を考えあわせると、前年度に公開され、同じく多摩ニュータウンによる「開発」を描いたスタジオジブリの映画『平成狸合戦ぽんぽこ』（一九九四年）との連続性がみえてくるからだ。同時に、「開発」という書き込みは、これまで多くの人に捉えられてきた同映画の見方に、大きな変更を促すことになる。『耳をすませば』は、主人公である雫と聖司のストレートな恋愛が、しばしば——特にインターネット上では——〝リア充映画〟といわれているが、「開発」というワードから浮上するのは、同映画がスタジオジブリの映画の文脈において、多摩ニュータウンという事柄《マター》について問いかけをしている、という側面である。

本章では、映画『耳をすませば』において、多摩ニュータウンがどのような視点で、何が問われているのかを考察し、同映画のモチーフについて改めて検討する。とりわけ着目するのは、雫が「団地」住まいである点である。なぜなら、これは同映画の原作となった漫画の内容から際立って変更された点であり、それに伴い映画『耳をすませば』では、「団地」の様相が描かれることになっているからだ。本章の手順は、以下の通りである。第1節では『耳をすませば』の原作からアニメーション映画の変更について、第2節では『平成狸合戦ぽんぽこ』の応答として『耳をすませば』におけるテーマを探り、第3節では、『耳をすませば』がどのようにニュータウンを描出しているのかについて考察したい。

1 〈もう一つの宮崎アニメ〉――原作からアニメへ

アニメーション映画の独自性

映画『耳をすませば』は、中学三年生の読書好きの少女・月島雫が、図書館の貸出カードを通して、ヴァイオリン職人の修行を決意した少年・天沢聖司と出会い、それがきっかけになり小説を書き始める、という話である。柊あおいによる少女コミックを原作に、近藤喜文が監督したアニメーション映画である。しかし、アニメーションの設計図である絵コンテと、シナリオは宮崎駿が制作している。宮崎が、義父が建てたという山小屋で、姪たちが残した『りぼん』に連載された柊の『耳をすませば』（第二回）を偶然目にしたこと

表1　『耳をすませば』　原作漫画とアニメーション映画の比較

	項目	原作漫画	アニメーション映画
住宅	家	一軒家	団地
	部屋	広い個室	姉と同室
	掃除	母親	自分で掃除
人間関係	聖司の兄	主要なキャラクターとして描かれている	直接的には描かれていない
	雫の姉	高校生	大学生
	雫の姉と聖司の兄の関係	恋愛が進行している	＊該当なし
	母親	専業主婦	大学院で修士論文を執筆中
その他	聖司の設定	絵を描く	バイオリンの製作 イタリア修行へ行く
	猫の男爵の逸話	猫の男爵の恋愛のみ	猫の男爵の恋愛と 西司朗（聖司の祖父）の恋愛
	雫の小説執筆のきっかけ	聖司が雫に執筆するように促す	聖司の生き方に触発された雫が自発的に執筆する
	ラストシーンの聖司の科白	「君が好きだ」	「結婚しよう」

が、アニメーション映画化へのきっかけとなった[1]。宮崎の絵コンテと実際の映像を比較すると、宮崎駿の絵コンテにほぼ忠実に映画化されたことがわかる。そのため本章では、あえて「宮崎映画」としての同映画の要素に焦点をあて、近藤喜文の演出部分は割愛する手法をとる。すなわち、ここでは、プロデューサーの鈴木敏夫が「宮崎駿以外の監督に〝宮崎アニメ〟は作れる[2]」と述べた側面に集中するのだ。この節では、『耳をすませば』の漫画原作とアニメーション映画の差異を検討することで、アニメーション映画におけるオリジナリティを摘出したい。

以下、漫画からアニメーション映画への変化を項目別に取り上げたのが次の表である（表1）。

居住関連の脚色では、雫の部屋は、個室から共用部屋に変化しているのだ

（1）「近藤喜文初監督作品『耳をすませば』とジブリ実験劇場『On Your Mark』」鈴木敏夫編『スタジオジブリ物語』（二〇二三年、集英社）。スタジオジブリ『ジブリの教科書九 耳をすませば』文藝春秋、二〇一五年、二四頁

（2）鈴木敏夫「「四五歳の新人監督」近藤喜文が泣いた夜」、スタジオジブリ、前掲書（1）、五七―五八頁

が、漫画では、雫の部屋の扉には「SHIZUKU」というプレートが掛かっており、個室であることが明示されている。一方、映画では、姉と二段ベッドで寝ており、雫が勉強に集中できるように姉が一人暮らしを始めるエピソードが含まれる。部屋の掃除については、漫画では、母親が雫の部屋を掃除しているが、映画では、姉が雫に「自分の部屋は自分で掃除」するようにと声かけしている。

人間関係の脚色では、漫画では聖司の兄が主要なキャラクターの一人として描かれ、雫の姉との恋愛が進行している点が大きな差異として注目される。母親については、漫画では専業主婦であるが、映画では大学院で修士論文を執筆中で、家事は姉妹も分担している。

そのほかの設定における脚色では、漫画では、聖司は絵を描くが、映画では、ヴァイオリンの製作をし、加えて、イタリアに修行にいくことになる。また、猫の男爵の人形のエピソードは、漫画では、猫の男爵の恋愛のみが描かれるが、映画では、聖司の祖父である西司朗も戦争で恋人と離ればなれになった設定となる。そのほか、雫が小説を書き始めるきっかけが異なり、漫画では、聖司が雫に小説を執筆するように促すが、映画では、聖司の生き方に触発された雫が自発的に小説を書き始める話となっている。また、〝リア充映画〟といわれるラストシーンの聖司の科白は、漫画では、聖司は雫に「君が好きだ」という告白であるが、映画では「結婚しよう」に変更され、聖司がイタリアに修行に出かけることで、離ればなれとなる二人にとっての約束の意味合いが含まれたものとなる。

一軒家から団地住まいへ

これらの脚色について、宮崎のほかの映画作品の事例を参照しながら補足していきたい。

漫画では、雫の姉が、聖司の兄と恋愛しているが、映画『ハウルの動く城』（二〇〇四年）におけるダイアナ・ウィン・ジョーンズの原作でも、主人公以外の姉妹の恋愛が平行して描かれていた。しかし、宮崎は、主人公の恋愛のみに絞って描く脚色をしている。幅広い世代がジブリのアニメーション映画を観るため、人間関係はシンプルなものに変更されたと考えられる。その一方、『耳をすませば』の漫画では、猫の男爵の恋愛のみが描かれ、聖司の祖父の恋愛の設定は現れない。映画では、猫の男爵の恋愛と祖父の恋愛をダブルに描くことで、戦争が恋人を離ればなれにしたことを強調したと考えられる。

漫画では、聖司は芸術家に近いが、映画では職人に近づけられている。映画『魔女の宅急便』でも、キキの友人である絵描きのウルスラの台詞として、絵描き（芸術家）とパン職人を並列に捉えている台詞が登場する。ここでは、宮崎の、職人に対するリスペクトが見受けられる。

以上のように、アニメーション映画化において、原作との差異は多く見受けられる。そのなかで最も着目されるのは、雫の住まいが一軒家から団地に変更された点ではないだろうか。なぜなら、それは、多摩ニュータウンが舞台である事実と深く関連するからである。さらには『平成狸合戦ぽんぽこ』との連続性も意味している。実際、『平成狸合戦ぽんぽこ』の制作が佳境に入った一九九三年一〇月に、宮崎は、『耳をすませば』の企画書をまとめており、翌月の「企画検討会」へ提出している。(3) 次の節では、ジブリ映画の文脈を視野にいれながら、『耳をすませば』が描くテーマについて考察していきたい。

（3） スタジオジブリ、前掲書（1）、二五頁

2 『平成狸合戦ぽんぽこ』の応答としての「団地」

多摩ニュータウンを「故郷」とする主人公

映画『耳のすませば』の冒頭が、『平成狸合戦ぽんぽこ』のエンディングを引き継いでいることは注目されるのではないだろうか。本節では、スタジオジブリの映画の文脈のなかで『耳をすませば』を捉えることで、多摩ニュータウンの問題がクローズアップされることを述べていきたい。

『平成狸合戦ぽんぽこ』は、多摩ニュータウンの開発計画により住処を奪われた狸たちが、変化術である化学《ばけがく》を駆使して開発を阻止しようとする話である。高畑映画の特徴でもあるが、『平成狸合戦ぽんぽこ』はハッピーエンディングや容易な解決案を提供しない。同映画のエンディングは「狸と人間の共生」が示唆されるも、〝異種〟同士が緊密な結びつきを保ちながら、生態的に共存する理想からは程遠く、新しく開発された住宅街に「動物注意」の看板が掲げられる〝応急処置〟の実情が描かれている。(4) 敗北した狸たちの「それでもお祭りができるんだ」と踊る姿から、カメラはTilt Upする。そして狸たちが踊っていた場所が、ゴルフ場＝人工的な自然であったことを映し出す。その後、カメラはさらにTilt Upを続け、遠景に高層ビルが立ち並ぶ夜景が映し出される。

一方、『耳をすませば』の冒頭は、俯瞰で街の夜景を映し出す。絵コンテをみると「空からみる大東京の夜景」が映し出され、多摩川がみえ、「杉の宮」の町の風景へとズーム

(4) 米村みゆき「高畑勲が『なめとこ山の熊』を映像化していたら――アニミズムの新しい視点から」『アニメーション研究』二一(一)、二〇二〇年、六一頁

インする指示がみえる。まさに、『平成狸合戦ぽんぽこ』の逆の動きをなぞっているのである。とすれば『耳をすませば』というアニメーション映画は、『平成狸合戦ぽんぽこ』が描いた多摩ニュータウンの開発のその後、あるいは『平成狸合戦ぽんぽこ』の続きの物語を紡いでいることになるだろう。それは、多摩ニュータウンを「故郷」とする主人公・雫の物語である。では、『耳をすませば』は、何を問いかけているのだろうか。『平成狸合戦ぽんぽこ』が〝動物と人間の共生〟をテーマにしたとすれば、宮崎は「開発」された「団地」での人と人とのつながりを描こうとしたのではないだろうか。それが、失われつつあるものとして。

「コンクリート・ロード」としての故郷

『耳をすませば』の冒頭では、雫がコンビニから自分の住まいの団地に戻り、階段をのぼっていくと、トマトを入れたザルを持つ女性とすれ違う。宮崎は特有の視覚的叙述[5]――セリフではなく視覚的な情報――で状況を説明している場面であるが、女性が、階段の上からトマトをもって降りてきたというのは、誰かから貰ったのか、誰かに差し上げようとしているのであろう。絵コンテをみると「上から顔見知りのおばさんがおりて来る（手にザル）」と記されている。そして、宮崎は、同様な交流を、別のシーンで再び取り上げている。雫の家の隣の人が、宅配の荷物を預かってくれた――その返礼に雫の母親は、隣人に届け物のお裾分けするのだ。「悪いわねー、いつももらっちゃって」。この言葉からは、このようなやりとりが団地では日常であることがうかがえる。[6] では、このような団地は、主人公の雫にとってどのような意味をもつのだろうか。

（5）視覚的叙述については、米村みゆき『映像作家　宮崎駿〈視覚的文学〉としてのアニメーション映画』早稲田大学出版部、二〇二三年、一一一三頁を参照。

（6）付言すれば、このお裾分けの品物は「柏崎メロン」とかかれ、監督の近藤喜文の出身地が仄めかされている。柏崎メロンの品名は架空の設定で、産出量の多いスイカから連想されたものだろう。

雫がアメリカのポピュラーソングである「カントリー・ロード」（Take Me Home, Country Roads）の訳詞（替え歌）をつけたものをみてみよう。

どこまでも　つづいてる　コンクリート・ロード
森を伐り　谷を埋め　川を殺し
西東京《ウエストトーキョー》　多摩《マウント》の丘《タマ》　埋めつくす白い家
ふるさとはコンクリート・ロード

歌詞中の「ウエストトーキョー」について補足すれば、多摩ニュータウンの第一次入居時（一九七一年）の現場は、自然のみどりが削られて赤茶けた土のハダが残り、ブルドーザーがうなり声をあげていた。新聞は「ウエスタン都市」と名づけたが、それは東京の西部というだけでなく未開の地の意味がこめられていたという。(7)「カントリー・ロード」は、「故郷へ帰りたい」というタイトルでも呼ばれたことからも示唆されるように、雫にとっての故郷は、コンクリート・ロードとしての多摩ニュータウンであることを肯定する歌なのだろう。(8)

3　『耳をすませば』が描く多摩ニュータウン

この節では、多摩ニュータウンが投げかけた事柄《マター》を参照しつつ、『耳をすませば』がど

(7)　四方洋「苦悩する多摩ニュータウン」野口雄一・奥田義雄・西川大二郎編『日本列島　巨大都市　その現実』勁草書房、一九七二年、二六六頁

(8)　森を伐ったコンクリート・ロードを肯定する視点をもつ映画『耳をすませば』は、『もののけ姫』（一九九七年）で、山を切り開いて製鉄するエボシ御前を全否定をすることなく描いた点と同じように注目されるだろう。

のような描出を行ったのか、確認してみたい。

初期開発の愛宕団地

「ウエストトーキョー」の多摩丘陵に広がる多摩ニュータウンは、多摩市、稲城市、八王子市、町田市にまたがり、多摩市の約六〇%の面積がニュータウン開発に編入されている。多摩市の人口動態は、開発が本格化する一九六〇年代から七〇年代にかけて急速に増え、ニュータウンの開発の初期入居が始まった一九七〇年から七五年にかけて加速し、開発がほぼ終了する一九九〇年まで続く。この人口増加の数字は、多摩ニュータウンによって、外部から多くの住民を取り込んだことを示す。この住民の流入は、後に急速な高齢化として地域に跳ね返っている[9]。映画で、舞台となる聖蹟桜ヶ丘駅（旧関戸駅）は、一九二五年に多摩市に開設された最初の鉄道駅であり、駅を中心に商店街などが開設され、新住民が受け入れられてきた地域である。また、雫が住む団地のモデルとされる愛宕団地は、ニュータウンの賃貸・公営団地の地区として選定された初期開発の地区であり、入居開始は一九七二年と多摩ニュータウンのなかで二番目に古い[10]。多摩ニュータウンには、住区ごとに明確なゾーニングがあり、愛宕地区は、経済的に下層の人たちが集住している都営住宅が集中した地区とされた。愛宕地区では二つの特徴があり、一つは、住宅の供給量の充足を重視したため、内階段でエレベーターがなく、充分な居住面積をもたない箱型の賃貸団地であったこと、二つめは、公営住宅であるため所得制限が求められていたことである[11]。

映画では、冒頭で、雫が自宅に入ると、玄関と居間に所狭しと書物が積み上げられてい

（9）石田光規「郊外社会のつながりと持続可能性」石田光規編『郊外社会の分断と再編』晃洋書房、二〇一八年、一三―一四頁と、本書コラム「『耳をすませば』のアニメ聖地巡礼」を参照。

（10）石田光規「郊外社会のつながりと持続可能性」、石田光規編、前掲書（9）、一四頁

（11）林浩一郎「住宅階層問題の変容と都営団地の持続可能性」、石田光規編、前掲書（9）、四九―五〇頁

る風景が広がる。絵コンテには「ありがちな玄関　片づいていないわけではないが物がありすぎる」と記されている。「六畳の居間を本棚で半分にしきった書斎でワープロにむかっている父」――すなわち、居間は、本棚や積み上げられた書物によって書斎と化しているのである。父親は図書館に勤務、母親は社会人として大学院で学んでおり、修士論文を執筆中である。雫の母親は、独り住まいを始めるという雫の姉に対して金銭の懸念をし、「春まではなにかと物入りだけど、卒業したら私も働けるから」というため、雫の家庭は裕福とはいえないことがわかる。

愛宕の初期型団地は間取りが狭く、子どもが成長したとき、手詰まりであることも映画は描いているようだ。原作者の柊あおいは、映画では姉妹が二段ベッドで寝ている設定であったことに驚いているが[12]、映画におけるこの脚色は、姉妹が小さいときからここに住んでいることを示しているのだろう。そして、原作の高校生から大学生への設定に変更された雫の姉は、家を出ていくことを決心する。付言すれば、愛宕団地は世帯所得が基準以下である必要があるため、働く子ども世代が同居すればその上限を超えてしまう。雫の姉は早かれ遅かれ、団地を出ていかざるをえないのだろう。雫の姉が、アニメーション映画では大学生に変更されたことにより、成長した若者が団地を離れていく遠因もみえ隠れする。また、『耳をすませば』の公開時の一九九五年を映画の現在時として勘案するとき、雫の両親を最初の入居者（多摩ニュータウン第一世代）と仮定すれば、二三年が経過している。大学生の雫の姉は、両親が移住してきてから二～四年後に誕生したことになり、中学三年生の雫は姉の五～七年後に生まれたことになる。姉も雫もいわば多摩ニュータウン第二世代に相当する。

（12）近藤喜文・柊あおい「対談　好きな人に会えました」『耳をすませば（映画パンフレット）』東宝、一九九五年

図1　団地の雫の部屋

出所）スタジオジブリ HP
注）姉と共有しており、手詰まりな雰囲気がみえる。右側に二段ベットがある

図2　一軒家の夕子の部屋

出所）スタジオジブリ HP
注）個室、ぬいぐるみや観葉植物が置かれ、広々としている

一方、雫の住まいの近くには、戸建ての家があり、雫の友人の夕子の家は、戸建てで、雫とは異なり裕福である記号――紅茶、クッキー、ぬいぐるみ、室内犬――で溢れている。二人の家庭の階層は、明確に差異化されて描出されている（図1、図2）。

団地における家族像

漫画と映画は、雫の母親が、朝、寝坊した雫を起こそうとする場面や、掃除の場面など共通した場面が見受けられる。漫画では、母親は、雫を起こすとき、雫の部屋に掃除機をもち込み、はたきで本棚のほこりをとっている。一方、映画では、母親は雫に起きるように声かけはするものの、「私　出かけるよ」「お米といどいてよ」と先に外出している。雫の部屋に掃除機がもち込まれる場面は映画でも見受けられるが、もち込んでいるのは雫の姉であり、雫には自分で掃除するように促すのだ。母親が大学院生であるため、姉妹で家事を分担する姿が描かれているのだが、なぜ、宮崎は、このような設定に変更したのだろうか。

手がかりとなるのは、雫の友人である夕子の家での様子である。雫が夕子の家に遊びに行く場面をみてみよう。一軒家の比較的大きな家が映し出される。居間のそばの廊下を通るとき、父親は新聞を読んでいる。廊下から階段をあがり、二階の夕子の部屋（個室）に入り、雫と夕子は恋愛話をする。そのとき、夕子は「お父さんとケンカしているの　口きいてやらないんだ」という。その一方、団地住まいに変更された雫の家では、「口を利かない」という環境は不可能だ。二段ベッドが置かれた部屋では、消灯時に姉と会話せざるをえないし、雫たちの部屋は、帰宅した姉が玄関からみえる位置にあり、開放した窓からは父親と母親の書斎＝居間の会話も筒抜けである。電話も、居間にある固定電話であるため、居間にいる家族は話している内容を把握する。雫の住まいの「団地」は、肯定的にいえば家族の動向が共有される親密さが描かれている。これらの団地の風景には、失われつつある家族の交流が描かれているのだろう。

失われる人びとの交流

宮崎のアニメーション映画における団地の描写について補足しよう。二〇〇一年公開の『千と千尋の神隠し』の原作の一つとなった柏葉幸子原作の『霧のむこうのふしぎな町』（一九七五年）では、主人公の少女は団地住まいで、やはり自分の部屋をもったことがない。しかしながら、宮崎はアニメーション映画化する際に、主人公・千尋を（明確には描かれていないが）戸建て住まいで、高級車アウディに乗っている裕福な家庭の子どもに脚色している。実は、宮崎は、『耳をすませば』の絵コンテ（映画）で、この『霧のむこうのふしぎな町』の書物を登場させている。図書館で、聖司がこの本を読みながら、雫が物語を書き終えるのを待っている場面である。団地住まいの設定は、『霧のむこうのふしぎな町』の主人公と地続きであり、充分に意図的であったことがわかる。

家族のみならず、団地内の住民とお裾分けの交流があることは前節で確認したが、このおすそわけも、宮崎のアニメーション映画の原作、角野栄子『魔女の宅急便』（一九八五年）に登場している。主人公のキキが配達する宅急便の報酬は「おすそわけ」。金銭の報酬でないのは、「おすそわけ」が魔女と人間の交流――魔女と人間が、もちつもたれつの交流――が目的であるからだ。

また、古くから多摩ニュータウンの住民は、階段や外廊下が狭いため、譲り合う文化があるという。[13] 映画では、雫も、階段で住民とすれ違うとき、階段の通路を譲り合っている。絵コンテには「一寸ゆずり挨拶する雫」とある。同様な場面は別の箇所でも登場する。雫の父が階段で住民とすれ違うとき、挨拶のほか、狭い階段を譲る父親に住民が「すいませんね」と声をかけている。宮崎は、団地の人の交流を正確に描いていることがわかるのだ。

(13)　本書コラム「『耳をすませば』のアニメ聖地巡礼」を参照。

おわりに――時代の転換期を描くアニメーション映画

映画『耳をすませば』は団地を描くことで失われつつある人と人の交流を描こうとしたのだろう。図書館に勤務する父親は、「わが図書館もついにバーコード化するんだよ　準備に大騒ぎさ」と述べる。その事実を聞き、雫は自分は貸出カードの方が好きだという。父親もそれに同意する。バーコード化する以前は、どのくらいの人が、その本を手にしたかわかる図書貸出カードだった。だからこそ、同じジャンルの本に興味をもつ者同士の――雫と聖司が出会うことになった。『耳をすませば』は、このような時代の転換期を描いている。人と人の交流がより親密であった様子を描いているのだ。

高畑勲『平成狸合戦ぽんぽこ』が、失われつつある動物と人間の共生について問う映画であれば、映画『耳をすませば』は、ニュータウン第二世代としての雫が、コンクリート・ロードである多摩ニュータウンを故郷とし、失われつつある人と人との交流について問いかけをもつ映画となるだろう。それは、高畑映画への応答としてある。

〔謝辞〕
本章は、令和五年度専修大学研究助成個別研究「スタジオジブリのアニメーション映画と〈作家主義〉についての研究」の研究成果の一部である。

column

『耳をすませば』のアニメ聖地巡礼

米村みゆき

テレビアニメやアニメーション映画の視聴者たちが、アニメの舞台となった場所や関連する土地を「聖地」とみなし、そのスポットを訪れる現象は、アニメ聖地巡礼と呼ばれている。本書の筆者の章で取り上げたアニメーション映画『耳をすませば』（一九九五年）もその例に漏れず、舞台とされる聖蹟桜ヶ丘は、ジブリのファンが訪れ、アニメ聖地巡礼の地となっている（図1）。映画中で描かれたロータリーのモデルとなった近くには、『耳をすませば』の立ち寄りスポットとなった料理店があり、店内に置かれた「耳すま」ノートにファンがコメントを書き入れている。アニメ聖地巡礼のスポットは、視聴者が舞台となった場所を特定することもあれば、町おこしの手段として、アニメ制作時から企画されているケースもある。

図1　『耳をすませば』のモデルとされるロータリー（2023年、筆者撮影）

スタジオジブリのアニメーションの場合は、映画中で描かれた舞台がどこにあるのかを視聴者が探す、いわゆる「舞台探し」が多い。なぜなら、スタジオジブリの場合は、具体的な舞台を特定しないケースや、さまざまなスポットがミックスし、その結果「無国籍」な舞台となっているケースが多いからだ。たとえば『千と千尋の神隠し』（二〇〇一年）のアニメ聖地巡礼のスポットとして最も著名であるのは台湾の九份であり、実際、九份の宿泊施設や土産店などは同映画の舞台であることを宣伝して観光客を呼び込んでいる。しかし、九份が同映画の舞台でないことは、スタジオジブリが発言しているし、実際には、東京目黒にあるホテル雅叙園東京や愛媛県の道後温泉などの場所が混淆して作品舞台のモデルとなった。一方、『魔女の宅急便』の舞台は、スウェーデンのゴットランド島にあるヴィスビュー（図2）やストックホルムが主要な舞台となっていることが明らかだが、オーストラリアの孤島のロス村にあるB&Bでは、主人公キキが住む屋根裏部屋に似ていると、ジブリファンの多くが訪れている。アニメーション研究者の須川亜紀子は、雰囲気が似ていることで見出された聖地を「見立て聖地」と呼んでいる。要は、その場所にアニメの物語を読みたい、同じ物語を同じファンたちと共有したいというファンの欲望がアニメ聖地巡礼を支えているのだ。雰囲気が酷似していれば、これといった特徴もない場所も「アニメの舞台」である付加価値がつき、アニメ聖地となりファンは足を運ぶ。

図2　『魔女の宅急便』の舞台となったヴィスビューの街並み（2022年、筆者撮影）

しかし、『耳をすませば』のモデルとなった「団地」は、前述の聖地巡礼の場所とは異なり、アニメーション映画の物語をより深く理解する情報を提供しているだろう。

主人公の月島雫が住む団地のモデルとされるのは、一九七二年から入居が始まった多摩ニュータウンの愛宕団地である。一九九五年公開のアニメーション映画が描くのは、築年数を経た団地であった。しかし、二〇二四年現在、筆者が勤務する大学の学生たちは、多摩ニュータウンという言葉を耳にすると、「過疎化」というワードを思い浮かべるという。そして愛宕団地にも過疎化が進んだ建物が存在する。図3は、空き家になった団地である。その一方で、多摩ニュータウンには、築年数の古い部屋や建物をリノベーションしたり、エリア自体を再生するエリアマネージメントも試みられている。

この「再生」は興味深い。なぜなら、宮崎映画における建物保存のテーマが想起されるからだ。二〇〇八年に『崖の上のポニョ』は公開されるが、その公開前に舞台となった広島県福山市鞆の浦において、宮崎は空き家再生のＮＰＯと協働した経歴がある。宮崎が絵コンテを担当した『コクリコ坂から』（二〇一一年）では、カルチュラタンというクラブハウスの存続問題を通して、主人公たちが高校の理事長に直談判している。『コクリコ坂から』とは、建物保存や空き家再生のテーマが結晶したアニメーション映画であったのだ。

『耳をすませば』の映画では、コンビニエンスストアで買い物をした雫がビニール袋をもらってきたことに対し、母親が苦言を呈す場面がある。店員から貰うのを〈断ればいい〉のだと。サステナビリティの視点が明瞭に書き込まれているのだ。そして、映画『耳をすませば』の公開から三〇年近くを経た現在、映像で描かれた「団地」は、サステナビリティの当該地となっている。

図3　空室となった愛宕団地（2023年、筆者撮影）

注）右上に「愛宕」の文字が見える

映像ロケ地としての多摩
——匿名性と普遍性の街——

宇佐美毅

はじめに——映像作品における多摩地域の役割

私たちは、映画・テレビドラマ・旅番組・ヴァラエティ番組など、多くの映像作品に映る風景や建築物を目にしている。そのなかには、いわゆるセットと呼ばれる撮影用につくられた場所で撮影された映像もあるが、一方で実在の風景や建築物を利用した映像も多い。本章では、そのような実在の撮影場所として、いかに多摩地域が多くの映像作品、特にテレビドラマや映画などにおいて重要な役割を果たしているかを考えていきたい。多摩地域のあの場所があの映像作品に用いられている、とすぐ思い浮かぶことは少ないかもしれないが、私たちが見ている多くの映像作品にさまざまな多摩地域の風景や建築物が登場し、実はそれぞれが大きな役割を果たしている。

1　多摩地域で撮影された映像作品

近年のテレビドラマの話題作として真っ先に思い浮かぶのは『ＶＩＶＡＮＴ』（ＴＢＳ系列、二〇二三年七～九月）ではないだろうか。『ＶＩＶＡＮＴ』といえば、冒頭から日本にはないような砂漠や草原の映像が連続して流され、視聴者を画面に引きこんでいく。かなり大がかりな海外ロケが行なわれていて、それらの映像は壮大なモンゴルの自然を背景に撮影されていた。

一方で、『ＶＩＶＡＮＴ』第四話以降は国内に舞台が移る。そこでも日本各地でロケが行なわれていて、第三話までとは対照的に、ときには極めて日本的な場所が舞台に選ばれていた。たとえば、作品の主人公の乃木憂助（堺雅人）は毎朝神田明神（千代田区）にお参りして祠《ほこら》に視線を送っている。それには実は深い意味がある。乃木は自衛隊の秘密部隊別班の一員であり、その上司・櫻井（キムラ緑子）とは秘密に連絡を取り合っている。その櫻井は毎朝布多天神社（調布市）を訪れている。警察の野崎（阿部寛）に徹底マークされている乃木と櫻井は、電話やメールでの連絡ではなく、それぞれの神社の祠に合図を残すことで連絡をとりあっている。また、第五話で乃木と櫻井が直接会う場面としては深大寺（調布市）前の参道が選ばれている（図1）。

このように、『ＶＩＶＡＮＴ』といえば壮大なモンゴルロケというイメージが先行したとしても、実は国内各地の印象的なロケ地が多々あり、本書が対象にしている東京都多摩地域もしばしば登場している。ここで例示した布多天神社や深大寺などがそのよい例である。同様のことはほかのテレビドラマ作品にもいえる。たとえば、『ＶＩＶＡＮＴ』の大がかりな設定と映像の迫力とは対照的に、印象的な言葉と丁寧な心理描写で高く評価された『silent』（フジテレビ系列、二〇二二年一〇～一二月）もまた、その舞台となったロケ地が話題となった作品の一つである。ＳＮＳなどで特に取り上げられることの多かったのは、作中にしばしば登場する世田谷代田駅である。比較的地味な駅であるこの世田谷代田駅では、『silent』放送後の定期外利用者が二割以上も増加したといわれた。いわゆる聖地巡礼として、ドラマのロケ地を訪れた人びとが多かったことの効果と思われる。こうしたことからも、ドラマ内の世界が現実の地域と結びつき、たとえば『silent』の人物たちは世田谷周辺で生活しているようなイメージが、視聴者のなかに生じていると想定される。しかしながら、『silent』にしばしば登場したフットサルの場面は、実は八王子市のフットサル場で撮影されている。さらに、手話教室の外観は立川市で撮影されている。さらには、多摩市の多摩センター駅周辺や乞田川河川敷遊歩道でも撮影が行なわれている（図2）。つまり、本書が対象としている多摩地域は、フィクション作品のメインの舞台として想定されていない場合であっても、その映像ロケ地として実に頻繁に使用されている。

ちなみに、二〇二二年から二〇二三年にかけて放送されたテレビドラマ作品だけにかぎってみても、多摩地域

図1　『VIVANT』で乃木と櫻井が会っていたのは深大寺（調布市）の参道（2024年、筆者撮影）

図2　乞田川や大栗川沿いの遊歩道（多摩市）は、多くの映像作品のロケ地として使用されてきた（2024年、筆者撮影）

図3　『だが、情熱はある』に何度も登場する府中市本町公園（2024年、筆者撮影）

がロケ地として撮影に使用された例は書ききれないほどである。そのうちのほんの一部を取り上げてみても、次の表1のような作品が思いあたる（放送開始順）。

　わずかの期間にこれほどのテレビドラマ作品のロケ地に選ばれていることからも、映像としての多摩地域の豊かさがよくわかる。

　映像作品をみていると、しばしば公園の場面が出てくる。公園はどこの地域にでもあるからどこでロケをしてもいいはずだが、実際には頻繁に登場する公園というものがある。これは次節で言及する映像支援体制にも関係し、同じ公園でも特徴をもった公園が特に使われる場合もある。たとえば、若林正恭（オードリー）と山里亮太（南海キャンディーズ）の半生を描いた『だが、情熱はある』の場合をみると、高架下の特徴ある公園が何度か登場している。それが府中市本町公園なのである（図3）。

　高速道路に上部を覆われた公園の情景は、作中の若者たちの煩悶と重なり合う。なかなか芽の出ない、陽のあたる場所に進むことのできない、しかしいつか高いところを目指そうとしている若者たちの心情が、この公園の情景を通じてより切実に視聴者に伝えられる。

表1　多摩地域で撮影された主なテレビドラマ作品（2022〜2023年）

作品名	放送局	放送日	ロケ地
『ファイトソング』	TBS系列	2022年1〜3月	府中市郷土の森公園、多摩川堤防道路（多摩市）、府中四谷橋付近など
『妻、小学生になる。』	TBS系列	2022年1〜3月	聖蹟いろは坂沿いの階段（多摩市）、サイクリングロード（日野市）、さいかちぜき公園（日野市）、大昌寺（日野市）、パルテノン大通り（多摩市）、京王堀之内駅、京王北野駅など
『元彼の遺言状』	フジテレビ系列	2022年4〜6月	日野市役所、八王子市フランセス教会、TKビル（三鷹市）など
『オールドルーキー』	TBS系列	2022年6〜9月	府中朝日フットボールパーク（府中市）、FC町田ゼルビア三輪緑山ベース（町田市）など
『ユニコーンに乗って』	TBS系列	2022年7〜9月	日野中央図書館、あかしあ通り（府中市）、羽村市生涯学習センターゆとろぎ、国際基督教大学（三鷹市）など
『六本木クラス』	テレビ朝日系列	2022年7〜9月	多摩センター駅周辺、宝野公園（多摩市）、聖蹟いろは坂沿いの階段（多摩市）など
『石男と羽子――そんなコトで訴えます？』	TBS系列	2022年7〜9月	朝日町公園（府中市）、大東京綜合卸売センター（府中市）、イオンシネマシアタス調布など
『だが、情熱はある』	日本テレビ系列	2023年4〜6月	本町公園（府中市）、たまがわ・みらいパーク（立川市）など
『日曜の夜ぐらいは』	テレビ朝日系列	2023年4〜7月	府中駅南口ペデストリアンデッキ、稲城大橋（府中市）、国立ダイヤ街商店街など
『何曜日に生まれたの』	テレビ朝日系列	2023年8〜10月	南豊ヶ丘フィールド（多摩市）など
『うちの弁護士は手がかかる』	フジテレビ系列	2023年10〜12月	小野路GIONベースボールパーク（町田市）、忠生スポーツ公園（町田市）、創価大学（八王子市）など
『下剋上球児』	TBS系列	2023年10〜12月	一本杉公園野球場（多摩市）、小野路GIONベースボールパーク（町田市）、ペデストリアンデッキ（町田市）など
『ゆりあ先生の赤い糸』	テレビ朝日系列	2023年10〜12月	ふれあい広場公園（多摩市）、霞ケ関橋（多摩市）、VITA BRIDGE（多摩市）、ふれあい橋（日野市）、万願寺中央公園駐車場（日野市）、豊田若宮神社（日野市）など

この公園は、『青のＳＰ』（フジテレビ系列、二〇二一年一〜三月）や『金田一少年の事件簿』（日本テレビ系列、二〇二二年四〜六月）などでもロケ地として使われている。多摩地域の風景は、さまざまな形で映像作品に力を与えているのである。

2　多摩地域の映像制作支援の現状

テレビドラマの毎回の放送終盤に、出演者・脚本家・演出家・プロデューサーたちの名前が字幕で流れていく。主演級の俳優や脚本家・演出家・プロデューサーたちの名前は単独で大きく表示されるが、出番の少ない俳優の字は小さく、何人もの名前が一緒に表示される。そしてやがて、「撮影協力」とか「衣装協力」として、読むのが困難なくらいの小さな字で、しかも読み取る時間すらないほどわずかな間表示されていく。多くの場合、そこに「〇〇フィルムコミッション」とか「〇〇ロケーションサービス」という撮影協力団体が表示されているのだが、皆さんはそれらに気づいているだろうか。

映像作品の撮影においては、室内の撮影と屋外の撮影とがある。また、実在の風景や建築物を利用した撮影と、いわゆるセットという撮影用につくられた場所での撮影とがある。また、近年はコンピューター技術が発達し、ＣＧ（コンピューター・グラフィック）を利用した映像も多くなってきている。たとえば、ＮＨＫ大河ドラマ『どうする家康』（二〇二三年一〜一二月）は、これまでの大河ドラマの歴史のなかでも特にＣＧが多用された作品として話題になった。ただ、それだけコンピューター技術が進化しても、やはり実在の風景や建築物の力は映像において大きく、そのためのロケが重要であることは今でも変わりない。

そのようななかで重要な役割を果たしているのが、先述の「フィルムコミッション」や「ロケーションサービス」組織なのである。これらの組織は地域の活性化や広報活動を目的とし、撮影をしたい団体のサポートをするところに特徴がある。ただし、団体ごとに違いも多い。県や市町村の役所のなかに設置されていることもあれば、自治体の委託や補助を受けて実際の活動を行なっている団体もある。また、都道府県単位のロケをほぼ一つの都市の組織が統轄しているところもあれば、市町村単位の独立性が高くて個別独自の活動をしているところもある。これらのことを踏まえていえば、多摩地域の「フィルムコミッション」「ロケーションサービス」は、市ごとの独立性が高く、それぞれに異なる成り立ちや特徴を備えている。たとえば、府中市・調布市・八王子市などでは、市役所の観光課や産業振興課のなかに「フィルムコミッション」「ロケーションサービス」機能が備えられていて、市職員がロケ支援にあたっている。一方で日野市は二〇〇一年に市民が自主的に任意団体として設立し、二〇〇三年に特定非営利活動法人「日野映像支援隊」となった。市民が自ら映像支援を行なう組織を設立した先駆け的存在といえる。ちなみに、日野映像支援隊が置かれていた多摩モノレール甲州街道駅近くの「ひの市民活動支援センター」(二〇二四年六月移転)は、『いちばんすきな花』のロケでレギュラー場所として使用された。作中で潮ゆくえ(多部未華子)の勤務先の学習塾「おのでら塾」シーンが撮影されているのがこの建物である。多摩市においても、日野市に続いて市民が「たまロケーションサービス」を組織している。市からの委託費を受けつつも、民間組織であるからこそそのフットワークのよさを活かしたロケ支援を行なっているところに特徴がある。

このように、多摩地域の「フィルムコミッション」「ロケーションサービス」は市ごとに異なる経緯をもっていて、同じ多摩地域のなかでもそれぞれ独自の特徴を備えている。ただ、異なる点が多くあるとしても、よりよい映像が撮影できるような支援を行なっている点は同じで、そのことが、先に挙げたような多数の映像ロケ地として多摩地域が選ばれる一つの要因となっている。たとえば、先に挙げた『妻、小学生になる』の白石家（小学生と母親の家庭）の部屋のなかは、調布市の実際の市営住宅の空き部屋で撮影されている。これは調布市が市営住宅の使用許可をしたことによって可能になったものである。画面をよくみればわかるが、撮影のためのセットではないので、よりリアリティのある映像が可能になっている。

さらに、各「フィルムコミッション」「ロケーションサービス」では、地域のロケ地マップを作成しているところもあり、本章の最初に言及した「聖地巡礼」「ロケ地巡り」の手引きとして活用することができる。テレビドラマではないが、近年話題になった映画『花束みたいな恋をした』のロケ地を一日で回るサイト(1)のような便利なロケ地巡り案内も、それぞれの地域ごとに各種制作されている。関心ある作品から、あるいは関心ある地域から検索し、こうしたロケ地マップを活用すれば、一度見た映像作品をさらに楽しむことができるだろう。

（1）「GOOD LUCK TRIP」多言語版（https://www.gltjp.com/ja/article/item/20268/　二〇二四年三月五日閲覧）

3　地名をもつ映像と匿名的な映像

ここまで考察してきたことを踏まえて、映像ロケ地としての多摩地域の特徴を考えてみよう。多摩地域が実に多くの映像作品のロケ地に選ばれてきたこと、そしてそのことを各自治体のロケ支援組織が支えてきたことをここまで指摘してきた。こうした映像舞台としての多摩が多くの制作者に選ばれる要因として最初に考えられることは、東京都心からも距離的に近いというアクセスの利便性である。たとえば、函館や長崎、あるいは尾道といった美しい町は全国に多々ある。それらを舞台とした映像作品も数多い。しかし、いくら美しい町だからといっても、あらゆる映像作品のロケを地方都市で行なうのは、時間的にも予算的にも無理がある。その意味で、多くの映像制作関係者の集まる東京都心から近いことは、多摩地域が多くの映像作品のロケ地に選ばれる重要な要因であることは間違いない。

だが、そもそも地域としての魅力がなければ、いくら都心に近いという利便性があり、ロケ支援を充実させたとしても、これほど多くの映像作品の舞台となることは不可能である。その魅力をひとことでいうならば、それは東京都心に近く多くの人びとが暮らす文化的豊かさと、それでいて川や丘、坂道や森といった自然とをあわせもつ、その多様性にある。そのような目から先の映像作品リストをみてみると、ロケ地に選ばれている場所が、風景・道・公園・橋・建築物など、多岐にわたっていることがよくわかる。多摩地域の特徴は、都心に近い住宅地、人口密度のある程度高い地域でありながら、一方で都心にない自然を身近に感じられるところにある。

こうした多摩地域の環境に惚れ込む制作者も多い。たとえば、『万引き家族』でカンヌ国際映画祭の最高賞となるパルム・ドールを受賞するなど、数多くの映像作品を発表している是枝裕和監督は、ドラマ『有村架純の撮休「ただいまの後に」』を撮影するにあたって、主な撮影場所になった日野市に次のようなメッセージを寄せている。

撮影では大変お世話になりました。
フィルムコミッションの皆さんも非常に親切で、とても撮影がしやすかったです。日野の街は、ロケ地としてはいろいろな表情が撮影でき、大好きな坂道も多くて素晴らしかったです。ドラマはただいま編集中です。完成をお楽しみに[2]

このように、映像制作者はさまざまな意味でその映像にこだわりをもち、そして、ときには考え抜いてロケ地を選んでいる。多摩地域が多くの映像作品のロケ地に選ばれているのは、それだけの理由があるからなのだ。

おわりに――多摩地域の豊かさと魅力

先にあげた長崎や函館、尾道のような美しい街は全国に多々ある。ただし、そこで撮影される映像は、都市の名を冠した映像作品の一部となる。それらの風景は、いわば記名つ

(2)「広報ひの」一四六五、二〇二〇年(https://www.city.hino.lg.jp/_res/projects/default_project/_page_/001/013/555/0215/200215_16.pdf 二〇二四年三月五日閲覧)

きの映像であり、その都市であることを見る者に対しても訴えかけてくる。一方で、ロケ地としての多摩地域の特徴は、いわば匿名の街、匿名の風景である。『Silent』のフットサル場や手話教室が実は多摩地域で撮影されているように、それはどこにでもある場所かもしれないが、一方でどこかに特定されてしまう場所でもない。だからこそ、そのように撮影された映像は普遍性をもち、映像をみる人びとの心のなかに自然に入りこんでいく。多摩地域の豊かさとは、都心から近い場所でありながら、都会的な文化、それとは相反する豊かな自然、その両者にまたがる人間の日常生活、といったものが混在し凝縮しているところにある。こうした特徴を知ることによって、視聴者は多摩地域の魅力とそこから生み出される映像の魅力を、より強く感じ取ることができるだろう。

〔追記〕
多摩地域の映像支援については、次の団体に取材協力をいただきました。記して感謝申し上げます。
日野映像支援隊　たまロケーションサービス　ふちゅうロケーションサービス
調布市産業振興課　八王子フィルムコミッション
本章は中央大学研究促進費による研究成果の一部です。

column

土地の記憶

宇佐美毅

人はなぜ場所に思い入れをもち、その場所を訪れようとするのだろうか。近年、アニメや映像作品の舞台をファンが訪れる行為を「聖地巡礼」と呼ぶ。その「聖地巡礼」は、場所への特別な思い入れから成り立っている。

この「聖地巡礼」という言葉は、もちろん宗教的に重要な土地を礼拝のために訪れることに由来している。近年になって「聖地巡礼」という呼ばれ方が流通するようになったが、その前には「文学散歩」や「ロケ地めぐり」として行なわれていた行為と似ている部分が多い。また、一七〜一八世紀イギリスでは「グランドツアー」と呼ばれる団体旅行があり、そのなかで文学作品の舞台が組み込まれることもあった。その意味では、フィクション作品の舞台を訪ねたいという願いは、決して現代の映像作品を対象とするものにかぎらない。

私は文学研究者として、先輩研究者の前田愛（一九三一〜八七年）から「土地の記憶」という概念を学んだ。前田は文化記号論の立場から都市や空間を基軸に文学作品を考察し、『都市空間のなかの文学』（一九八二年、筑摩書房）という名著を残した。

前田が教えてくれたことは、土地には現在見える姿だけではなく、そこに特有の歴史の積み重ねがあり、それらが一体となってその場所の意味を形成しているということだった。そして、文学作品はそのような「土地の記憶」の上に描かれていることが多いことを、数々の文学作品を通じて詳細に分析・考察した。たとえば、樋口一葉『たけくらべ』では、商売の神である鷲神社と農耕の神である千束神社に縁のある人びとの生活の歴史が、作品に濃厚な意味を与えている。また、森鷗外『舞姫』は、ベルリンのブランデンブルク門とクロステル街に代表される都市の二重性が主人公・太田豊太郎の内面を象徴的に示している。

現代の「聖地巡礼」という行動については、歴史学・観光学・心理学などの分野からすでに多くの研究がなされている。しかし、それだけではなく、この「土地の記憶」という概念が「聖地巡礼」行動に大きな意味をもっているのではないかと私は考えている。

人間の感動や記憶といった形のない心のなかの現象は、それをとどめておくことが難しい。だからこそ、私たちは何か目にみえるもの、形になっているものを通じて、自分たちの心のなかに起こった感動やその記憶をより明確に刻み込みたいのではないだろうか。

フィクション作品の舞台となる場所を訪れたからといって、そこに作中人物がいるわけではないし、ましてや物語内容を実際に体験できるわけでもない。身もふたもない言い方をしてしまえば、そこはただの「物語の跡」「痕跡」でしかない。しかし、その場所は、その場所を舞台とした多くの実際の出来事や物語の記憶の何重もの積み重ねによって成り立っている。その場所を訪れた人びとの多くは、そこでしか味わえない何かを感じて作品への愛着をさらに深めて帰っていく。まるでその場所にはその場所で起こった人びとの喜怒哀楽が染みこんでいるかのように。まるでその場所には「土地の記憶」がひそかに眠っているかのように。

記憶という形のないものは、頭のなかに長くとどめておくことが難しい。子どものころの思い出の品や、旅先で手に入れた小さな土産物を捨てないでいるのは、そうした「モノ」を媒介にしないと、形のない大切な記憶が永遠に消し去られてしまうように感じられるからであろう。

文学作品やフィクション作品から受けた感動という形のない記憶も、年月とともに次第に薄れていってしまう。しかし、それは形のある何かに触れることによって突然、生き生きとよみがえる。私たちは街を歩くとき、そこを舞台とした物語の記憶や、その場所に関わる自分自身の思い出をよみがえらせることができる。街には、私たちの意識の奥底から大切な記憶をよみがえらせてくれる魔法のような力がある。

第5部

ミリタリー・エリアを歩く

ミリタリー・エリアの後片づけ——中島飛行機武蔵製作所跡地の営みをたどる

塚田修一

はじめに——軍都としての多摩・武蔵野

戦時中の多摩・武蔵野エリアの性格を言い表すなら、「ミリタリー・エリア」である。調布・立川・福生には軍の飛行場があり、巨大な軍需工場や、軍の研究所、弾薬庫などがこのエリアに点在していた(1)。

なかでも、このエリアを「ミリタリー・エリア」たらしめていた大きな要因が、中島飛行機武蔵製作所の存在である(図1)。

一九一七年、群馬県の太田に中島知久平が起した中島飛行機は、一九二四年、杉並に東京工場を建設し、また日中戦争の拡大に伴い、一九三七年に三鷹の地の面積二〇万坪(六六万平方メートル)という広大な土地に、五五〇万円という当時としては巨額な建設費を投じて建坪三万六〇〇〇坪(一二万平方メートル)の大工場を完成させる。中島飛行機武蔵野製作所である。ここでは、陸軍の発動機を専門に製造した。

(1)『写真と地図で読む! 知られざる軍都多摩・武蔵野』洋泉社、二〇〇五年

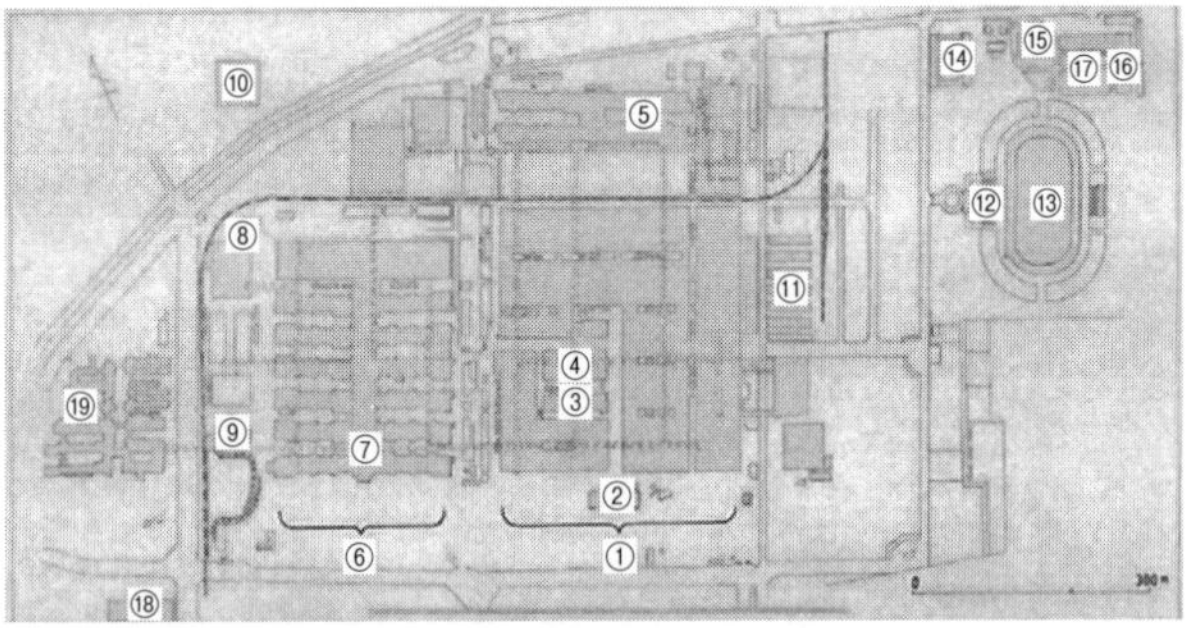

図1　中島飛行機武蔵製作所内の地図

出所）富士重工業株式会社社史編纂委員会『富士重工業30年史』1984年、38頁の図を筆者修正

注）①旧武蔵野製作所＝陸軍機発動機、②本館、③第二本館、④食堂、⑤地下第二食堂、⑥旧多摩製作所＝海軍機発動機（1階機械工場、2階部品組立工場、3階総組立工場）、⑦1階事務所　地下本部、⑧地下試運転場、⑨ボイラー室、⑩第三食堂、⑪資材置場、⑫社員倶楽部、⑬競技場、⑭プール、⑮武道場、⑯技能者養成所（1階機械実習所、2階仕上実習所）、⑰第一青年学校（1階事務所・講師室、2階校長室・教室）、⑱第二青年学校、⑲附属病院

この陸軍専門の工場が海軍を刺激し、隣接地に海軍の発動機専門の工場を建造することになる。それが一九四一年に建造された中島飛行機多摩製作所である。土地の有効利用を考えて、一万六〇〇〇坪（五万三〇〇〇平方メートル）とし、鉄筋三階（一部四階）、地下一階の高層工場となった。その後、戦局の悪化に伴う、軍部からの増産の要求に応えるため、一九四三年に武蔵野・多摩両工場を統合し、武蔵製作所が発足する（旧武蔵野製作所は東工場に、多摩製作所は西工場となる）。国内二五％の生産を占める日本一の大発動機工場であり、徴用工や学徒動員で、四万人が生産に従事した。(2)

俳優の渡辺えり子の父親は、戦時中この工場に工員として勤務していた。(3) 渡辺えり子の舞台『光る時間』には、その父の体験が織り込まれている。

僕らは暖房のない工場で日の丸の鉢巻きをしめ、歯車を作っていた。食料不足で痩せて青い顔

(2)　富士重工業株式会社社史編纂委員会『富士重工業三〇年史』富士重工業株式会社、一九八四年

(3)　牛田守彦『戦時下の武蔵野Ⅰ——中島飛行機武蔵製作所への空襲を探る』ぶんしん出版、二〇一一年

をした僕らは、それでも一八時間の労働に耐えていた。みんなやけに目玉ばかりが大きく見えた。「誉」「疾風」「紫電改」「銀河」「彩雲」「連山」「流星改」僕らが作ったエンジンは、そんな名前の飛行機に装着され、次々と飛び立っていってはB29に落とされ、全滅した。(4) それでも僕らは、作り続けた。生き続けるためにか死に続けるためにか、僕らは働いていた。(5)

この中島飛行機武蔵製作所は、その規模の大きさゆえに、米軍の重点爆撃目標となり、九回にわたる爆撃を受ける。死者二二〇名、重軽傷者数一〇〇〇名に達し、建物・機械も大きく破壊され、壊滅状態で終戦を迎える。本章で記述したいのは、戦後にこの廃墟に立ち上がった営みである。ここでは紙上の歴史散歩という体裁で、その営みをたどることにしたい。

工場の跡地を大きく三つのエリアに分けてみよう。東工場のエリアは、戦後、野球場がつくられ、ごく短期間稼働したあと、団地（公団緑町団地）となる。西工場のエリアは、戦後、駐留軍用住宅（グリーンパーク）が置かれた後、公園（武蔵野中央公園）となる。さらに工場から道路を挟んだ附属病院跡は、住宅地（都営関前住宅、のち八幡町）となる。(6)

気になるのは東工場跡に短期間存在した野球場（東京スタジアムグリーンパーク球場）である。まずは、このエリアを目指すことにしよう。

（4）なお、B29は爆撃機である（戦闘機ではない）。

（5）渡辺えり子『光る時間／月夜の道化師』早川書房、二〇〇七年、八五―八六頁

（6）ここで挙げたエリアのほか、東工場北側の組立工場やエンジン試運転場は、NTT武蔵野研究開発センタなどになり、運動場の跡地は武蔵野市立武蔵野陸上競技場になっている。また武蔵野市役所も工場の敷地内にある。

1　軍需工場跡の野球場

中島飛行機武蔵製作所跡地の戦後の営みをたどるために、三つの「ガイド」を用意した。一つ目が、雑誌『旅』（一九五一年七月号）に掲載された、この東工場跡につくられた野球場での試合の観戦記である。(7) その試合は一九五一年五月五日に開催された。それからちょうど七三年後の二〇二四年五月五日にこの試合を追体験してみよう。さしずめ、出発はJR三鷹駅に定める。

直通電車で約五〇分、三鷹駅から引込線の新設駅「武蔵野競技場前」に到着した。改札を出るとすぐ眼の前に「祝開場」の大アーチが晴れやかに迎え、アーチをくぐればもうドッしりと盛上がつた球場の外壁につき当り、勇壮なブラスバンドにまじつて聞える騒音からして、もう相当のファンがつめかけたらしい。(8)

この「引込線」というのは、かつては武蔵境駅から中島飛行機武蔵工場へと延びていた線路を、戦後、三鷹駅から野球場まで敷き直したものであった。現在は、この「引込線」および「武蔵野競技場前」駅は存在しない。三鷹駅からは徒歩で向かうことになる。しかし、その引込線の跡には遊歩道が整備されているため、徒歩移動でもさほどしんどくはない。この日の東京は五月晴れを通り越し、二九度の夏日であったので、木陰の多い遊歩道

(7)　榎本昌太郎「東京新名所　グリーン・パーク球場」『旅』一九五一年七月号、五六―五八頁

(8)　榎本昌太郎、前掲書(7)、五八頁

はありがたい。掘合《ほりあわい》遊歩道に入り、しばらく進むと玉川上水を越えるが、そこには歩道部分にかつてあったレールを模った橋（ぎんなん橋）がかかっている（図2）。

そこから、やはり引込線跡に整備されたグリーンパーク遊歩道を進んでいくと（図3）、武蔵野中央公園にたどり着く。ここがかつての中島飛行機武蔵工場である。現在の武蔵野中央公園は、中島飛行機武蔵工場の西工場の跡にあり、戦後そこにつくられたのは、駐留軍用の宿舎であった。件の球場があったのは、武蔵野中央公園に隣接する武蔵野緑町パークタウン団地がある場所である（図4）。ここがかつての東工場に当たる。

ここにかつて存在したスタジアムの図面は図5の通りである。収容人数は五万一〇〇〇人で、グラウンドは四四一〇坪（約一万四五七八平方メートル）であり、当時の神宮球場（収

図2　引き込み線のレールを模った（2024年、筆者撮影）

図3　引き込み線跡に整備された遊歩道（2024年、筆者撮影）

図4　団地内にある野球場跡（2024年、筆者撮影）

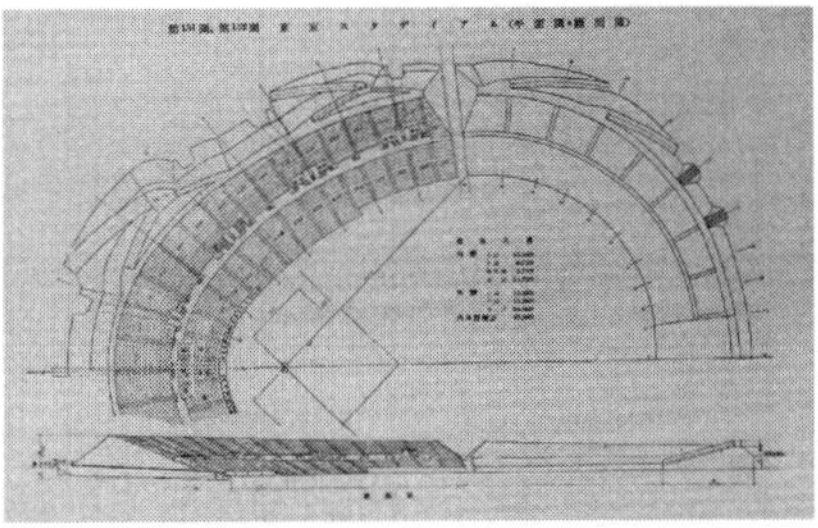

図5　武蔵野グリーンパーク球場の図面

出所）沢柳政義『野球場建設の研究』新数学研究社、1946年、143頁

容人数五万八〇〇〇人、グラウンド面積四一一一坪＝一万三五九〇平方メートル）と比べても見劣りしない規模の球場であった。[9] しかしながら、このスタジアムは前述の観戦記では次のように酷評されている。

> ところが〝店開き〟したこの球場をひと眼みて失望した。グリーンパーク、つまり緑の園という名前からして、また「緑の大野球場」の宣伝文句から想像して、青々とした野趣満々たるフレッシュな球場を頭に描いていただけに「これは殺風景な」と思わず声を出したほどの意外さ。のっぺらぼうの〝赤土の山〟である。[10]

（9）沢柳政義『野球場建設の研究』新数学研究社、一九四六年、一四〇—一四一頁

（10）榎本昌太郎、前掲書（7）、五八頁

2　「幻の球場」の記述を探して

実際、後にみるように、この球場はごく短命で終わった「幻の球場」であった。現在この球場が存在した場所には先述のパネルのほかは、往時を偲ばせるものは何もない。そこで、この場所が球場であったころのイメージをさらに具体化するために、二つ目の「ガイド」を参照することにしよう。この付近に居を構えていた小説家・英文学者の小沼丹による随筆である。

球場はいつも閑散としてゐて、満員になつたことは一度も無かつたらう。現に球場開きの時は、巨人・国鉄戦をやつたが観客は五分の入りと云ふところだつたと思ふ。巨人は与那嶺が入団したところで、千葉、川上、青田、南村等がゐた。国鉄は若い投手の金田が投げたが、川上を三振に打取つたらマウンドの上で手を叩いて喜んだから可笑しかつた。[11]

小沼もまた、七三年前の五月五日の試合を観戦していた。この球場では、プロ野球のほかに、大学野球の試合や高校野球の予選試合も行われたと小沼は書いている。

この球場はプロ野球ばかりでなく、大学野球もやつた。当時は神宮球場は米軍のものになつてゐたから、先方の都合で使へない場合がある。そんなときはこの球場を用ゐた。（中略）それから、この球場では高校野球の予選の試合もやつた。夏の暑い盛りだから、麦藁帽子を被つて毎日のやうに観に行つた。下手糞な選手もゐるが、それなりになかなか面白かつた。スタンドで球場関係者に会ふと、あの選手はどこそこの球団が眼を附けてゐましてね、なんて教へて呉れる。そんな話を聞くのも面白かつた。[12]

そして近所の小沼も気づかぬうちに、この球場はその短い生涯を終えている。

この球場の関係者には知合が多かつたから、内心応援していたが、どうも景気が宜しくなかつたらしい。知らぬ間に国鉄の二軍の練習場になつて、球場に足を運ぶこともなくなつて、どのくらゐ経つたかしらん？　或るとき、気が附いたら球場は忽然と消えて、その跡に大きな団地

（11）小沼丹著、庄野潤三編『新装版　小さな手袋／珈琲挽き』みすず書房、二〇二二年、二〇五―二〇六頁

（12）小沼丹、前掲書（11）、二〇六頁

が出来てゐたから吃驚した。無論、いつの間にか引込線も消えてしまつた。忽然と現れ忽然と消えたこの球場を、戯れに「幻の球場」と呼んでゐるが、偶に団地のなかを歩いてみても、建物もすでに古びてゐて、曾てそこに大きな球場があつたことが夢か幻のやうに思はれる。[13]

それにしても、軍需工場の跡を球場に転用するケースは珍しい。実際、球場建造時には、空襲で破壊された軍需工場の跡ならではの苦労が伴ったようである。一つ目の「ガイド」の記事は次のように書いている。

とにかく蓮の穴みたいにボカンボカンと大きな爆弾の穴だらけで、おまけに中島時代の建物の基礎が地中深く埋没、基礎のコンクリートや鉄骨を掘出すだけでも大事業。彈痕もグラウンド敷地だけで八〇発もあつたのだから、文字通り「穴埋め」もひと苦労だつたらしい。さて整地した上にファン入口のトンネル建築をはじめると、ドカンと土地が陥没してやり直し、これはかくれた彈痕を知らなかつたためで、そんな陥没事件も一再ではなかつた。[14]

だがその一方で、この球場は軍需工場跡であったがゆえに成り立ったともいえる。この球場は、当時としては珍しく地下排水設備ならびに夜間照明設備を備えていたが、それらは中島飛行機武蔵工場時代のインフラを再利用できたことによるという。

地下には旧中島飛行機工場時代のメインパイプが無キズで残り、これはそつくりグラウンドの排水パイプに活用できたし、夜間照明のバック・ボーンであるケーブルだつて、大工場の跡でな

(13) 小沼丹、前掲書(11)、二〇六―二〇七頁

(14) 榎本昌太郎、前掲書(7)、五七頁

ければ埋没しているわけもなく、新たに相当な工費で引込まなければならないところだつた。[15]

球場が消えた後、ここは日本住宅公団の緑町団地となる。グラウンドは周囲の地盤から四・一メートル掘り下げてつくっていたため、団地になった際にも高低差として残った[16]。当時の緑町団地の配置図をみると、真んなかの楕円形部分にグラウンドの名残がある（図6）。これは基本的には現在も変わっていない。ここがかつて球場であったことを示す、唯一の痕跡である。

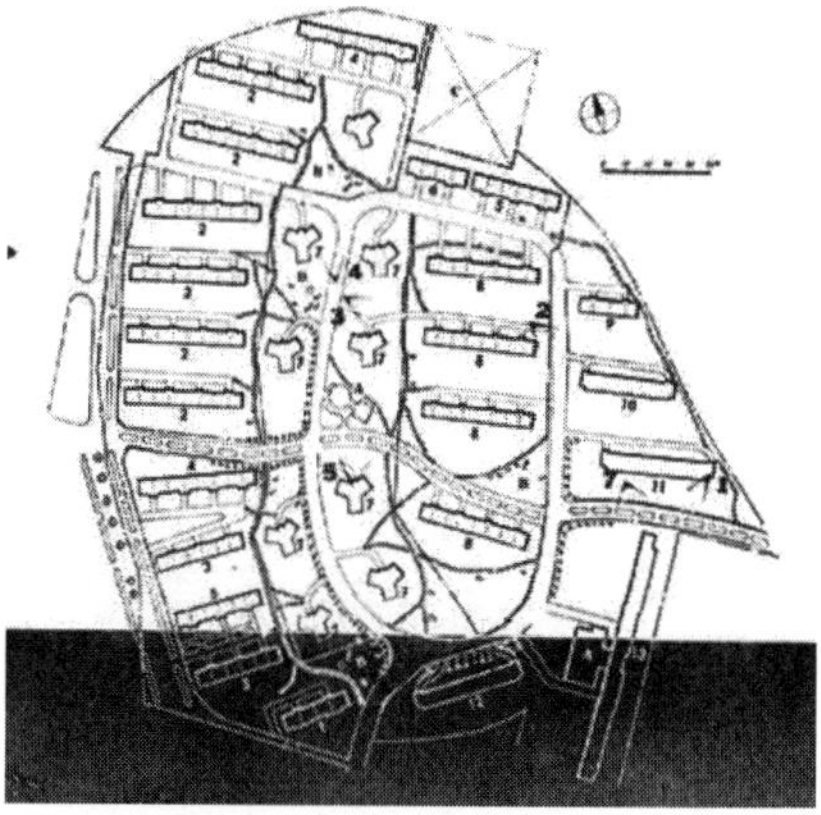

図6　球場跡の緑町団地の配置図

出所）『国際建築』25（6）、67頁

3　病院跡の住宅地

さて、見渡してみると、この緑町団地を含め、この辺りには団地や住宅地が多い。中島飛行機武蔵製作所の敷地から、現在の伏見通りを隔てた住宅地も、中島飛行機の附属病院の跡であり、旧軍用地であった。これら軍需工場跡を住宅地へとつくり変える営みをたどるのに使用したい三つ目の「ガイド」が、脇坂勇による『八幡町ものがたり』である。脇坂は、高校生であった一九四九年、中島飛行機附属病院跡に造られた応急住宅に家族で住

（15）榎本昌太郎、前掲書（7）、五七頁

（16）「敷地はもとの軍需工場跡を野球場などのスポーツ公園に使っていたのを更に転用したもので、地形に高低の変化がある。その中に形式の異なる八種類の中層アパートを合計三二棟配置してあり、レイアウトは整然とした並列型にせず、かなり有機的な構成を狙っている」。田辺員人「ハウザーの新しい役割」『国際建築』二五（六）、一九五八年、六六頁

むことになった。かつての関前住宅、現在の八幡町である。脇坂が記述した、旧軍用地を住空間にする営みをみていこう。

当時のこの地域の地番は武蔵野市関前といい、都営関前住宅というのが正式な呼称であった。全三〇〇戸の起工が二三年九月、竣工は翌年五月であった。建設用地は旧中島飛行機製作所の武蔵野工場付属病院の跡地で、戦争中にあの名機といわれた戦闘機「隼」を生んだ中島製作所も、広い道路を隔てて隣接する付属病院も、爆撃によって破壊しつくされ、瓦礫で埋めつくされていたのだが、東京都は病院跡を地主から借地して応急住宅建設を計画したのである。[17]

ここは、空襲によって空洞だらけだった地面を、粉砕された建物の残骸や瓦礫で埋め、その上に泥土をまぶして都営住宅を建てたため、住宅の入居者たちが、狭い庭で自家菜園を始めようとしても、埋蔵した瓦礫のせいで地面にシャベルを入れることさえできなかったほどであるという。ここでの新生活は、電気なし、ガスなし、水道なしの状態から始めなければならなかった。

だが、興味深いのは、ここでの生活の苦労が、住民たちの結束を促進したことである。関前住宅では、地域コミュニティの連帯と結束が早かったという。その理由を、脇坂は次のように説明する。

まず、境遇が似ていた。戦災者か復員者か引揚げ者か、大ていの家族がそのうちのどれかであった。ホワイトカラー族が主で、経済水準、知的水準がほぼ一定していた。当面の生活を維持、

(17) 脇坂勇『八幡町ものがたり――ある都営住宅の戦後史』河出書房新社、一九八八年、七―八頁

あるいは改善していく上で、共通の問題をかかえていた。不便な交通機関、未整備の道路、防犯施設の不備、それに水道、ガス、下水、家屋の修繕や増改築にいたるまで、すぐにでも解決しなければならない問題が山積していた。各戸が勝手に手をつけることのできない問題ばかりである。(18)

やがてこの住宅の住民たちは自治会である「都営関前住宅親和会」を組織し、住民が抱える問題を積極的に解決していく。

親和会とその特別委がスタートしてから、ほぼ一年間のうちに、まずガスが開通し、ついで住宅内の泥道に砂利敷がほどこされ、住宅東南角に駐在所が設置され、停電対策として一二ヵ所の特設井戸が掘られ、暗い夜道を明るくする防犯灯が点された。また、数度にわたる陳情によって、都営住宅前までの関東バスの路線延長を実現させた。(19)

ちなみに、二つ目の「ガイド」の著者である小沼丹もこの関前住宅の住人であった。脇坂は、早稲田大学文学部を受験するものの、肺を患っていたため、二次審査の身体検査で不合格となってしまう。そこで、当時早稲田大学で教鞭をとっていた小沼に相談し、学部長に掛け合ってもらい、なんとか入学することができた。

空襲で破壊された病院跡に立ちあがった住宅地は、その後、八幡町へと名前を変え、現在に至っている。

(18) 脇坂勇、前掲書(17)、四九頁

(19) 脇坂勇、前掲書(17)、六六頁

4 廃墟から米軍宿舎へ

さて、ここまでみてきたのは、中島飛行機武蔵工場跡の東工場部分の変遷（野球場から団地へ）、そして中島飛行機附属病院跡の住宅地への転用の営みであった。残るは西工場部分、現在の武蔵野中央公園になっているエリアの変遷である。

野球場が建造された東工場跡や、住宅街となった病院跡とは異なり、西工場跡は、戦後しばらくは〝お化け屋敷〟同然の廃墟となっていたという。脇坂の述懐を参照しよう。

ここに居住してまもないころ、私は弟を連れて〝お化け屋敷〟の探検に出かけたことがある。誰かが野ウサギを見たという。いればそいつをつかまえる気であった。だが、工場の残骸に近づいたとき、私も弟もただ呆然と立ちつくすしかなかった。瓦礫の山が両手をひろげて目前に立ちふさがっている。地面がぽっかり口をあけ、覗けば中の地下道にもっていかれそうな気配である。暗がりには瘴気がただよっている。もう野ウサギどころではなかった。[20]

この廃墟をロケ地として撮影されたのが、今井正監督『どっこい生きてる』（一九五一年）である。映画の序盤、失業した主人公らが廃墟で焚き火を囲むシーンで、奥の方にスタジアムの照明と思われるものが映り、また破壊された「三階建」の工場の廃墟も映り込む。脇坂はこの撮影を目撃している。

(20) 脇坂勇、前掲書(17)、三〇頁

ロケ隊がきて映画を撮っているぞというので工場跡にいってみると、河原崎長十郎、中村翫右衛門といった前進座役者が中心になって劇映画の撮影が進行していた。二枚目スターが見当たらないし、見覚えのある俳優すらいない。労務者風の貧しい衣裳たちが崩れかかった工場跡を背景にしてもぞもぞと動きまわっている。メガホンをとっているのが名匠今井正であった。[21]

(21) 脇坂勇、前掲書(17)、八四―八五頁

この映画の公開と同じ年、日本は日米安保条約に調印する。そして、この西工場跡地に、外務省を中心に駐留軍宿舎建設の準備が進められ、一九五二年七月にはそれが新聞やラジオで報道される。すると、近隣の住民たちを中心に、反対運動が始まることになる。[22] 西工場跡と道を隔てて位置する関前住宅の住人たちの反応は、次のように描写されている。

(22) 武蔵野市編『武蔵野市一〇〇年史 記述編Ⅱ』武蔵野市、二〇〇二年、二一八頁

「すると、あれか」小沼さんが言った。「いま立川や調布にある、あの金網を張りめぐらした軍用基地がそこにできるというのかい」。

「そんなものができてみろ」吉岡さんがいきりたった。「アメ公相手のパンパンやオンリーが住みつくわ、いかがわしい連れこみハウスが建ちならぶは、またもや終戦直後に逆戻りだぞ」。

小沼さんも福戸さんも、畳の上に置かれた盃を口にもっていく度数が急にふえた。もうもうたるタバコの煙り。頭の上の裸電球までが渋い顔をしている[23]

(23) 脇坂勇、前掲書(17)、一一五―一一六頁

関前住宅親和会も、反対運動に積極的に関わることになるが、その運動は奏功せず、一九五三年二月上旬に入札が行われ、宿舎建設が始まってしまう。工事が始まり、請負業者が周辺に飯場を設け、二〇〇〇人あまりの労務者が働き始めると、それに伴う風紀の乱れ

と治安の悪化の問題が生じた。[24]『週刊サンケイ』一九五三年六月二八日号の記事は、この問題を取材しており、地元民の声として、関前住宅の一主婦の談話を紹介している。

夕方買い物に行つたりすると、飯場の人たちがワイセツな（こ）とを大声でいつてからかい、全く赤面してしまいます。この間うちの三番目の子（小学五年生）が遊んでいたら、人夫たちに、ズロースの中へ手を突込まれて、泣いて帰つて来ました。全く、おちおちこの土地では安心して暮らせません。[25]

だが、結局、一九五四年二月に駐留軍宿舎グリーンパークへの入居が開始される。住民たちの反対運動の敗北であった。この敗北について、脇坂はこう分析している。

問題はもっと本質的なこと、つまり建設用地が国有地であり、既存の建造物が敗戦後に戦勝国に対する賠償工場に指定されていたこと、そこに日米安保条約、日米行政協定が調印され、日本はアメリカに軍事基地を提供しなければならないという政治情況ができてしまっていた、そういうところにあったはずである。相手が営利を目的とした民間企業とか、政府が必要とした公共の建造物ぐらいだったら運動の力しだいでなんとかなったかもしれないが。[26]

このグリーンパークの全面返還が決定するのは一九七一年であり、一九七七年に施設は解体され、跡地は「原っぱ」として市民に開放される。市民がこの空間を取り戻すのに四半世紀かかったことになる。

(24) 武蔵野市編、前掲書(22)、二二四―二三〇頁
(25)『週刊サンケイ』一九五三年六月二八日号、一五頁
(26) 脇坂勇、前掲書(17)、一四〇頁

おわりに――ミリタリー・エリアの後と跡

ここまで、いくつかの「ガイド」を参照しながら、紙上の歴史散歩という体裁をとってたどってきたのは、中島飛行機武蔵製作所跡地に立ち上げられた、人びとの戦後の営みであった。それらはいわば、「ミリタリー・エリア」の後片づけであった。かつてこの土地にたしかにあったその営みは、アドホックで、儚く忘却されてしまう。しかし、それでも私たちは、歴史散歩という方法で、そうした時空とつながることができる。歴史散歩の醍醐味は、そういう所にあるはずだ。

〔謝辞〕
本研究は、公益財団法人窓研究所二〇二二年度研究助成による研究成果の一部である。

column

南北／東西が拮抗する戦場としての多摩

――野上　元

軍事的な視点からみると多摩はどのような特徴をもつ地域なのか、古来から近年まで、どのように戦場として設定・想定されてきたのか。最初に、南北方向の拮抗をみてみよう。

まず、一九四五年の米軍による本土空襲。南から飛来した米軍の爆撃機・戦闘機により、立川や八王子が空襲に遭った。多摩の各地域には、焼夷弾や銃弾の痕が戦争遺跡として残されている。戦前より立川には航空基地や関連する工場があり、八王子は鉄道の要衝だったために目標とされた。

それに関連するのが、敗戦後一九五〇年代後半から六〇年代にかけての立川・砂川闘争。米軍基地拡張反対運動が成功し用地返還を勝ち取った。代わりにその北西にある横田基地に機能が集約された。東京近郊にある米軍接収の各飛行場は戦後順次日本に返還されてきたが、横田基地は厚木基地と並んで彼らの重要拠点であり続けている。

返還されていないのが航空管制権である。横田基地の米軍は東京西方空域の航空管制を握っており、計器で飛ぶ航空機はそれにしたがわなければならない。いわゆる「横田空域」とされるその空域は東京西部にかぎらず、北は福島県や新潟県までを含み、東西よりもむしろ南北に長いものとなっている。

また、未遂で終わった一九四六年春の本土決戦。米軍は、相模川河口付近から上陸して神奈川県央地域を北上、町田～橋本あたりから多摩丘陵に入り、これを突破したのち多摩地域のどこかで多摩川を渡河して甲州街道に到達、その後は向きを変え、街道沿いに東進して東京都心地域に侵攻するというルートを想定していた。当時の多摩地域で多摩川を渡る橋は、日野橋（一九二六年架橋。甲州街道：日本橋～甲府）・関戸橋（一九三七年架橋。鎌倉街道：鎌倉〜高崎）・是政橋（一九四一年架橋。府中街道：川崎〜府中）の三つしかない。これらより下流になると川幅は広がりそれだけ渡河は困難になり、これよりさらに上流になると両岸が狭隘になる。多摩地域は激戦地となる可能性がある場所だった。

近代になって橋が架けられる以前、この三地点にはそれぞれ「渡し」があった。鎌倉時代末期の一三三三年の分倍河原の合戦。北条泰家率いる幕府軍と新田義貞率いる討幕軍とは現在の関戸橋の近辺の分倍河原で戦っている。このとき鎌倉から来た幕府軍は、多摩川を渡り背水の陣を敷いて戦ったことになる（それから一週間で鎌倉幕府は滅亡）。室町時代の一四五五年にも分倍河原では関東管領・上杉氏と鎌倉公方・足利氏のあいだで争う合戦があったという。鎌倉と北関東を結ぶ鎌倉街道は、東山道／中山道との連絡もあり、東海道が江戸幕府によって整備される前は（あるいは、されて以降も）私たちが現在認識している以上に重要な動線だった。そして多摩川を渡河する関戸近辺は、軍事的色彩の強いその地名（「関」に「戸」）が表す通り、南北の力が対抗するときにその激突を担う要所となる。そのような構図で多摩地域を理解してもよいはずだ。

二〇一六年の映画『シン・ゴジラ』。鎌倉の由比ヶ浜に上陸し福島原発を目指すゴジラが多摩川を渡河したのは、多摩地域からはかなり下流の武蔵小杉近辺。自衛隊は、多摩川を首都防衛の「絶対防衛ライン」として北岸の神社に置いた指揮所を中心に両岸に陣を敷いていたが、逆にいえば、ゴジラは多摩地域には来なかった。そのことの意味は、この物語で政府首脳が首相官邸から立川広域防災基地に「脱出」しようとしたことに表れている。多摩は「安全地帯」として描かれていた。東西方向の拮抗が強調されるとき、それはどのような想像力においてのことなのか。順にみてみよう。

まず幕末期の甲陽鎮撫隊。江戸に迫る官軍に対抗する甲府城の護りのために新選組のメンバーを中心として編成された。多摩地域出身者の多い彼らは意気揚々と甲州街道を西に下って甲府を目指したが、到着前に甲府城は開城、結局甲州勝沼で戦って敗走、多摩を戦場にしていない。むしろ彼らが新選組に取り立てられるまでが重要かもしれない。多摩の百姓が江戸に上がって「侍」となる。新選組は、そのような想像力と物語の上にあった。

明治期の自由民権運動。運動は、東京から西部に延びる甲州街道・青梅街道沿いの豪農によって担われた。多摩地域が天領（幕府領）だったことからすれば、民権運動は新選組の志の継承、思想と言論で行う戊辰戦争の続きだったかもしれない。当時（一八九三年の三多摩移管まで）、多摩地域は神奈川県に属しており、その運動には、薩長により占拠されて「東京」となった江戸を「武蔵」の民権運動と「相模」の民権運動とで挟み撃ちにして行くという構想があり、両者を繋ぐ町田はこの構想の中核とされたという（武相懇親会）。

一九九四年の映画『平成狸合戦ぽんぽこ』。「東京」の西方拡大＝多摩の郊外化に伴う昭和四〇年代のニュータウン開発の地が戦場となる。全国から国内移住民が押し寄せる都心部の住環境悪化を防ぐためにも住宅地が必要だった。この映画では、東からの人口圧力により住処を追われた狸たちを担い手とするゲリラ戦が描かれている。

狸たちが行った最後の化学《ばけがく》は、造成なった多摩をそれ以前の元の姿に戻すものだった。想像上のことだが、現状からすれば全面的な「破壊」である。そして狸たちは永久に人間に化け、目の下に隈をつくりながら満員電車に揺られてその仇であるはずの都心に働きに出る……。こうした構図は、「戦場としての多摩」において観てきたなかでも最もラディカルなものかもしれない。多摩の人びとは皆、先住民を虐殺あるいは追放した移民の末裔かもしれないし、虐殺を逃れて人の皮を被った狸かもしれない、という二重写しを残したのである。

〔参考文献〕
鈴木芳行『首都防空網と〈空都〉多摩』吉川弘文館歴史文化ライブラリー、二〇一二年
野上元「せめぎあう空間としての相模──幻の「相模湾上陸作戦／相模防衛戦」を通して」塚田修一編『大学的相模ガイド』昭和堂、二〇二二年、一七─三一頁
パルテノン多摩編『関戸合戦──多摩市関戸に残る中世の伝承とその背景』パルテノン多摩／多摩市文化振興財団、二〇〇七年
パルテノン多摩編『アニメーションと多摩』パルテノン多摩／多摩市文化振興財団、二〇一五年

敗戦とジェンダーのゆらぎ——立川を事例に——

木本玲一

はじめに——「文化的で暮らしやすい」立川

二〇二四年現在、東京の立川は、ルミネ、伊勢丹、ららぽーと、ＩＫＥＡ、グリーン・スプリングスなど、大規模な商業施設の集積地として知られている。また駅北口のファーレ立川アートには、ジャン・ピエール・レイノーやニキ・ド・サンファルの作品などを含む数多くのパブリック・アートが配置されている。少し歩けば、国営昭和記念公園のような広大な公園もある。利便性が高く、文化的で暮らしやすいという立川のイメージが構築されつつあるといえる。

二〇一七年に改訂された「立川市都市計画マスタープラン」では、特にJR立川駅周辺が「多摩地域における人々の活動や交流の中心地」と位置づけられ、「業務・ビジネス、商業、文化、飲食サービスなど高度な機能及び地域の人々の日常生活を支える機能の集積」が目指されている。[1] こうしたさまざまな機能の集積地としての立川は、過去数十年におけ

（1） 立川市『立川市都市計画マスタープラン』二〇一七年（https://www.city.tachikawa.lg.jp/toshikeikaku/shise/toshizukuri/toshi/plan/masterplan.html 二〇二四年一月一八日閲覧）

る継続的な再開発の結果として実現してきた。

では再開発される以前の立川はいかなる場所であったのか。本章が目を向けるのは、主に戦前から戦後の立川である。特に占領期から一九六〇年代の立川は、売春や犯罪が横行する首都圏でも有数の「悪所」として知られていた。当時の立川は周辺地域から侮蔑や恐怖、あるいは好奇のまなざしを集めており、敗戦による負の側面が毒々しく顕現した街とされていた。

本章は「悪所」としての戦前・戦後の立川をジェンダーのゆらぎから捉えるものである。以下では、まず戦前から立川が軍都として発展したことが、同地における売春と不可分の関係にあったことを確認する。その上で戦後期の売春にも目を向けていく。これらの議論では、構造化されたジェンダー不平等によって、軍都の女性の人権が侵害される様相について考察する。そして敗戦が男性性の危機としても立ち現れたことを指摘しつつ、戦後の「悪所」という評判の背景にあったものについて考察していく。

1　軍都としての立川

一九二二（大正一一）年、陸軍航空第五大隊が岐阜県の各務原から立川へ移住し、立川飛行場がつくられた。同大隊は一九二四（大正一三）年に陸軍飛行第五連隊となり、以降、立川は軍都として栄えていく。市史には次のようにある。

これ〔陸軍飛行第五大隊の駐屯〕によって立川村には飛行隊関係者の来住が急激に増加し、飛行大隊の開設された翌年には一躍二千名もの人口増加を来たし、遂に町制を布くに至ったのである。このような人口の急増は、飛行連隊の設置に基づく現象である。首都の西郊の一農村でしかなかった立川村をして、一挙に軍都としての新しい機能による近代化をもたらす契機となったのである。(2)

ここでいわれている「軍都としての新しい機能による近代化」は、置屋や飲食店の増加につながっていた。一九二五(大正一四)年ごろには、市内の業者が集まって立川市芸妓三葉組合が設立され、錦町一丁目一五番の地に芸者置屋ができたという。(3) 以降、錦町一体は都から指定地として承認され、飲食店などを含んだ赤線地域として発展していく。(4) なお近隣の羽衣町周辺にも赤線が存在したが、そちらは戦中の空襲により、玉ノ井遊郭の一部が疎開してきたことにより生まれたとされる。(5) 立川を中心に地域の女性の証言を発掘している「つむぐの会」のメンバーである原和美は、次のように述べる。

錦町、羽衣町、その成り立ちは、異なっているが、両者は立川が軍事都市であったことと密接なかかわりを持って成立した点において共通している。立川には軍によってもたらされた「需要」があったのである。(6)

つまり立川が軍都として発展することは、赤線の拡大が公的に認められることを意味した。戦前・戦中では売春に関する法的規制や社会通念も、現在とは大きく異なっていた。

(2) 立川市史編纂委員会『立川市史(下)』立川市、一九六九年、一一三五頁
(3) 原和美「再生への祈り――立川赤線廃止の日をめぐって」立川・女の暮らし聞き書きの会『つむぐ』八、一九九二年、四四頁
(4) 原和美、前掲書(3)、四四頁
(5) 原和美、前掲書(3)、四四頁
(6) 原和美、前掲書(3)、四五頁

そもそも戦前は女性の参政権もなく進学率も低かった。[7] 多くの女性は家父長制システムに自らを適合させ「良妻賢母」を演じた。そして戦中においては、国民勤労報国協力令や女子挺身勤労令などにしたがって労働者として動員された。構造的な差別ゆえに女性が家を出て一人で自立した生活を営む機会は少なく、そのこと自体が当たり前とされていた。充分な世帯収入がなかったり、何らかの理由で家父長制システムから外れたりした女性の選択肢は、極めて少なかった。

結果、一部の女性たちは赤線で働くことを選択した。戦後の売春防止法前後に立川福祉事務所で相談員をつとめた馬場みや子によると、立川の赤線には「貧農漁村の出身者が多く、人身売買等の犠牲になって他動的に」働くようになった者も多かったという。[8] 赤線それ自体が、女性の貧困を背景に成り立っていたといえる。

他方で男性は、ほとんどの場合そうした女性の置かれた状況を黙認し、家父長制における自分たちの「特権」を享受していた。そして明治期以降の公娼制度は、男性の欲望を制度的に肯定し、買春は「遊び」、あるいは「文化」として公認されていた。

こうしたジェンダー不平等ゆえに、立川を含めた軍都の赤線は公的に存続していった。

(7) たとえば一九三五年の女性の在学者数の該当年齢人口における比率は、中等教育で三三・六%、準中等教育で一九・一%、高等教育で〇・六%である。文部省『日本の成長と教育』文部科学省、一九六二年(https://dl.ndl.go.jp/pid/3492761 二〇二四年一〇月一五日閲覧)

(8) 馬場みや子「立川地区」東京都民生局『東京都の婦人保護』東京都民生局婦人部福祉課、一九七三年、一二八頁

2 戦後の立川

戦後、立川では旧陸軍の飛行場が「立川基地」として米軍に接収され、朝鮮戦争期には輸送基地として稼働した。そして基地周辺では、ある意味では戦前と同じような光景が、

図1　立川の悪所

出所）西田稔『基地の女』河出書房新社、1953年、口絵
注）右下が立川駅。●印がホテル、×印が置屋、▲印がキャバレー、■印がバーである。

顧客を米兵に変えて繰り広げられた。公娼制度は一九四六（昭和二一）年にGHQによって廃止されたものの、一九五六（昭和三一）年に売春防止法が施行されるまでの一〇年あまりの間、公然と売春が行なわれ続けた。

立川の場合は、「夜の市長」の異名をとり、後に立川市商工会議所の初代会頭もつとめた中野喜介が敗戦後すぐに大規模な慰安施設「パラダイス」を立ち上げ、またRAA[9]がキャバレー「サクラ」を開業するが、いずれもすぐに閉鎖された[10]。以降に増えたのは、個人レベルの売春である（図1）。

当時、旧遊郭は「赤線」、「私娼窟」が「青線」、それ以外で売春が行なわれている地域が「白線」と呼ばれた[11]。そして不特定多数を相手に売

（9）　RAA（Recreation and Amusement Association）とは、特殊慰安施設協会と訳される日本政府と業界団体が戦後すぐに立ち上げた組織である。米兵による日本人女性への暴行を防ぐために「性の防波堤」が必要であるという考えから、RAA主導で日本各地に米兵向け慰安所がつくられた。しかし性病の蔓延などから一九四六（昭和二一）年には廃止された。

（10）　原和美「占領下と戦後のくらし」つむぐの会『自由時間』一七、二〇二〇年、六六―一〇九頁

（11）　原和美、前掲書（3）、四七頁

春をする者は「パンパン」、特定多数を相手にする者は「バタフライ」、特定の相手と愛人のような関係になる者は「オンリー」と呼ばれた。[12] 立川では彼女たちに家を貸す者も多く存在した。

これは立川にかぎったことではないが、「パンパン」たちは以前から売春をしていたわけでは必ずしもなく、さまざまな背景をもっていた。たとえば一九四六（昭和二一）年には丸の内で「パンパン」が一四四名検挙されているが、そのうち六〇名が無職であり、食べるために「パンパン」をやっていると答えている。[13] その他はダンサー、事務員、案内係、女工、店員などの職業に就く者がおり、記事では「素人が多い」とされている。立川の状況も、基本的にはこれと同様だったと考えられる。

当時の日本社会において、「パンパン」たちは取り締まられ、蔑まれる存在であった。しかし彼女たちは、多くの同胞たちには縁のない金銭的・物質的な「豊かさ」を身にまとってもいた。彼女たちは売春によって少なくない額を稼ぎ、さらに日本人の立ち入りが制限されていたオフリミットのＰＸ（酒保）などで物品を調達することができたからだ。歴史学者のジョン・ダワー（Dower, John W.）は、占領期に有楽町近辺で名をはせた「パンパン」である「ラク町のお時」について、次のように述べている。

「ラク町のお時」の鮮やかな赤い唇と派手な服装は、たんにパンパンの象徴であっただけではなく、アメリカ的なセクシーさと最新流行という、手のとどかないものの一部でもあった。[14]

日々の生活にあえぐ同胞にとっては「手のとどかない」ほどの金銭的・物質的な「豊か

(12) 馬場みや子、前掲書（8）、一二九頁

(13) 『読売新聞』一九四六年六月一五日朝刊

(14) ジョン・W・ダワー『敗北を抱きしめて――第二次世界大戦後の日本人（上）』三浦陽一・高杉忠明訳、岩波書店、一六三頁

さ」を「パンパン」たちは身にまとっていた。彼女たちは、「豊かさ」によって敗戦や貧困という過酷な現実を上書きし、ある意味で戦勝国民に擬態した[15]。その「豊かさ」は自己否定を含むものであり、アンヴィバレントなものであったといえよう。

当時の売春を仕事としてみてみると、微妙な地域差もあったようだ。たとえば占領期に「パンパン」たちを集めて行われた「売春座談会」という雑誌の企画では、立川で活動する女性と、新宿で活動する女性の間で、次のようなやりとりがなされている。前者が立川、後者が新宿の女性である。

「わたいなんんか、ジュクのお姐さんたちの前で……」

「なにも、稼ぎのショバでそんなにケンソンしたり卑下することないわ。あんたらのシマの方が稼ぎがよいって云うじゃないの[16]」

ここで立川の女性は、都心である新宿の女性に対していくらか謙遜しているが、新宿の女性は立川の方が「稼ぎがよい」と考えていることがわかる。この新宿の女性の認識は、あながち間違ってはいない。

都市社会学者の磯村英一によると、特に朝鮮戦争期の立川における売春は「多いところで月に六、七万円は収入があり、どんなに少ない場合でも一万円を下ることは」なかったされる[17]。同時期の平均的な東京の街娼は、一回一〇〇〜三〇〇円程度で一日四〜五人の客をとり、月に一五〜二〇日程度稼働していたという[18]。つまり一ヶ月あたり六千〜三万円が売春による一般的な稼ぎであった。そのことを考えれば、月に一〜七万円稼げた立川は突

(15) 木本玲一「グローバル化と〝基地の街〟――福生、横須賀を中心に」岡井崇之編『アーバンカルチャーズ――誘惑する都市文化、記憶する都市文化』晃洋書房、二〇一九年、六三―七六頁

(16) 井上ヨシ・片山マリ・久岡みつ・天野清江「売春座談会」『新自由』二(六)、東亜出版社、一九四八年、三三―三四頁

(17) 磯村英一『性の社会病理――日本の売春にみるもの』講談社、一九五八年、七六頁

(18) 磯村英一、前掲書(17)、七六頁

出している。また一九五一（昭和二六）年の都知事の月収が六万七〇〇〇円であったことを考えれば[19]、一般的にもかなりの額であるといえる。

とはいえ彼女たちの稼ぎは男性が金を落とすか否かに依存していたため、生活は極めて不安定であった。作家の広池秋子は、立川の「オンリー」たちを題材にした小説のなかで、ある女性の境遇を次のように描写している。

今日もしか彼が来なかったら、夕方までに部屋をあけなければならないのだ。それにはその前に身のふり方を決めねばならない。いわば離婚と転居と就職、或いは再婚を同時にせねばならないのである。しかもリヤカー代もない始末で、おまけに、例月と違って、すでに大晦日の午後ではないか。[20]

大晦日に「離婚と転居と就職、或いは再婚」が同時におとずれるかもしれないという不安定さからは、いくら収入があり物質的に豊かであったとしても、彼女たちが決して社会的な強者にはなり得なかったことがわかる。

さて磯村によると、当時の立川にはおよそ一五〇〇人の「パンパン」や「バタフライ」「オンリー」がおり[21][22]、一九五二（昭和二七）年の立川署の調査では、一七〜一九歳が四二・五％、二〇〜二五歳が四五・九％を占める[23]。そして過半数が貧困から売春をするようになったという。立川では九七％が無職であり、磯村は彼女たちが「正常な生活能力を持っていない」ために売春をせざるを得なかったと述べる[24]。

さらに立川福祉事務所で相談員をつとめた前述の馬場みや子は、「精神的貧困と言うか

(19) 週刊朝日編『値段史年表』朝日新聞出版、一九八八年、一四八頁
(20) 広池秋子「オンリー達」女流文学者会編『現代の女流文学』一、毎日新聞社、一九七四年、一九九頁
(21) 磯村英一、前掲書(17)、七七頁
(22) 三〇〇〇〜五〇〇〇人という説もある。原和美、前掲書(10)、八六—九二頁
(23) 磯村英一、前掲書(17)、七八頁
(24) 磯村英一、前掲書(17)、八〇頁

豊かな生活への憧れ」などから、売春に引き寄せられる者も少なくなかったという。[25]「パンパン」に部屋を貸して使用料を取る家もあり、そうした家の「奥さん」が「買いたいもの」のために米兵相手に「内職」するというようなこともあったとされる。[26]こうした発言からは、売春する上で貧困とは別の契機があったこともわかる。

とはいえ立川における売春は、そう長くは続かなかった。一九五六（昭和三一）年に売春防止法が施行され、さらに基地が福生（横田基地）へと移されるなかで米兵の数が減り、徐々に廃れていったためである。[27]一九七一（昭和四六）年の時点では、立川署管内の売春事犯は年間十数件になっていたという。[28]

以上をまとめれば、戦前期から戦後期まで一貫して、立川が軍都としてあることが売春と密接な関係にあったといえる。そして特に戦後期においては、売春を商売にする者にかぎらず、立川の女性たちは家にまで押し入られるなどして性的な暴行を受けていた。[29]しかも占領初期にはそうした事件を日本の警察が認知しておらず、[30]またMPも女性への暴行を黙認するようなことがあったという。[31]軍都としてあることは、その過程において女性の人権が幾重にも侵害されるということを意味した。

3 「悪所」としての立川

前節までで、戦前から戦後期の立川における売春の有り様を概観した。特に占領期の立川は「全国的に基地売春の町としてその名をはせた」。[32]実際は戦前から赤線が存在したが、

(25) 馬場みや子、前掲書(8)、一二八頁
(26) 井上ヨシほか、前掲書(16)、三四頁
(27) 馬場みや子、前掲書(8)、一三五頁
(28) 馬場みや子、前掲書(8)、一三五頁
(29) 吉沢エミ「占領下の基地の街と女たち」立川・女の暮らし聞き書きの会『つむぐ』八、一九九二年、九頁
(30) 吉沢エミ、前掲書(29)、九頁
(31) 水野浩「日本の貞操は奪われている」水野浩編『死に臨んでうったえる』倒語社、一九八二年、二六三―二九一頁
(32) 馬場みや子、前掲書(8)、一三五頁

そのころの赤線は公認された「必要悪」という程度の認識であった。「悪所」としての立川のイメージが決定づけられたのは、敗戦後に米軍基地と売春が結びついた結果、より具体的にいえば、たくましい米兵に「パンパン」たちが群がるようになった結果である。それは敗戦による男性性の危機の問題とも関わっているが、その点については次節で述べたい。

そして売春が下火となった以降も、立川の「悪所」としてのイメージは残った。そのときは繁華街が繁栄し、不良たちが跋扈していることが「悪所」の理由とされた。当時の新聞記事でも、立川の不良に関する記事が散見される。たとえば一九五八（昭和三三）年には、立川の愚連隊が近隣の基地から「ハジキ（ピストル）とヤク（麻薬）」を入手し、それらを売買することを主要な経済活動としていることが紹介されている。[33]

ただ繁華街があり不良が多いというだけではなく、立川にはもっと曖昧であるが、それゆえに根深い負のイメージがつきまとっていたように思われる。ひとことでいえばそれは、忘れたい過去が、サブカルチャーとして残存したことによる。

たとえば陸軍士官学校出身で、戦後に作家として活躍した村上兵衛は、一九六〇（昭和三五）年に立川を訪れたときのことを雑誌記事に書いている。当時の立川ではすでに売春は下火になっていたが、村上は立川を「ローティーンやくざ」が生まれる「悪所」であると批判している。[34] 村上は記事中で「異様に繁栄した繁華街」などを問題視しているが、[35] そうした実情を超えたところにある立川の異質性にも言及している。

〔外から来た者には〕町の装飾も、娘や女の子どもたちの服飾の好みも、派手で原色好みである

(33)『読売新聞』一九五八年七月六日朝刊

(34) 村上兵衛「基地から生れるローティーンやくざ」『婦人公論』四五（五）、一九六〇年、中央公論新社、一三五頁

(35) 村上兵衛、前掲書（34）、一三五頁

ことが、ひとつひとつには指摘できない場合にも、なんとはなしにいわば気配として肌に伝わって来る。[36]

ここでは「派手」「原色好み」といった立川の異質性が語られている。こうした異質性は、かつての「パンパン」たちが米兵の好みにおもねるなかで徐々に創られていったものだろう。いわばそれは、非対称的な日米関係やジェンダー不平等が反映されたローカルなサブカルチャーである。そして一般の「娘や女の子どもたち」がそれを内面化していることが、外的にはとりわけ異質にみえる。村上の指摘する異質性は曖昧であるが、それゆえに根深い「気配」という負のイメージとともに、「基地の街」の境界線をあぶり出す。

村上のような認識は、記事の書かれた一九六〇年という時期特有のものと思われる。占領期が終わり、復興と経済成長が進むなかでは、かつての「パンパン」たちは忘れたい屈辱的な過去の象徴になる。そして多くの人びとが安定した生活を営み始めていた時代だからこそ、屈辱的な過去と結びついたサブカルチャーは忌々しく感じられる。ゆえに村上は、「気配」という曖昧かつ根深い負のイメージとして、立川の異質性を捉えたのではないだろうか。[37]

4　敗戦と男性性の抑圧

構造化されたジェンダー不平等により、軍都における女性の人権が侵害されてきたこと

(36) 村上兵衛、前掲書(34)、一三五頁

(37) さらに立川には一九七〇年代から一九八〇年代にかけて、有名な暴走族の立川地獄が存在した。立川近辺では暴走族の苛烈な抗争なども起こっている。本章では詳述しないが、彼等は「悪所」としての立川のイメージを更新していったといえる。

はすでに述べたが、敗戦は日本人男性にとっても男性性の危機として捉えられた。

戦前の日本は天皇制に基づく軍事国家であり、天皇の統帥大権に直結する「皇軍」の神話は、特に男性にとっては強力なロールモデルとなった。そのような社会では、軍役に資するために、暴力的な男性性が許容される範囲が広がっていく。一般紙上で、戦場における「百人斬り」のような蛮行が、あたかもスポーツの記録のように報じられたことはよく知られている[38]。そして子どもの遊びでも「戦争ごっこ」などが目立ち、軍隊や戦争に対する好意的な認識が広く醸成された[39]。他方で軍隊に入れない女性は、「皇軍」の後方支援にあたる「銃後の護り」と、未来の「皇軍」を生み育てるという限定的な役割を押しつけられた。

つまり戦争は、暴力的な男性性を肥大化させつつ、女性性を限定的なものとすることで、家父長制をいびつなかたちで強化したといえる。

しかし戦中に肥大化した男性性は、敗戦によって危機を迎える。かつて万歳の歓呼のなか送られた男性たちは、敗戦後は冷ややかなまなざしを向けられた[40]。不平等にあえぐ女性たちとはまた違ったかたちで、「負けた男たち」には[41]、埋めがたい喪失感が残った。たとえば法政大学在学中に学徒出陣し、ソ連軍の捕虜となった評論家の安田武は、自身の戦中と戦後を次のように述べる。

> 戦争のなかで学業を放棄し、敗戦後の荒廃のなかで必死に学びつづけて来たぼくたちの、それにも拘わらず絶対的な力の不足、戦中・戦後十余年間に使い果たしてしまった身心の甚だしい疲労感。ぼくらは、ダメだった。戦後一〇年の努力もいずれ実らず、すべては取り返しがつ

(38) ベンジャミン・ウチヤマ『日本のカーニバル戦争——総力戦下の大衆文化　一九三七—一九四五』布施由紀子訳、みすず書房、二〇二二年、七四—七六頁。坂上康博『スポーツと政治』山川出版社、二〇〇一年、八三—八七頁

(39) サビーネ・フリューシュトゥック『「戦争ごっこ」の近現代史——児童文化と軍事思想』中村江里・箕輪理美・嶽本新奈訳、人文書院、二〇二三年、五九—八〇頁

(40) 中村江里「敗戦と「男らしさ」の危機——戦争と性の道徳的・科学的言説と男性性の再編成」『歴史評論』七九六、二〇一六年、三三—三五頁

(41) 中村江里、前掲書(40)、三三—三五頁

かぬ。[42]

「絶対的な力の不足」を嘆く安田の言葉は、戦中から戦後の混乱のなかで、学業と軍務という「男性が果たすべきこと」を何も果たせなかったという、極めて男性的な嘆きとしても読むことができる。安田のように戦中の「男性らしさ」を内面化すればするほど、敗戦は男性性の危機として捉えられる。

無条件降伏の後、米兵によって女性が凌辱されるという流言が飛び交ったことはよく知られている。この流言は、ジェンダー不平等が構造化された社会における、極めて原始的な男性性の危機を表現しているとみることができる。歴史家の中村江里は次のように述べる。

「米軍が上陸したら婦人は凌辱される」「戦争に負けた兵隊は、米軍に去勢された後、南方に使役で連行される」「捕虜になったら金玉を抜かれる」という、当時の多くの日本人の間で共有された流言は、軍事占領が被占領者の身体の所有を伴うものとしてイメージされていたことを示している。[43]

米兵に対するヒステリックなまでの恐怖は、女性の人権や安全に対する配慮というよりは、自分たちの「所有物」であったはずの女性が米兵に「奪われる」という原始的な感覚に由来する。すなわち敗戦は、もはや女性を「所有」できないという男性性の危機として捉えられたということである。

(42) 安田武『戦争体験——一九七〇年への遺書』筑摩書房、二〇二一年、八三頁

(43) 中村江里、前掲書(40)、三三頁

占領期が始まると、少なくとも日本人男性が物理的に去勢されたり、強制労働をさせられたりすることはないことがわかった。しかし「パンパン」たちはたくましい米兵に群がり、米兵による日本人男性に対する暴力事件も各地で頻発していた。立川でも、警察が認知しないところで女性たちがたびたび性的暴行を受けていた。

つまり米軍上陸前の恐怖はある面では現実になり、男性性の危機をめぐる感覚は経験的に維持された。敗戦によって、ジェンダー不平等に無自覚なまま生きてきた日本人男性は、自分たちよりも強く、より男性的な米兵に踏みつぶされる存在になった。米兵はたくましく、自分たちは貧弱である。自分たちは同胞の女性を「守る」こともできない。自分たちは「去勢」された。自分たちはもはや女性たちを「所有」できない。

男性がそうした感覚に囚われるなかで、立川は「悪所」とされるようになっていった。前述のように、立川が「悪所」である理由は、売春が行なわれるから、繁華街があるから、不良が跋扈しているからというだけではなく、ある種の異質な「気配」[44]にも求められた。その「気配」は、売春が下火になった後も、日本人男性に自分たちの「無能さ」を思い出させるものであった。「悪所」という評価の背景には、男性たちの感じたかつての苦々しさがあったのではないだろうか。[45]

おわりに──「その後」の立川

本章では、軍都としてあることに起因するジェンダーのゆらぎに注目しながら、戦前期

(44) 村上兵衛、前掲書(34)、一三五頁

(45) 「基地の街」を舞台にした日本とアメリカ合衆国の非対称的な関係の描写は、長谷部安春の映画『野良猫ロック セックスハンター』(一九七〇年)や、村上龍の小説『限りなく透明に近いブルー』(一九七六年)などにもみられる。これらの作品では、非対称的な日米関係が戦後の男性性の危機を軸とした性的関係に投影されている。

から戦後期の立川の歴史をみてきた。
そうしたジェンダーのゆらぎは、一九六〇年代までの横須賀や福生などでもみることができた。しかし基地が残る横須賀や福生の「その後」は、立川と大きく異なっていた。一九八〇年代以降の横須賀や福生は、程度の差こそあれ、「基地の街」としての異国情緒を観光資源にすることで集客をはかってきた。[46] 端的にいえばそれは、過去の負のイメージを巧みに脱色しながら、文化的な商品として再構築するという営みである。
それに対して立川の場合は、一九七七(昭和五二)年の基地返還以降、再開発を繰り返し、現在では商業施設やパブリック・アートの集積地として知られている。これは「基地の街」としての記憶を上書きし、過去と決別し続けた結果であるといえる。[47]
基地が返還されたことや、都心からのアクセスのしやすさなどが立川における再開発の方向性を決定づけたと考えられるが、過去と決別する上での具体的な施策に関する検討は別稿に譲りたい。

〔付記〕
本研究は、科研費基盤研究C「首都圏の在日米軍基地周辺地域における「国際化」に関する社会学的研究」24K05322による成果の一部である。

(46) 木本玲一「地域社会における米軍基地の文化的な意味――「基地の街」福生・横須賀の変遷」難波功士編『米軍基地文化』新曜社、二〇一四年、一五九―一六五頁
(47) ただし現在でも、駅南口近辺にはウインズ立川をはじめ、パチンコ店や雀荘、バー、風俗店などがあり、過去の面影を残しているともいえる。

column

二つの緑地《グリーン》

後藤美緒

多摩地域の交通の中心地である立川は、そこに行くにも、出るにも多様な緑を目にする一帯だ。電車やモノレールの車窓からは斜面を覆わんとする葛《くず》や住宅街に浮島のような背の高い樹木群。自動車で移動する幹線道路沿いからも手の掛けられた野菜や果樹に出会う。

二〇二〇年改定の『立川市緑の基本計画』によれば、市域の緑はこの二〇年間で減少しつつも、南部に位置する立川崖線の斜面林、北部の玉川上水および五日市街道周辺の農地や屋敷林、中央部西側の国営昭和記念公園等にまとまった緑が残されているという(1)。

実はそのなかにひろく軍《ミリタリー》に由来する緑もある。このコラムでは二つの緑地を紹介したい。

一つ目が国営昭和記念公園である。JR立川駅、西武拝島線武蔵砂川駅から徒歩二〇分圏内にある国営昭和記念公園は、立川市中央西部から昭島市にまたがる総面積一八〇ヘクタールにおよぶ巨大公園である。五つに分けられた園内のうち「みどりの文化ゾーン」(無料)、「水のゾーン」「広場ゾーン」「森のゾーン」の四ゾーンは芝生や樹木で構成される緑地だ。

これほどの広さを有する公園がどのように成立したのか。国営昭和記念公園は昭和天皇在位五〇周年記念事業の一環として一九七九年に設置が閣議決定された。そして「緑の回復と人間性の向上」をテーマに、一九八三年の第一期開園時には「みんなの原っぱ」などを含む七〇ヘクタールで開園する。国営公園は都市公園法に基づきイ号と口号に分類され、昭和記念公園は「国家的な記念事業として、又は我が国固有の優れた文化的資産の保存及び活用を図るため閣議決定を経て設置する」口号国営公園に該当する。全国で五ヶ所ある口号国営公園の目的は日本の近現代化と重ねられて設定されており、[2] 国営昭和記念公園は昭和というある時期を空間にピン止めしたといえる。

こうした国営公園を空間的・意味論的に準備したのが、昭和前期におけるこの地での軍施設の開設である。二〇世紀初頭まではこの地域一帯は養蚕と茶の栽培を主とする農村地帯だった。そこに一九二二年、立川飛行場が完成し、陸軍飛行第五大隊が移駐する。こうして広大な空間が農地から軍用地へ転換されていった。戦後になると立川飛行場は米軍に接収される。やがて米軍は立川基地北部を主要滑走路の延長計画地としたが、これに対して拡張予定地で農業を営む住民らによって激しい反対運動が行われた（一九五五年砂川闘争）。その結果、延長計画は一九六八年に中止し、基地は一九七七年に日本政府に全面返還される。その後、国営昭和記念公園、自衛隊や関連官庁施設を含む広域防災基地、市街地再開発地区、多摩都市モノレール基地へと分割して転用されて現在の景観をなしている。[3] こうしてつくられた緑あふれる公園は、家族や友人らとの親密さを支えるものとして使われている。

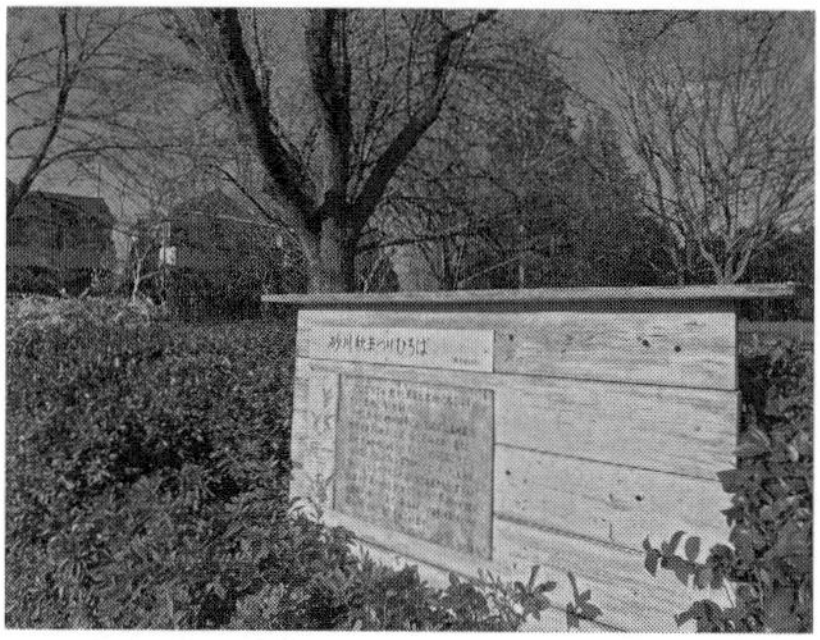

図１　砂川秋まつりひろばと看板（2024年、筆者撮影）

広大な公園を砂川口から出て東部に移動していくとまた緑地に出会う。砂川秋まつりひろばである（図１）。現在の自衛隊立川基地北部に位置するひろばは、「木を植える会」によって梅や山茶花などの樹木が植えられている。これが紹介する二つ目の緑地である。

拡張計画が進められるなかで立川基地北部は国の買収に応じなかった農家の土地と買収された土地が混在することになった。国に買収された土地は防衛庁の管轄下におかれたが、すぐには活用されず、土地が荒れることを懸念した市民らによって自主耕作が行われる。

こうして人の目と手が入るようになったが、一九八〇年代末頃には利用されない道路ぎわの日陰などにゴミが投棄されることになった。市役所や国に苦情が寄せられて、一九八九年に国による買収地の囲い込みが始まった。それは高い金網フェンスを張ることで人を排除しようという試みである。これに対して「砂川に金網フェンスは似合わない」をスローガンに反対署名運動が始まり、防衛施設庁への申し入れが行われた。一九九一年春には「木を植える会」が結成され、ごみを片付け、苗木一〇〇本を植える「植樹まつり」が開催された。[4]

会発行のミニコミ誌では季節毎の活動、すなわちそれはメンバーによる梅の枝の剪定や実の収穫、活動を支援する人びとも参加する秋まつりの様子が時に写真を添えて報告される。収穫された梅の実はメンバーらによって梅干しに加工され、その過程を示したミニコミ誌とともに活動を支える全国の人びとに届けられている。「木を植える会」が植えた梅は、剪定や梅干しづくりと複数人で何度も関わることができる樹木だ。現在の砂川秋まつりひろばの緑は顔がわかる人と人とのつながりをつくり出すものとしてある。

植物は自らの生命の営みに沿って活動している。緑地が心地よいかどうかは私たちがどれだけ、そしてどのように関わるかによるだろう。立川で出会う緑地は軍と向き合ってきたこれまでの土地の来歴を表すものであり、そして今後、街と人がどのように関わっていくかを問いかけるものとなっている。

〔謝辞〕
史料収集に関しては市民アーカイブ多摩にご助言いただきました。この場を借りてお礼申し上げます。

〔注〕

（1）立川市「立川市緑の基本計画」(https://www.city.tachikawa.lg.jp/_res/projects/default_project/_page_/001/006/593/midorinokihonkeikakur2.pdf 二〇二四年九月四日閲覧)

（2）ほかの国営公園とその目的は次の通り。「国営武蔵丘陵森林公園は明治一〇〇年、国営飛鳥・平城宮跡歴史公園は飛鳥地方の文化的資産及び平城宮跡の保存と活用、国営吉野ヶ里歴史公園は吉野ヶ里遺跡の保存と活用、国営沖縄記念公園は沖縄国際海洋博覧会と沖縄の復帰を記念」。

（3） 松山薫「関東地方における旧軍用飛行場跡地の土地利用変化」『地学雑誌』一〇六（三）、一九九七年、三三一―三五五頁

（4） 加藤克子「今につづく砂川闘争」『季刊ピープルズ・プラン』七〇、二〇一五年、四―五頁（市民アーカイブ多摩所蔵）

〔参考文献〕

木を植える会『戦争で平和はつくれない』二〇一六年（多摩市民アーカイブ所蔵）

多摩と自衛隊
——府中基地からみる多摩の戦後史——

松下優一

はじめに——多摩地域の自衛隊基地

多摩地域で自衛隊基地といえば、まず思い浮かぶのは九〇〇メートルの滑走路を有し、映画『シン・ゴジラ』（二〇一六年）にも登場した陸上自衛隊（以下、陸自）の立川駐屯地だろうか。JR立川駅の北西に広がる昭和記念公園や広域防災基地、大型商業施設などの並ぶ一帯は、米軍立川飛行場の跡地で、自衛隊は一九七二年に移駐した。[1] 立川にはまた、中心市街を挟んで東側にも陸自の地理情報隊が入る東立川駐屯地があり、もともとはこちらが立川駐屯地と呼ばれていた。さらに東の小平市の一橋学園付近には、陸自の各種業務教育を行う小平学校がある。航空自衛隊（以下、空自）では府中基地と横田基地があり、航空総隊司令部や航空支援集団司令部といった中枢を担う重要機関の所在地となっている。[2]

これら多摩地域の自衛隊基地のなかで最も新しいのが、二〇一二年三月に開設された空自の横田基地である。この基地は、それまで府中基地にあった航空総隊司令部が米軍横田

（1）　この自衛隊移駐に関しては、松田ヒロ子「東京・立川飛行場への自衛隊移駐をめぐる基地紛争（一九六八―一九七八年）」『立命館大学国際平和ミュージアム紀要』二四、二〇二三年、三五―四六頁に詳しい。

（2）　各基地に配備されている主な部隊は、防衛年鑑刊行会編『防衛年鑑　二〇二三年版』防衛メディアセンター、二〇二三年を参照。

基地内へと移転したのに伴い新設された。航空総隊は、戦闘機の緊急発進（スクランブル）やミサイル防衛などを担う実戦部隊である。当時の新聞報道によると、この移転は二〇〇六年に合意された自衛隊と米軍の連携強化を目的とするもので、「横田基地内に空自横田基地として司令部庁舎や厚生棟などを約六〇〇億円かけて新設し、府中から司令部や作戦情報隊などの七六〇人が移った」という。[3]新しい総隊司令部庁舎の地下には大型スクリーンが並ぶ「日米共同調整所」が設けられ、米国空軍司令部とも直結したつくりになっているようだ。[4]府中に残ったのは、航空支援集団司令部など約七〇〇人だという。[5]

府中から横田へ。二一世紀に入り、多摩地域には航空自衛隊に関わる基地が増設され、日米の軍事同盟強化に直結する、かなり大規模な軍事拠点の移動が行われたことになる。多摩地域を東から西へ向かう拠点の移動は、歴史的にみればこれが最初というわけではない。以下では、長らく航空総隊司令部が置かれていた府中基地周辺にフォーカスし、その歴史とともに当該地域における自衛隊基地のありようについてたどり直してみたい。この場所を通じて、多摩における軍事的なプレゼンス、その動向の一端を観察することができるのではないだろうか。

(3)「空自——航空総隊司令部、横田に　府中から移転、米軍と連携強化」『毎日新聞』二〇一二年三月二六日号東京夕刊

(4)「米空軍横田基地に空自司令部移転　弾道ミサイル防衛の拠点に」『朝日新聞』二〇一二年三月二七日号朝刊

(5)　前掲記事（4）

1　航空自衛隊府中基地

京王電鉄東府中駅からまっすぐ北へ向かう「平和通り」と名づけられた並木道を歩いていくと、一〇分たらずで、航空自衛隊府中基地に突きあたる（図1）。

丁字路の信号には「府中の森芸術劇場東」とあり、左方向にはすぐ芸術劇場の建物がみえ、その先は広大な公園で、休日には家族連れなど人通りが絶えない。右方向に折れると自衛隊基地の正門がみえてくる。フェンス越しに覗く基地の片隅には広報用の戦闘機も展示されているが、離着陸可能な滑走路はない（図2）。周辺は道路を一本隔てて住宅地が広がっている。

図1　平和通りの北端。奥が府中基地（2024年、筆者撮影）

図2　航空自衛隊府中基地（2024年、筆者撮影）

　ここに自衛隊基地が開設されたのは、自衛隊発足から三年後、一九五七年八月のことである。その時点で航空集団司令部および航空保安管制気象群本部が置かれ、前者が翌五八年に航空総隊、後者が八九年に航空支援集団となった。基地開設四〇周年を記念して刊行された『航空自衛隊府中基地四〇年史』には歴代の航空総隊司令官ら基地幹部の寄稿が掲載されているが、そのなかで強調されるのは「航空自衛隊の骨幹たる航空総隊及び航空支援集団の両司令部を核として七個部隊及び二個機関からなる人員約一〇〇〇名を擁する今日の姿となっております[6]」「昭和六二年に地下に移設されたCOCもその後改修増強され、今や府中基地は名実ともに航空自衛隊作戦運

（6）　橋本國一「発刊のことば」防空指揮群編『航空自衛隊府中基地四十年史』防空指揮群、一九九七年、一頁

用の中枢であります」[7]というように、空自の重要拠点としての歩みである。なお、地下のCOC（航空総隊作戦指揮所）は、押井守『機動警察パトレイバー2 The Movie』（一九九三年）で三沢から東京へ向かった不明機の迎撃場面で登場する指揮所である。

このように府中基地は空自の創設期から前線での戦闘を担う航空総隊と後方支援を担う航空支援集団の双方の司令部が置かれていたわけだが、歴代幹部たちの言葉からは、司令部の立地としては難があったこともまたうかがえる。

航空総隊と航空支援集団の司令部がありながら飛行場が無い府中の不便さと非合理的なことを、入間往復の車の中で副官と復習する事が習慣になっていた[8]

府中基地から空幕、入間基地に出かけるには現在の交通状況では一日仕事である。昨今の通信手段の発達を考慮しても、府中基地が主要司令部の所在地として最適地とはいいがたい[9]

では、なぜ府中に空自の中枢が置かれていたのか。端的にいえば、空自府中基地が発足した一九五七年当時、日本における米軍の中枢がそこにあったからだ。

2 二つの「府中基地」――府中基地の来歴

現在の地図をみても、空自の府中基地とその周辺の一帯（府中の森公園など）は、東府中

（7） 竹田五郎「府中基地のさらなる発展を祈念して」、前掲書（6）、一一三頁

（8） 石塚勲「府中の思い出」、防空指揮群編、前掲書（6）、一九頁

（9） 佐川明彦「府中基地」、防空指揮群編、前掲書（6）、二九頁

駅の北に大きな一つの区画としてあるのが明らかだが、その区画がアメリカ空軍府中基地の跡地であり、さらに遡れば旧日本軍の陸軍燃料廠の跡地である。

第二次世界大戦前夜の一九三九年、航空燃料の技術開発を目的として東京三宅坂の陸軍省内で編成された陸軍燃料廠は、その翌年にプラント建設のため、技術将校らが府中に移駐、開設された軍事研究施設である。[10] 終戦直後の陸軍燃料廠を空撮した写真からは、広々とした敷地に横長の建物が並んでいるのがみて取れる。その敷地約六〇・八ヘクタールがそのまま米軍に接収された。[11]

この区画から北東のさほど遠くないところには都営多磨霊園、さらに東の調布市との境界に調布飛行場、南には東府中駅を挟んで東京競馬場、北西方向には東京農工大学キャンパス、府中刑務所、東芝府中事業所というように巨大な区画を占める施設が並んでいる。ここで確認しておけば府中は、古くは武蔵国の国府、近世には甲州街道の宿場町としての歴史をもつが、特に一九二〇年代以後、東京区部からの大規模施設の進出・移転先として際立つエリアだった。東京の墓地の飽和を受けて計画された多磨墓地（二三年開設、のち多磨霊園に改称）、目黒から移転した東京競馬場（三三年開場）、巣鴨から移転した府中刑務所（三五年開所）および駒場から移転の東京高等農林学校（三五年開校、のち東京農工大学）。こうした動きについて『府中市史』は「東京の外縁にあった都市施設である競馬場や農林学校・刑務所などがあいついで、いっそう外側にあたる地域」へ移転したもので、「燃料廠を先駆として軍需工場が移ってくるのは、これにつづく段階においてである」と位置づけている。[12] 東京の外縁部にあった諸々の施設が移転してくること、それは東京の外縁ないし拡大の前線（郊外化の先端）が、その時期、府中付近にあったということだ。陸軍燃料廠、

（10）この陸軍施設については、石川正紀『陸軍燃料廠——太平洋戦争を支えた石油技術者たちの戦い』（潮書房光人新社、二〇一三年）に詳しい。ノーベル賞学者の福井謙一をはじめ戦後日本の重化学工業を支える人材を輩出したという。

（11）府中市企画調整部企画課『基地跡地利用——その経緯と現状』一九九八年、九頁

（12）府中市史編纂委員会『府中市史（下）』府中市、一九七四年、五八五頁

日本製鋼所武蔵製作場や東京芝浦電気府中工場など軍需工場の進出もそうした都心部から郊外への移転の文脈にある。

戦後、旧陸軍燃料廠は米軍に接収され、府中兵器廠、極東空軍航空資材司令部B地区として使用されていたが、一九五六年五月に極東空軍司令部が東京都心(皇居前の明治生命館)から移転し、翌五七年七月の在日米軍発足とともに在日米軍司令部もここに置かれた。[13]また、六五年には東京五輪開催に伴って返還された代々木の米軍住宅ワシントンハイツの代替として、基地内に将校宿舎、食堂、クラブハウスなどが新設された。[14]米軍もまた都心から郊外への移転という流れをもって府中に現れ、米軍府中基地は「基地内には二つの司令部と通信・気象両部隊があり、最盛期には軍人・軍属約千人が常駐」し、「特に第五空軍司令部は極東の空のカナメとして君臨してきた[15]」と報じられるような一大拠点となっていた。

在日米軍司令部および第五空軍司令部は、一九七〇年代半ばに「関東計画」の一環でさらに郊外の横田へと移転し、通信施設を除いて大部分が返還されるが、五〇年代半ばから七〇年代半ばまでの二〇年近くにわたり、米軍空軍の司令部と空自の司令部、米軍府中基地と自衛隊府中基地は、同じ旧陸軍燃料廠跡地で隣り合っていた。もちろん両者が敷地を均等にシェアしていたわけではない。当時の自衛隊幹部によれば、「府中基地は当時大半が米空軍の管轄下」で「施設は米軍に依存しており」、「府中基地司令としての管轄分は猫の額どころかもっと狭いおそらく日本一狭小な基地だった」が、「米軍の方は広大で野球場、テニスコート、体育館、ボーリング場、ミニゴルフコースなど隊員のスポーツには日本一贅沢な基地」だったと振り返っている。[16]面積は米軍五九・六ヘクタールに対し、自衛

(13) 齊藤勉「米軍基地の形成と基地問題、基地反対運動——昭和二〇年代の諸相」『多摩のあゆみ』一七六、二〇一九年、一〇頁

(14) 府中市企画調整部企画課、前掲書(11)、九頁

(15) 「府中米軍司令部あす降旗式」『朝日新聞』一九七四年一一月七日号東京朝刊

(16) 二川有誠「四〇周年を祝して」、前掲書(6)、二五頁

隊一・四ヘクタール[17]、また当初自衛隊員は約七〇名、広大な米軍基地のごくわずかな一角を間借りするような状態だったようだ[18]。七〇年代半ばの航空総隊司令官は、任期中に米軍が転出したことで「窮屈だった二世帯生活は解消され、わが府中基地所在部隊は余裕たっぷりのリロケーションへと開放され、態勢は見違える程に改善された」と書いている[19]。

このとき米軍府中基地がそのまま自衛隊に移管され、東府中に大規模な自衛隊基地が出現する可能性もあったのかもしれない。が、そうはならず、現在の自衛隊基地は、返還された米軍基地跡地全体の三割程度（約一八ヘクタール）で、しかも返還当初は一時使用というかたちであった。「もめる跡地利用」という見出しの当時の新聞記事には、こうある。

地元府中市は国に対し早くから市への全面払い下げを求め、「森林公園」の青写真を描いている。これに対し、自衛隊も一部使用を求め、先月、早手回しに大蔵省の国有財産関東地方審議会から「返還後半年間」の暫定使用の承認をとった[20]

通信施設を除く約五四ヘクタールが返還されたのは一九七五年六月末のことだが、府中市側はその翌月に返還地の全域を対象にした「平和の森構想」を発表。その構想図をみると、現在自衛隊基地になっている南東の一角には野外音楽堂や池が計画されている[21]。翌七六年、国有財産中央審議会の答申を受け、国は、返還地の利用について「三分割有償払下げ方式[22]」を提案するが、府中市側はこれに反対し、署名運動を展開した。七九年から八〇年にかけて府中基地に勤務した自衛隊幹部は、「総て米軍から返還されたそのままで何も手がつけられず（中略）さながら公園のようだった」と振り返っている[23]。市側が三分割案

（17）「府中米軍司令部あす降旗式」、前掲紙（15）
（18）府中基地ＨＰ「基地の沿革」（https://www.mod.go.jp/asdf/fuchu/base/history/index.html　二〇二四年一〇月一八日閲覧）
（19）鈴木瞭五郎「小さく自前の基地に変わって」、前掲書（6）、一二頁
（20）「府中基地、日本に返還」『朝日新聞』一九七五年六月三〇日号東京夕刊
（21）「平和の森構想図」、府中市企画調整部企画課、前掲書（11）、二八頁
（22）三つの区域に分け、うち二つを地元自治体と政府機関が利用、残る一つを当面留保地とする方式。
（23）池徳「府中基地で勤務して」、防空指揮群編、前掲書（6）、二四頁

を受け入れ、返還地を三分割し、それに沿って整備が進められていくのは、一九八〇年代に入ってからである。現在、東の自衛隊基地と西の公園エリアを隔てている道路「平和通り二号」は、一九八三年に着工。そこにあった基地建造物を解体し、道路を通したようだ。(24) この平和通り二号と、東府中駅から続く平和通りは直線で続いておらず、微妙な左折と右折が必要になるのだが、その曲折自体が、米軍基地跡地をめぐる地元と自衛隊の思惑のズレないしコンフリクトの痕跡といえるかもしれない。

(24) 府中市企画調整部企画課、前掲書(11)、一九頁

3 基地の街としての東府中

現在丁字路になっている平和通りの北端に、陸軍燃料廠のち米軍府中基地の正門はあった。本来の街路はまっすぐ基地正門に通じ、基地の存在を前提に設定されていたが、一九八四年に東に寄った現在の位置に自衛隊の正門が新設され、旧正門は閉鎖された。現在は跡形もないが、かつて基地前の通りは「基地の街」の様相を呈していたようだ。

多摩地域を舞台とする文学作品をめぐる山本貴夫『多摩文学紀行』には「東府中の星条旗」と題する章があり、高橋三千綱の小説「二月の行方」を取り上げている。この小説に描かれたのはベトナム戦争の時期の東府中だというが、山本自身もまた、当時の東府中について次のような回想を記している。

その道を北へ歩きはじめて、私はアッと思った。前方に、確か半円形の大きなアーチのネオン

になっていたように思うが、「FUCHU AIR STATION」の文字と、その下にゲートがあり、銃を構えた米兵が立っているのが見えた。しまった、ここは米軍基地だ。それまで私はここに基地があるのを知らなかった。フェンスの内側は芝生で、米軍兵の姿は見えず、芝生の上で幼い子どもが二人、ふざけあい転げあって遊んでいる、のどかな風景だった[25]

小説「二月の行方」は、剣道に打ち込む調布の高校一年生・勇を主人公とする一九七八年の芥川賞受賞作「九月の空」の続編である。具体的な地名の言及はないが、「改札口を出て旧甲州街道を横切る」と始まる冒頭、主人公は旧街道とその先の新道を渡り、「墓標に似たポプラ並木が、枯れて、道の両はしに立ち並んでいる」通りを進み、BAR・MAMASANとネオン看板を掲げる、級友の母親が経営する米兵相手のバーへ向かう。

勇がこの道を通るようになって、今日で四日目になる。それでもまだ、自分がどこか異国の地に迷い込んでしまった、捉えどころのない奇妙な失墜感を拭い去ることができない。正面には乳白色の建物があり、ゲートには守衛が立っている。空軍基地は周囲を高い金網で囲み、出入りする人間を厳しく調べている。（中略）勇は金網の外から、芝生の多い、白く四角い建物の建つ基地を、不思議そうな顔で眺める。自分の住んでいる近くに、こんな広大な基地があったことなど、勇は知らなかった。（中略）駅を降りて、信号を渡ると、そこは別世界だった。そこにはいつでも、崩れた長いスカートを穿いた女たちが、爪を赤く塗って、ドル紙幣をちらつかせる白い顔の男たちの腕にぶら下がり、嬌声をあげていた[26]

(25) 山本貴夫『多摩文学紀行』けやき出版、一九九七年、九一―九二頁

(26) 高橋三千綱『九月の空』株式会社KADOKAWA、一九七九年、一五五―一五六頁

図3　浅間山からみえる米軍通信施設跡地（2024年、筆者撮影）

この小説では米兵相手のバーでバイトする主人公が描かれるが、これは書き手自身の一〇代の経験に基づいている。[27]

「異国の地」「別世界」に「迷い込む」通路。そう描きうるようなリアリティを、歴史上の一時期、府中基地へと続く並木通りは有していたようだ。ある元空将は一九六八年ごろの記憶として「東府中駅から正門までの通りは、まさに米軍基地の街そのものでありました」と述べている。[28]また、ある府中市在住の女性はタウン誌への寄稿で、こう想起している。

> 京王線東府中駅に降り立つと、甲州街道を一本渡った所から北へ向かって異様な並木が目についたものだ。周囲は畠ばかりで道は勿論、大地のままの姿である東京郊外のこの地に、ここばかりは、きちんと整備された道が、街が存在し、甲州街道から直角に北へのびる舗装された道の両側に、地上から一定ライン、約一米位の高さまで白いペンキを塗られた並木が、AirForth正門までつづいていたのだ。この並木道と基地の中は大型のアメリカ車が気持ちよさそうに走っており、ここを闊歩するGIは、みんな足が長く、ヒップはしまり、とてもスマートであった。[29]

現在（二〇二四年三月）、通りの周辺に当時の面影はみられない。ただ、整備された公園や自衛隊基地の向こう、三分割方式で留保地とされた北の区画だけは、文字通り留保され

(27)　高橋三千綱『あの時好きだと言えなかったオレ』太田出版、一九八七年、八八頁

(28)　杉山蕃「府中への思い」、防空指揮群編、前掲書（6）、二〇頁

(29)　北村蓉子「ふるさと府中との出会い⑨　文化の発信地に変貌した東府中界隈」『あなたの府中』九、一九九六年、一五頁

たまま、厳重なフェンスで囲われまま、今に至る。その内側の一角に、二〇二一年秋まで米軍府中通信施設があった。そこには今なお古びた鉄塔がそびえ、巨大なパラボラアンテナの残骸が残され、その周辺の留保地は手つかずの雑木林で、廃墟化した古い建物が覗いている。かつてペンディングされたその一帯は、地域から遊離した異空間というような様相を呈して、いまだそこにある（図3）。

おわりに——府中基地の未来？

「横田基地には、司令部が入る二階建てのビルも完成、家族用の高層アパート、病院、体育館などの建設も着々と進んでいる」[30]と報じたのは、米軍の司令部の横田移転についての一九七四年の新聞記事である。二〇一二年の航空総隊司令部の移転は、府中から横田へという在日米軍の拠点移動を、時を隔てて反復しているようであり、先行して横田へ移った米軍を追いかけていったようでもある。

近年、防衛省・自衛隊は「宇宙」「サイバー」「電磁波」を軍事的開発のフロンティアと位置づけている。[31]そのうち、宇宙分野を扱う「宇宙作戦群」の本部および関連部隊の拠点になっているのが、航空総隊司令部の抜けた府中基地である。航空宇宙自衛隊に改称するという空白にとって、府中はなお首都近郊の重要拠点としてあり続けているようである。

（30）「府中米軍司令部あす降旗式」、前掲紙（15）

（31）防衛省『令和二年版防衛白書』二〇二〇年

column

東京学芸大学の二つの不思議

浅野智彦

東京学芸大学は、東京以外に住む方々がときおり思い違いをするように学芸大学駅近辺（目黒区）にあるのではない。それは東京の西部、多摩二六市の一つ小金井市にある。このコラムではこの大学について二つの不思議を紹介する。この二つはこの大学が、そして小金井市がどのような歴史をもっているのかを教えてくれるだろう。

一つ目の不思議は、学芸大学の東側、新小金井街道を走っている京王バスの路線にある「プール前」というバス停の存在である。なぜ不思議なのかといえば、その近辺にプールはないからだ（学芸大学のない学芸大学駅、都立大のない都立大駅のようなものか）。

もう一つの不思議は、学芸大学の地下道をめぐる噂だ。ネット上の某掲示板によれば大学の地下には秘密の通路がはりめぐらされ、それは大学の敷地をはるかに超えて、三鷹市にまで延びているのだという。私もこの大学に着任した当初、学生たちから、この地下道を使えば雨の日も濡れずに武蔵小金井駅からこられるはず、とか、地下道に住み着いている人がいる、とかいった噂を聞かされた。

二つの不思議は、学芸大学（の前身）が陸軍の研究施設のあった敷地に終戦直後に移転してきたという事実に根をもっている。一九四〇年および四二年、二回の土地収用を経て陸軍の研究施設（第一・第三・第八陸軍技術研究所、多摩陸軍技術研究所）がこの土地におかれることとなった。総面積一七五ヘクタールの巨大な施設である。そして終戦に伴って施設の広大な土地の上に戦火で焼かれた都内の師範学校が移転、それがやがて東京学芸大学へと改組されていくのである。

移転直後の師範学校は現在の敷地よりもはるか東側にまで広がっていた。研究所がそれだけ広大であったということだが、当時は広い学校の敷地を二分するように新小金井街道が走っていたのである。だが一九四七年に火災事故が発生したことを機に、新小金井街道をはさんだ東側を没収されてしまう。本来は、全敷地の没収を言い渡されたのだが、粘り強い交渉の結果、西半分は残された。その際に東側の敷地で唯一大学に残されたのがかつて陸軍が舟艇実験に用いていたプールであった。当時体育用のプールをもっていなかった大学はこれもまた粘り強い交渉の末にかろうじてこれを死守し、以後道路を挟んで飛び地のようにプールが残された。道路を挟んでプールのちょうど向かい側に門があり、かつてはこれがプール門と呼ばれていた。「プール前」という停留所はちょうどこの門の前におかれたのである。なお一九六〇年代に大学構内にプールが新設されるとこのプールは使用されないまま放置され、二〇〇〇年代に入って更地にされたあと現在はコンビニに貸し出されている。

地下道はどうか。プールとは違って地下道は実在する。正式には共同溝と呼ばれるこの「通路」は現在も定期的にチェックを受けてきちんと管理されている。一九九〇年代まで、この通路への入口は管理が緩やかで、学生たちがよく「探検」と称して入り込んでは、「成果」を語ってくれた。彼らは、それがかなりの高さをもったものであり、しかもずいぶん遠くにまで広がっており、ところどころで上部に空いたマンホール上の蓋を通って上を覗いてみると学内の意外な場所に出ることなどを教えてくれた。なかは暖かく、人が住んでいても不思議はないそうだ。そしてこういうのである。「さすが陸軍研究所ですよね」と。三鷹まで広がっているという噂も、研究所の敷地が現在の大学の敷地よりもだいぶ広かったことに由来するのかもしれない（それでもさすがに研究施設が三鷹までひろがっていたわけではないのだが）。

この「地下道」もまたかつての陸軍研究所の、と考えたくなるが、実は大学の施設課はこれを公式には否定している。「それは陸軍研究施設とは承知していない」と。だとするとそれを陸軍と結びつけながら探検したり語ったりしてきた人びとは一種の想像力によって幻の遺構を生み出していた、ということになるだろう。

二つの不思議を取り上げたのは軍事施設であったという史実が培養してきたこの種の想像力について触れた

かったからだ。「プール前」という停留所の名前をそれとしてとどめさせたのは、今はなき施設への想像力であろう。そしてこの想像力が本来は存在しなかったものにまで延長されたのが陸軍施設としての地下道である、と考えることができるのではないか。

現在、大学構内に残る研究施設時代の遺物としては防火用の水槽が残っているのみである。研究施設の建物は戦後、長い間教室として利用されてきたが、一九九〇年代にはすべて建て替えられるなどして姿を消した。大学の敷地の外をみれば、陸軍技術研究所境界石杭がかろうじて施設の痕跡を留めている。この石杭は二〇一八年に、小金井市の登録有形文化財に指定された。けれどもプールが消えたあとにも「プール前」が残るように、軍事施設の物的な痕跡が消えたあとにもそれがもたらす想像力は残る。その想像力は、存在しなかった「地下道」を生み出すほどの力をその上に活動する人びとに及ぼしていたのである。

●な行●

●は行●

●ま行●

●や行●

●ら行●

索引

辻　泉（つじ・いずみ）／中央大学文学部社会情報学専攻教授／文化社会学・メディア論／『鉄道少年たちの時代――想像力の社会史』勁草書房、2018年など／小学生時代によく釣りに行ったのが和泉多摩川でした

野上　元（のがみ・げん）／早稲田大学教育・総合科学学術院教授／歴史社会学／『シリーズ戦争と社会』（全5巻、共編著）岩波書店、2021-22年など／小学校時代住んでいた「たまプラーザ」はどのような意味で多摩だったのか

長谷川幸代（はせがわ・ゆきよ）／跡見学園女子大学文学部准教授／社会情報学・図書館情報学／『Webで学ぶ情報検索の演習と解説』日外アソシエーツ、2023年など／京王線で通りながら見る景色

牧野智和（まきの・ともかず）／大妻女子大学人間関係学部教授／自己の社会学・若者研究／『創造性をデザインする』勁草書房、2022年など／生まれ育ったのも（田無）、職場も（唐木田）、大きくいえば多摩なので、「地元」？

松下優一（まつした・ゆういち）／法政大学兼任講師／文学社会学／『国道16号線スタディーズ』（分担執筆）青弓社、2018年など／東京への入口

宮間純一（みやま・じゅんいち）／中央大学文学部日本史学専攻教授／日本近世史・近代史／『国葬の成立――明治国家と「功臣」の死』勉誠出版、2015年など／大学生の時から現在まで通っている中央大学

米村みゆき（よねむら・みゆき）／専修大学文学部教授／日本近現代文学、アニメーション文化論／『映像作家　宮崎駿〈視覚的文学〉としてのアニメーション映画』早稲田大学出版部、2023年など／『平成狸合戦ぽんぽこ』の狸合戦

執筆者一覧（氏名／所属／専門分野／主要業績／「多摩」といえば）

塚田修一（つかだ・しゅういち）／相模女子大学学芸学部メディア情報学科准教授／都市文化研究／『国道16号線スタディーズ』（共編著）青弓社、2018年など／大学院生の頃に長らく講師をしていた塾や予備校のイメージ

松田美佐（まつだ・みさ）／中央大学文学部社会情報学専攻教授／コミュニケーション論・メディア論／『うわさとは何か』中公新書、2014年など／やっぱり、「この道は　まるで滑走路　夜空に続く」かな

浅野智彦（あさの・ともひこ）／東京学芸大学教育学部教授／社会学（若者論・自己論）／『自己と語りの社会学』（共編著）新曜社、2018年など／「多摩」といえば反射的に「ニュータウン」が思い浮かぶのは世代的な反応か

伊藤耕太（いとう・こうた）／博報堂生活総合研究所上席研究員／ビッグデータを用いた生活研究／『若者30年変化　Z世代を動かす「母」と「同性」』博報堂生活総合研究所、2024年など／『機動警察パトレイバー』にレイバー工場の所在地としてたびたび登場

宇佐美毅（うさみ・たけし）／中央大学文学部国文学専攻教授／日本近代文学・現代文化論／『テレビドラマを学問する』中央大学出版部、2012年など／富士には月見草、多摩には大学

大尾侑子（おおび・ゆうこ）／東京経済大学准教授／歴史社会学・メディア史／『地下出版のメディア史』慶應義塾大学出版会、2022年など／「多摩」といえば「平成狸合戦ぽんぽこ」

加島　卓（かしま・たかし）／筑波大学人文社会系教授／社会学・メディア論・デザイン史／『〈広告制作者〉の歴史社会学』せりか書房、2014年など／南多摩尾根幹線道路のかったるい感じが好きです

木本玲一（きもと・れいいち）／相模女子大学人間社会学部教授／文化社会学・歴史社会学／『拳の近代』現代書館、2018年など／幅広い国道

楠田恵美（くすだ・えみ）／駒沢女子大学人間総合学群講師／都市社会学・メディア論／『モール化する都市と社会』（共編著）NTT出版、2013年など／高尾山・多摩センター。筑波山・つくばセンターの対として

見城武秀（けんじょう・たけひで）／成蹊大学文学部教授／コミュニケーション論・メディア論／『人文学の沃野』（共編著）風間書房、2017年など／いろは坂、病院坂にランド坂、たまらん坂に連光寺坂

後藤美緒（ごとう・みお）／相模女子大学人間社会学部准教授／歴史社会学・知識人論・大衆文化論／『大宅壮一文庫解体新書』（分担執筆）勉誠出版、2021年など／（ペデストリアンデッキで広がりつながる）多摩センター

田中大介（たなか・だいすけ）／日本女子大学人間社会学部教授／社会学（都市論・メディア論・モビリティ論）／『電車で怒られた!』光文社新書、2024年など／多摩動物公園から猿が逃げたというマンションのアナウンス

近森高明（ちかもり・たかあき）／慶應義塾大学文学部教授／都市空間論・文化社会学・技術社会史／『無印都市の社会学』（共編著）法律文化社、2013年など／新百合ヶ丘在住時にときどき出かけた南大沢のアウトレットモール

大学的多摩ガイド—こだわりの歩き方

2025年4月15日　初版第1刷発行

編者　塚田修一・松田美佐

発行者　杉田啓三

〒607-8494 京都市山科区日ノ岡堤谷町3-1
発行所　株式会社　昭和堂
TEL（075）502-7500／FAX（075）502-7501
ホームページ　http://www.showado-kyoto.jp

印刷　亜細亜印刷

ISBN 978-4-8122-2415-1
乱丁・落丁本はお取り替えいたします。
Printed in Japan